VOYAGES

PITTORESQUES ET ROMANTIQUES

DANS L'ANCIENNE FRANCE.

PREMIER VOLUME. DEUXIÈME PARTIE.

Gide fils, Libraire, rue Saint-Marc, n° 20.
G. Engelmann, Cité-Bergère, n° 2.

VOYAGES

PITTORESQUES ET ROMANTIQUES

DANS L'ANCIENNE FRANCE

Par MM. J. TAYLOR, Ch. NODIER et Alph. DE CAILLEUX.

A PARIS.

DE L'IMPRIMERIE DE FIRMIN DIDOT FRÈRES,
IMPRIMEURS DE L'INSTITUT,
RUE JACOB, N° 56.

M. DCCC XXXIV.

Vestibule. Eglise de l'Abbaye de Moissac.
Languedoc.

Galerie du Cloître de Moissac.

Cloître de Moissac

Vue générale du Cloître de l'Houssoi

Porche de l'église de l'abbaye de Moissac.

Détail du grand portail, couronnement de la porte de Moissac

Tombeau de St Raymond de Flamarpat abbé de Moissac
Tel qu'il était en 1780

Détails du porche de l'abbaye de Moissac.

Statues du porche de Moissac.

Détails du Cloître de Moissac et Tombeau de St Remond.

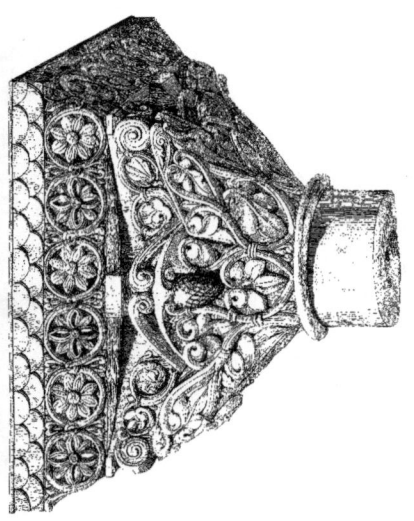

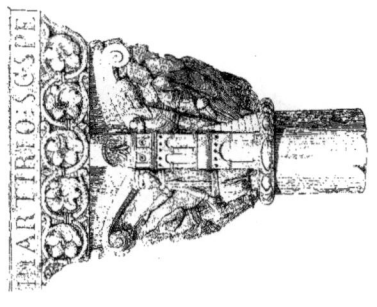

Chapiteaux du Cloître de Moissac

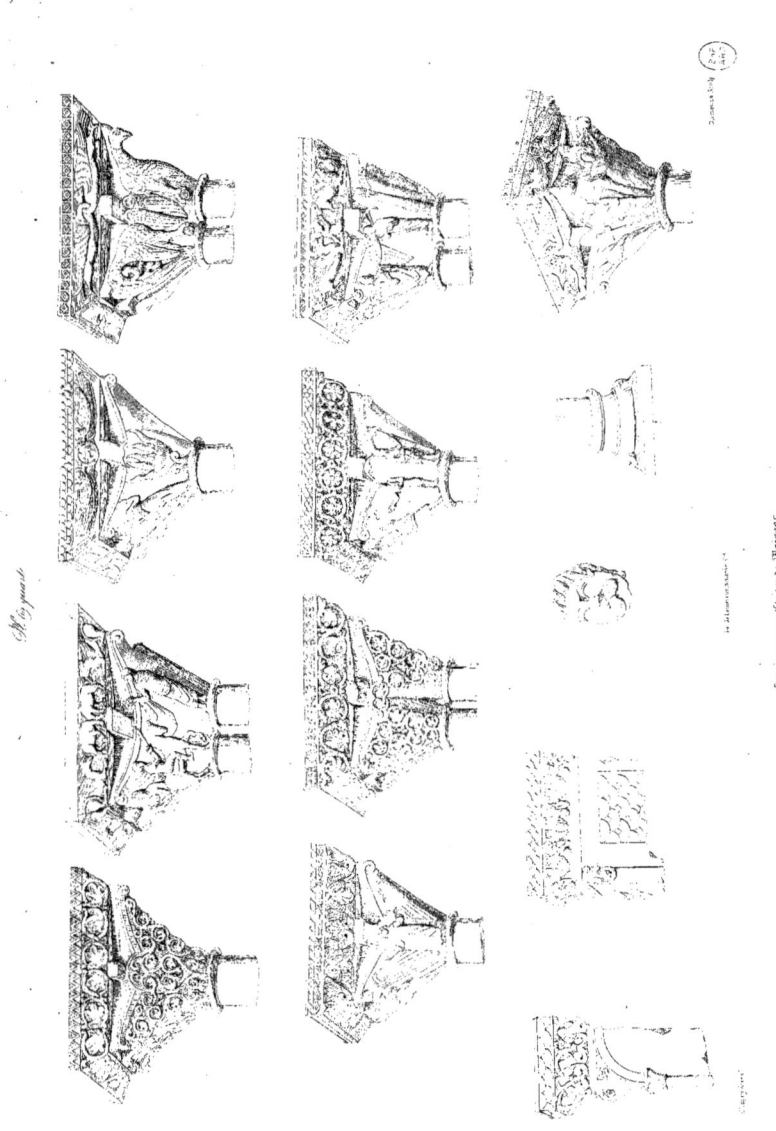

Chapiteaux du Cloître de Moissac

Fragment du Grand Cloître de Moissac.
(Cloître qui a disparu en 1740.)

Chapiteau en Marbre
(Cloître de Moissac).

S.t Duraunus Abbé de Moissac.
Languedoc.

Chapiteau en Marbre
(Cloître de Moissac).

Sᵗ ANDRÉ.

Sᵗ PHILIPPE.

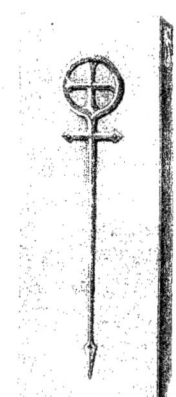

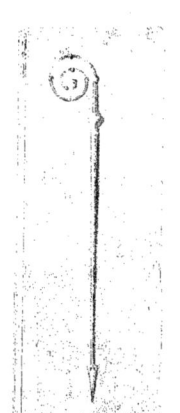

Abbaye de Moissac. Détails des Piliers du Cloître.

IDBVS·OCONIS·DMVS·ISTA·DETA·NVEMBRIS·CVDT·PONTIFICS·HIS·CNVENSSE·CLEBRE
AVXIVS·OSTINDV·LA·CORA·DDT·RAIMVNDV·CONVENA·WILELMV·DREXIT·ACONNA·WILELMV
IVSSIT·ET·ERACIV·N·DEE·BEORRA·BENIGNV·ELLOREVS·STPHM·CN·CSSIT·ET·ADRA·PETRV
C·DVRAINI·ESW·NRMQVE·TOLOSA·PATRONV·RESPVITVR·FVLC·SIMONIS·DNS·IVRA·CDRC
MYRIADS·LVSTIS·APPoNENS·TRES·DODNS·VIRGINEV·PARTV·DBAT·OBT·NE·VENERAND
HANC·TIBI·XPE·DS·REX·INSTITVIT·CLODOVEVS·AVXIT·MNFICS·POT·HVNE·DNS·LVDVICVS

Inscription sur la grosse cloche.

Gaufridus me fecit. Et Meos socios. Paulus Vocor. Anno millesimo CCLXX tertio.
SALUS REGINA MISERICORDIA. S FIDES. ORA PRO NOBIS.

Détail de deux arcades du Cloître
et inscription placée dans le chœur de l'église de Moissac.

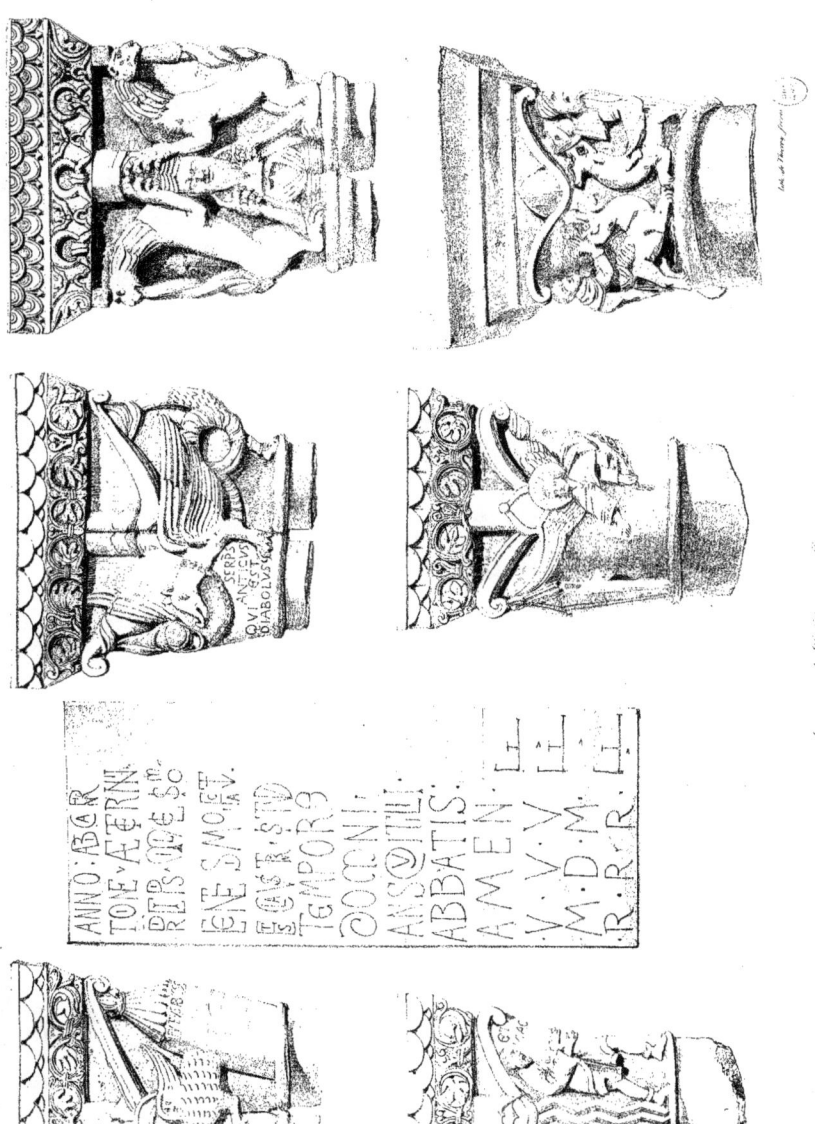

Pl. 70. A.

Ancienne Abbaye de
MOISSAC
sous le nom de S.t Pierre.

- A. Église.
- B. P.t Cloître.
- C. Chapelle S.t Cyprien.
- D. Chapelle S.t Ferréol.
- E. Cuisine.
- F. Réfectoire.
- G. Chapelle de tous les Saints.
- H. Habitation de l'Abbé.
- I. Grand Cloître.
- K. Habitation des Moines.
- L. Fortifications.
- M. Porte S.t Pierre.
- N. Jardin des Moines.

Plan Général
de
l'Abbaye de
MOISSAC
et de l'ancienne Ville
qui en dépendait.

- A. Abbaye.
- B. Jardin des Moines.
- C. Partie habitée par les Serfs, dép.ts du Couvent.
- D. Ville libre ancienne, du Moyen âge.
- E. Chapelle.
- F. Porte S.t Paul.
- G. Porte S.t Pierre.
- H. Porte des Merveilles.

PLAN GÉNÉRAL DE L'ANCIENNE VILLE ET DE L'ABBAYE
de
MOISSAC.

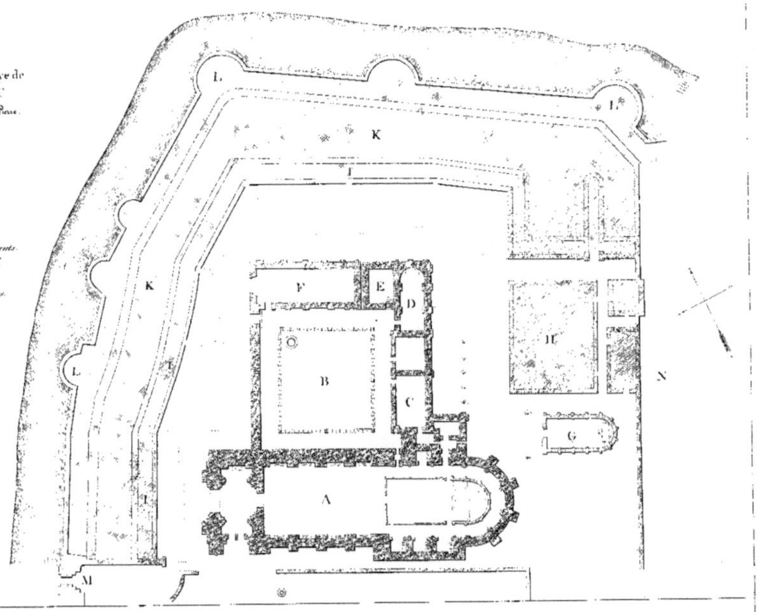

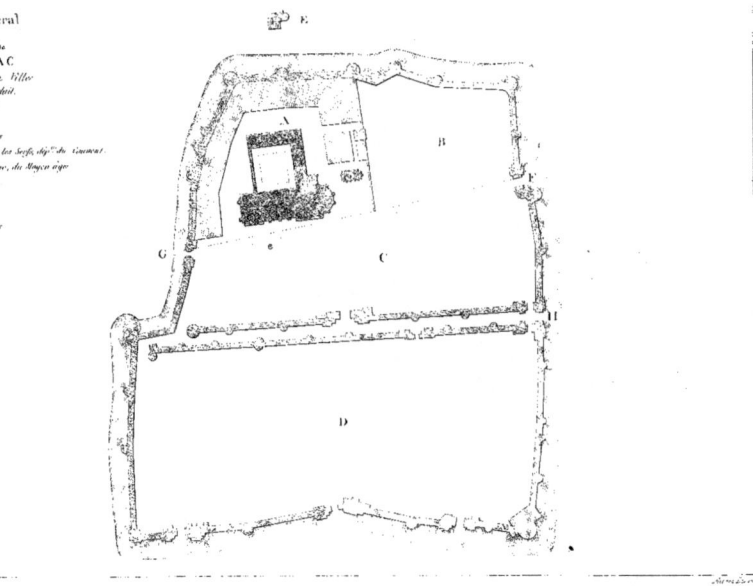

Moissac.

UNE route romaine conduisoit de Toulouse à *Aginnum*, capitale des Nitiobriges, en suivant la rive droite de la Garonne; la route actuelle se rapproche quelquefois de cette ancienne voie, qui n'est point indiquée dans les itinéraires.

Le premier objet qui fixe les regards du voyageur est le bourg de Castelnau-d'Estrefonds, dont le vaste château occupe une position élevée; mais ses formes pittoresques ont presque entièrement disparu sous des constructions modernes. On trouve ensuite Pompignan, reconstruit durant la moitié du XVIIIe siècle, qui a été habité long-temps par notre honorable ami, le fils de l'auteur de *Didon*. Le petit-fils de ce poëte qui faisoit d'aussi bonnes tragédies que ses *persiffleurs*, réside maintenant dans ce château, qui long-temps, nous l'espérons, conservera son respectable nom.

Grissoles (1) vient ensuite : quelques sculptures peu importantes décorent le portail de sa petite église. Un peu au-delà, le chemin se divise en deux branches: l'une se dirige vers Montauban, l'autre est tracée presque en ligne

(1) *Ecclesiola.*

droite vers Moissac. On trouve sur cette dernière route Castelsarrasin (1). La porte de l'église, et quelques pans de vieilles murailles, quelques façades de vieilles maisons, méritent un moment d'attention. A une lieue environ on passe le Tarn sur un beau pont construit depuis peu d'années, et l'on entre dans Moissac.

Moissac est bâti au pied de hautes collines couvertes de vignes et de vergers, sur le revers septentrional desquelles s'élève le château de Malause, qui fut la propriété d'une branche de la famille de Bourbon. Selon quelques écrivains, l'origine de Moissac remonteroit à l'époque gauloise sous les premiers temps de la domination romaine, et d'habiles étymologistes n'ont pas manqué, dans le XVIe siècle, de composer Moissac avec le nom de *Moyse*. En laissant pour ce qu'elles valent ces doctes absurdités, il est probable que cette ville existoit vers les derniers temps du Bas-Empire; les médailles romaines que l'on y trouve en assez grand nombre, et qui portent la date de cette époque, les fragmens de chapiteaux, de diverses sculptures, les sarcophages qui se distinguent si bien des époques plus reculées des arts romains, ne laissent presque aucun doute sur leur date.

A la gauche de la route qui conduit à Castelsarrasin, on trouve, en examinant avec quelque attention, les restes d'un camp romain où les Vandales ont pris probablement position, car cet endroit fut désigné quelquefois sous le nom de *Castrum Vandalorum* et de *Gandalou*.

Une tradition qui paroît aussi aventurée que celle de Moissac, ville gauloise, mais qui n'est pas moins poétique, attribue à Clovis la fondation du monastère de Moissac; ce prince y auroit établi mille moines: mais, comme le prouvent très-bien les historiens du Languedoc et un diplôme de Pepin, ce monastère reconnoissoit pour fondateur saint Amand, évêque de Mastrick, qui le fonda pendant le VIIe siècle, sous le règne de Clotaire II, ou plutôt sous celui de Dagobert son fils, lorsqu'il le rélégua chez les Vascons. Il fut enrichi par la protection et les pieux dons de saint Didier, évêque de Cahors, et ses religieux et ses abbés sembloient mériter ces bienfaits; car ses quatre premiers abbés obtinrent l'auréole des saints.

(1) *Castrum Cerrucium.*

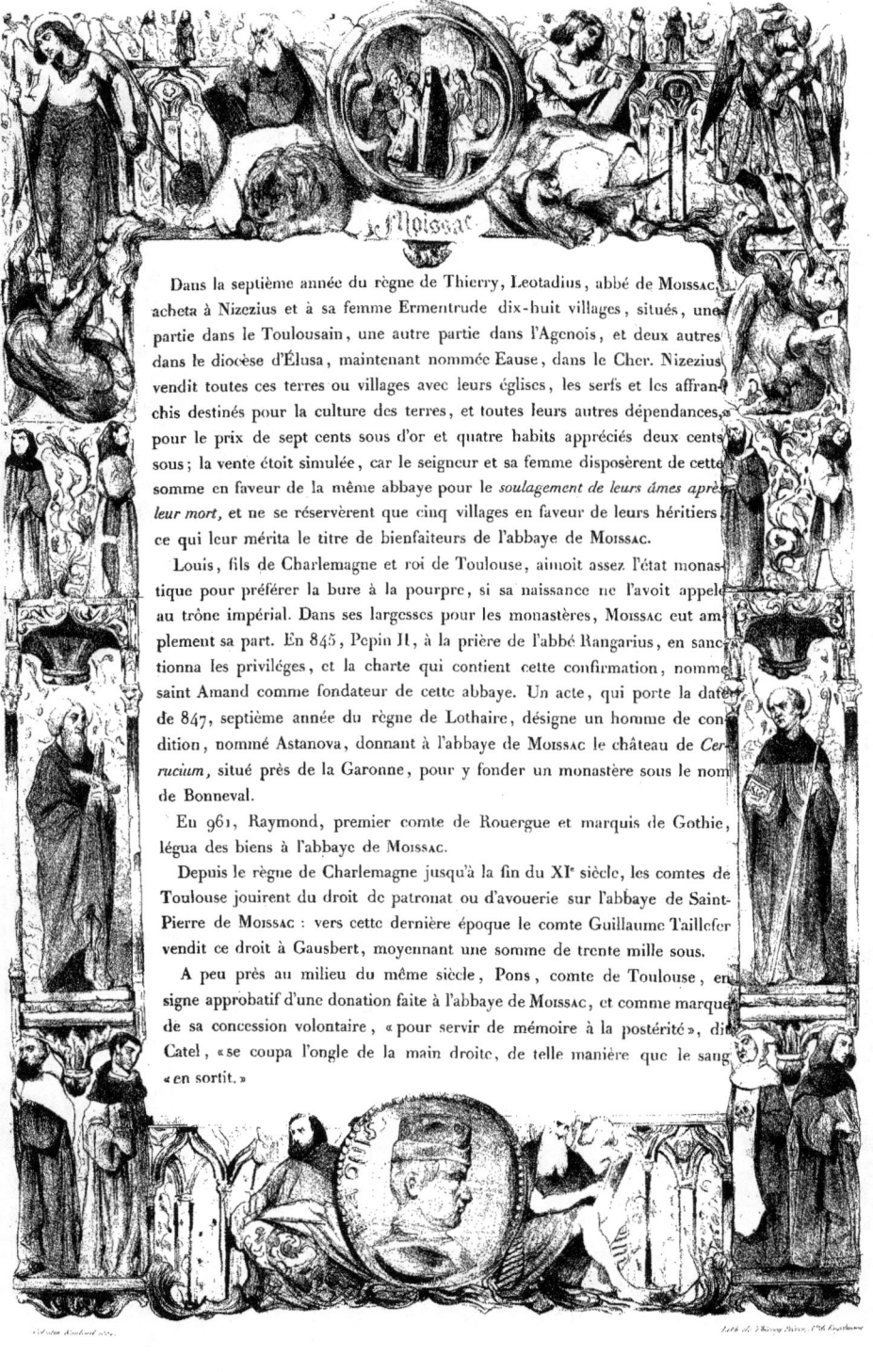

Moissac

Dans la septième année du règne de Thierry, Leotadius, abbé de Moissac, acheta à Nizezius et à sa femme Ermentrude dix-huit villages, situés, une partie dans le Toulousain, une autre partie dans l'Agenois, et deux autres dans le diocèse d'Élusa, maintenant nommée Eause, dans le Cher. Nizezius vendit toutes ces terres ou villages avec leurs églises, les serfs et les affranchis destinés pour la culture des terres, et toutes leurs autres dépendances, pour le prix de sept cents sous d'or et quatre habits appréciés deux cents sous; la vente étoit simulée, car le seigneur et sa femme disposèrent de cette somme en faveur de la même abbaye pour le *soulagement de leurs âmes après leur mort*, et ne se réservèrent que cinq villages en faveur de leurs héritiers, ce qui leur mérita le titre de bienfaiteurs de l'abbaye de Moissac.

Louis, fils de Charlemagne et roi de Toulouse, aimoit assez l'état monastique pour préférer la bure à la pourpre, si sa naissance ne l'avoit appelé au trône impérial. Dans ses largesses pour les monastères, Moissac eut amplement sa part. En 845, Pepin II, à la prière de l'abbé Rangarius, sanctionna les privilèges, et la charte qui contient cette confirmation, nomme saint Amand comme fondateur de cette abbaye. Un acte, qui porte la date de 847, septième année du règne de Lothaire, désigne un homme de condition, nommé Astanova, donnant à l'abbaye de Moissac le château de *Cerrucium*, situé près de la Garonne, pour y fonder un monastère sous le nom de Bonneval.

En 961, Raymond, premier comte de Rouergue et marquis de Gothie, légua des biens à l'abbaye de Moissac.

Depuis le règne de Charlemagne jusqu'à la fin du XIe siècle, les comtes de Toulouse jouirent du droit de patronat ou d'avouerie sur l'abbaye de Saint-Pierre de Moissac : vers cette dernière époque le comte Guillaume Taillefer vendit ce droit à Gausbert, moyennant une somme de trente mille sous.

A peu près au milieu du même siècle, Pons, comte de Toulouse, en signe approbatif d'une donation faite à l'abbaye de Moissac, et comme marque de sa concession volontaire, « pour servir de mémoire à la postérité », dit Catel, « se coupa l'ongle de la main droite, de telle manière que le sang « en sortit. »

En vendant l'*Avouerie* du monastère de Moissac à Gausbert, le comte Guillaume Taillefer s'étoit réservé la suzeraineté. Mais Pierre l'abbé et ses religieux ne vouloient point de cet abbé laïque, et ce ne fut qu'en 1042 qu'ils le reconnurent pour leur *abbé-chevalier*, et ils ne lui cédèrent le droit désigné sous le nom de *Capitenium*, qui s'exerçoit sur une partie de la ville de Moissac, qu'à la condition de leur *faire hommage* : il devint alors vassal des moines dont il étoit abbé. Il étoit déja feudataire des comtes de Toulouse.

En 1188, la guerre ayant éclaté entre Raymond V, comte de Toulouse, et Richard, duc d'Aquitaine, Richard s'empara de plusieurs places du Quercy, parmi lesquelles se trouva le château de Moissac : néanmoins cette place rentra dans la puissance de Raymond VI, et c'est dans le cloître même que nous voyons maintenant, que ce prince, en recouvrant une partie de ses états, reçut le serment de fidélité des habitans. Puis, il jura sur les saints évangiles d'observer et de maintenir les coutumes du bourg de Saint-Pierre de Moissac, serment qu'on fit prêter aussi à dix de ses barons qui l'accompagnoient; et de plus, de défendre, de protéger les habitans, et de ne point leur ravir les biens qu'ils possédoient. Ces coutumes, rédigées par Gausbert de Fumel, abbé du monastère, et les principaux habitans, chevaliers et bourgeois désignés sous le nom de prud'hommes, existent encore dans les archives de Moissac, et sont un monument curieux pour l'étude des mœurs de ce siècle.

Avec son cortége de guerres civiles et religieuses, Simon de Montfort, ce grand persécuteur d'hérétiques, ce grand spoliateur de biens, sous le prétexte de poursuivre les Albigeois, étend ses courses jusque dans le Quercy, apparoît devant Moissac, et met le siége devant ses murs. Les habitans, à son approche, jugeant qu'ils étoient trop foibles pour lui qui étoit si fort, avoient appelé à leur aide un corps de routiers et quelques Toulousains; mais à l'approche de leur ennemi, ce renfort ne les rassura point encore, et ils voulurent capituler : la garnison s'y opposa.

Montfort méprisoit trop le château et ses défenseurs pour en faire le siége selon les règles stratégiques de cette époque. Il mit ses machines sous la garde de Gui, évêque de Carcassonne, et de Guillaume, archidiacre de Paris, et ordonna de se préparer à l'assaut, qui fut terrible comme tous les combats

où se trouvoit Montfort, qui combattoit en homme auquel rien ne résiste, les assiégés en gens qui n'ont plus d'espoir. Les croisés, arrivés au haut des murailles, en furent précipités, et la garnison, profitant du désordre qu'avoit mis dans leurs rangs ce premier échec, fit une sortie, parvint jusqu'aux machines de guerre, y mit le feu, passa sur le corps de Montfort blessé, rejeta les croisés dans leur camp, et rentra ramenant prisonnier le neveu de l'archevêque de Rheims, qui, le lendemain, eut la tête tranchée sur les murailles. Son corps fut précipité dans les fossés, et sa tête, jetée au loin, alla rouler dans le camp des croisés.

Les habitans effrayés de cette cruauté, et sentant que si la ville étoit prise d'assaut, après un pareil acte, il n'y avoit aucun espoir pour eux, traitèrent secrètement avec Montfort, payèrent cent marcs d'or, ouvrirent nuitamment leurs portes, et livrèrent les trois cents routiers, qui furent pendus.

Le vainqueur prit possession de la ville et la remit à l'abbé, se réservant seulement les droits que le comte de Toulouse avoit sur le château : droits, dit une charte encore existante, droits échus à Montfort, parce que Dieu les avoit ôtés au comte Raymond pour ses péchés et pour les maux infinis causés par lui à l'église et à la foi catholique.

La piété du farouche Montfort ne le rendit pas plus favorable au monastère de Moissac que ne l'avoit été le prince dont il occupoit les états. Le pauvre abbé, dans le désespoir que lui causoient tous les maux qui accabloient sa communauté, s'imagina d'envoyer un religieux vers le roi, comme défenseur de l'abbaye, et pour lui raconter tous les malheurs qu'ils avoient éprouvés, ou qu'ils éprouvoient de celui qui auroit dû être leur père, ou de celui qui prétendoit les défendre et les sauver.

L'histoire ne dit pas si le député fut écouté ; mais, dans tous les cas, le roi Philippe-Auguste auroit essayé en vain de faire entendre et respecter sa justice, au milieu du bruit des armes des Albigeois et des croisés : il n'y auroit eu que sa large épée qui eût pu se faire obéir ; mais elle étoit occupée à Bouvines à pourfendre les ennemis de la France et à sauver sa couronne.

En livrant leur ville, les habitans de Moissac avoient cédé, non à un senti-

ment de sympathie, mais à un mouvement de crainte. Aussi, dès qu'ils crurent pouvoir se délivrer de l'oppression, ils le tentèrent.

En 1214 ils reconnurent de nouveau l'autorité de Raymond VI, qui parut devant leur ville avec un foible corps de routiers, et se joignirent avec empressement à lui pour attaquer le château où Montfort avoit laissé garnison. Au premier bruit de cette révolte contre son pouvoir, Montfort marche vers la ville. Raymond, commandant une armée trop inférieure en nombre à celle de son ennemi, fut obligé de se retirer devant lui, et vainqueur, cette fois, sans combattre, Montfort ne fit pas moins payer chèrement aux bourgeois de cette cité leur imprudent amour pour leur ancien maître.

Cependant le joug qui pesoit sur eux leur paroissoit de longue durée; cinq années s'étoient écoulées; mais vers la fin du mois de mars 1222, le jeune Raymond VII, que la victoire vengeoit des malheurs de sa famille, entra dans la ville, en confirma les priviléges, et reçut dans le cloître de l'abbaye le serment de fidélité que la population tout entière lui jura de la voix et du cœur.

Sept ans après, le traité de Paris fut conclu. Comme tant de châteaux moins importans, les murailles de MOISSAC devoient être rasées; cet ordre fut mis en exécution. Les inquisiteurs entrèrent dans MOISSAC, qu'on leur livroit nue et sans son armure de pierre, et y exercèrent leur terrible mission avec l'impassible cruauté de juges religieux. La famille des comtes de Toulouse, après une longue agonie, rendit le dernier soupir, durant que ces mains de fer pesoient sur leurs peuples et sur eux. Les consuls découragés en voyant s'éteindre la famille de leurs protecteurs, écrivirent à Philippe-le-Hardi, pour le supplier de prendre leur ville sous sa protection. Philippe fit droit à leur requête, et roi fidèle pendant toutes les guerres étrangères qui succédèrent aux guerres civiles, trouva en eux, pour lui et sa race, de fidèles sujets. En 1346, le comte d'Armagnac, commandant les provinces méridionales du royaume, convoqua dans MOISSAC une assemblée, composée de deux députés envoyés de chaque bonne ville du LANGUEDOC, afin d'arrêter un plan pour repousser les étrangers. En 1351, le roi de Navarre, qui exerçoit les fonctions de lieutenant-général, ordonna au sénéchal de Quercy de presser les répa-

rations des murailles, attendu que les ennemis, qui étoient dans le voisinage, « s'efforçoient nuit et jour de nuire à cette ville. » Enfin, en 1359, Jean, comte de Poitiers, permit aux habitans de Moissac et à ceux de Montauban, *sur la frontière des ennemis*, de prendre dans les forêts environnantes tout le bois nécessaire à la reconstruction des remparts, et de réparer le pont qui étoit sur le Tarn. Quelques portions des murs et des tours de ces fortifications ont échappé aux démolitions de 1793; elles subsistent encore, et nous en donnons un dessin. Percées de fenêtres et de portes, elles forment maintenant les façades des maisons situées sur l'une des promenades qui a remplacé les anciens fossés.

Les mesures ordonnées pour la sûreté de la ville ne remplirent que la moitié du but proposé : Moissac pris par les étrangers, repris sur eux par le duc d'Anjou, finit par échapper à la domination du roi de France, sans cependant retomber entre les mains des Anglois. Elle resta, avec quelques autres villes du Languedoc, une espèce de place neutre, n'appartenant à personne qu'à elle-même, se régissant par ses lois, et n'obéissant qu'à ses magistrats.

Comme toutes les villes du Languedoc, Moissac ressentit au XVIe siècle les secousses des commotions qui l'avoient ébranlée au XIIIe siècle. Les guerres religieuses ensanglantèrent de nouveau son enceinte, de nouvelles lueurs éclairèrent ses murs, de nouvelles victimes tombèrent; mais ce furent les dernières, et là finissoient ses malheurs si au moment de notre révolution on eût respecté le monument de son admirable abbaye.

Depuis les souvenirs des guerres civiles, rien n'a troublé sa tranquillité : située près du confluent d'une grande rivière et d'un grand fleuve, le Tarn et la Garonne, elle devint une des villes les plus commerçantes de cette partie de la France. Des promenades ont été tracées autour de ses murs; et à travers le rideau de feuillage qui les abrite, on voit de nombreuses embarcations remonter le fleuve ou descendre vers Bordeaux.

Après ces souvenirs retracés rapidement, ce qui doit principalement occuper le voyageur, est une inspection attentive du monument que Moissac renferme.

Nous avons vu que l'abbaye de Saint-Pierre et de Saint-Paul étoit au nombre des riches monastères de l'Aquitaine; ruiné et sans religieux, c'est

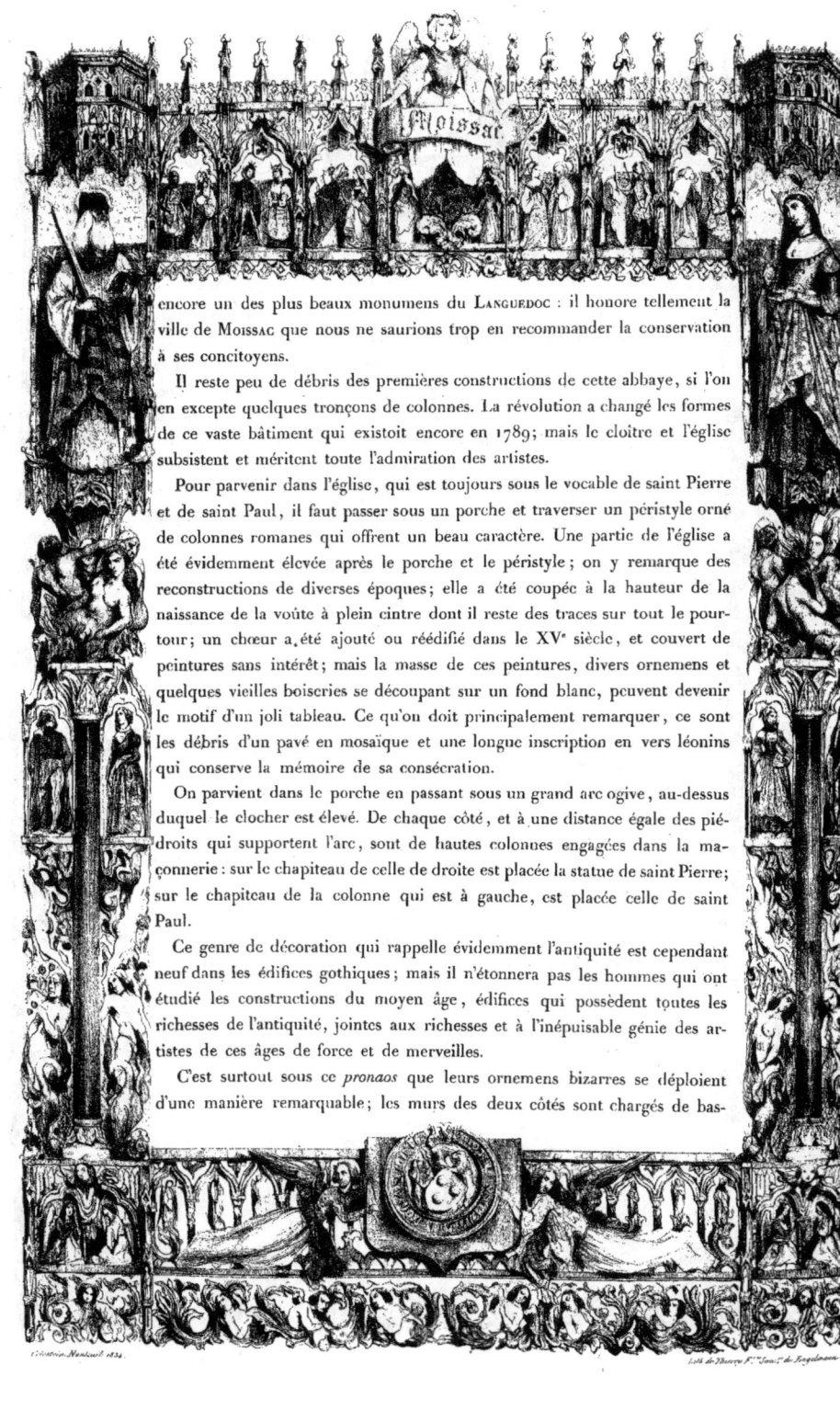

encore un des plus beaux monumens du Languedoc : il honore tellement la ville de Moissac que nous ne saurions trop en recommander la conservation à ses concitoyens.

Il reste peu de débris des premières constructions de cette abbaye, si l'on en excepte quelques tronçons de colonnes. La révolution a changé les formes de ce vaste bâtiment qui existoit encore en 1789; mais le cloître et l'église subsistent et méritent toute l'admiration des artistes.

Pour parvenir dans l'église, qui est toujours sous le vocable de saint Pierre et de saint Paul, il faut passer sous un porche et traverser un péristyle orné de colonnes romanes qui offrent un beau caractère. Une partie de l'église a été évidemment élevée après le porche et le péristyle ; on y remarque des reconstructions de diverses époques; elle a été coupée à la hauteur de la naissance de la voûte à plein cintre dont il reste des traces sur tout le pourtour; un chœur a été ajouté ou réédifié dans le XVe siècle, et couvert de peintures sans intérêt; mais la masse de ces peintures, divers ornemens et quelques vieilles boiseries se découpant sur un fond blanc, peuvent devenir le motif d'un joli tableau. Ce qu'on doit principalement remarquer, ce sont les débris d'un pavé en mosaïque et une longue inscription en vers léonins qui conserve la mémoire de sa consécration.

On parvient dans le porche en passant sous un grand arc ogive, au-dessus duquel le clocher est élevé. De chaque côté, et à une distance égale des piédroits qui supportent l'arc, sont de hautes colonnes engagées dans la maçonnerie : sur le chapiteau de celle de droite est placée la statue de saint Pierre; sur le chapiteau de la colonne qui est à gauche, est placée celle de saint Paul.

Ce genre de décoration qui rappelle évidemment l'antiquité est cependant neuf dans les édifices gothiques; mais il n'étonnera pas les hommes qui ont étudié les constructions du moyen âge, édifices qui possèdent toutes les richesses de l'antiquité, jointes aux richesses et à l'inépuisable génie des artistes de ces âges de force et de merveilles.

C'est surtout sous ce *pronaos* que leurs ornemens bizarres se déploient d'une manière remarquable; les murs des deux côtés sont chargés de bas-

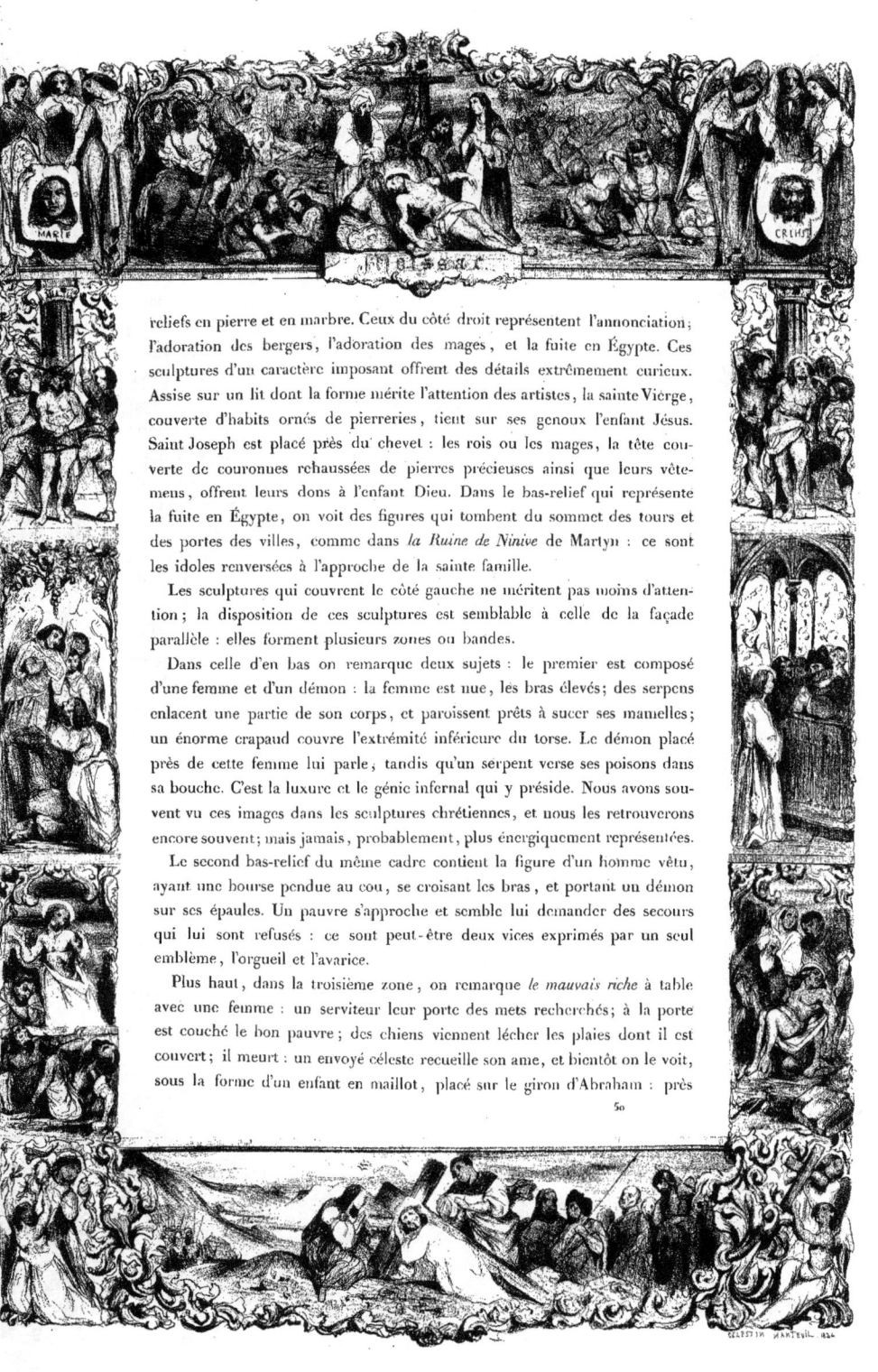

reliefs en pierre et en marbre. Ceux du côté droit représentent l'annonciation; l'adoration des bergers, l'adoration des mages, et la fuite en Égypte. Ces sculptures d'un caractère imposant offrent des détails extrêmement curieux. Assise sur un lit dont la forme mérite l'attention des artistes, la sainte Vierge, couverte d'habits ornés de pierreries, tient sur ses genoux l'enfant Jésus. Saint Joseph est placé près du chevet : les rois ou les mages, la tête couverte de couronnes rehaussées de pierres précieuses ainsi que leurs vêtemens, offrent leurs dons à l'enfant Dieu. Dans le bas-relief qui représente la fuite en Égypte, on voit des figures qui tombent du sommet des tours et des portes des villes, comme dans *la Ruine de Ninive* de Martyn : ce sont les idoles renversées à l'approche de la sainte famille.

Les sculptures qui couvrent le côté gauche ne méritent pas moins d'attention; la disposition de ces sculptures est semblable à celle de la façade parallèle : elles forment plusieurs zones ou bandes.

Dans celle d'en bas on remarque deux sujets : le premier est composé d'une femme et d'un démon : la femme est nue, les bras élevés; des serpens enlacent une partie de son corps, et paroissent prêts à sucer ses mamelles; un énorme crapaud couvre l'extrémité inférieure du torse. Le démon placé près de cette femme lui parle, tandis qu'un serpent verse ses poisons dans sa bouche. C'est la luxure et le génie infernal qui y préside. Nous avons souvent vu ces images dans les sculptures chrétiennes, et nous les retrouverons encore souvent; mais jamais, probablement, plus énergiquement représentées.

Le second bas-relief du même cadre contient la figure d'un homme vêtu, ayant une bourse pendue au cou, se croisant les bras, et portant un démon sur ses épaules. Un pauvre s'approche et semble lui demander des secours qui lui sont refusés : ce sont peut-être deux vices exprimés par un seul emblème, l'orgueil et l'avarice.

Plus haut, dans la troisième zone, on remarque *le mauvais riche* à table avec une femme : un serviteur leur porte des mets recherchés; à la porte est couché le bon pauvre; des chiens viennent lécher les plaies dont il est couvert; il meurt : un envoyé céleste recueille son ame, et bientôt on le voit, sous la forme d'un enfant en maillot, placé sur le giron d'Abraham : près

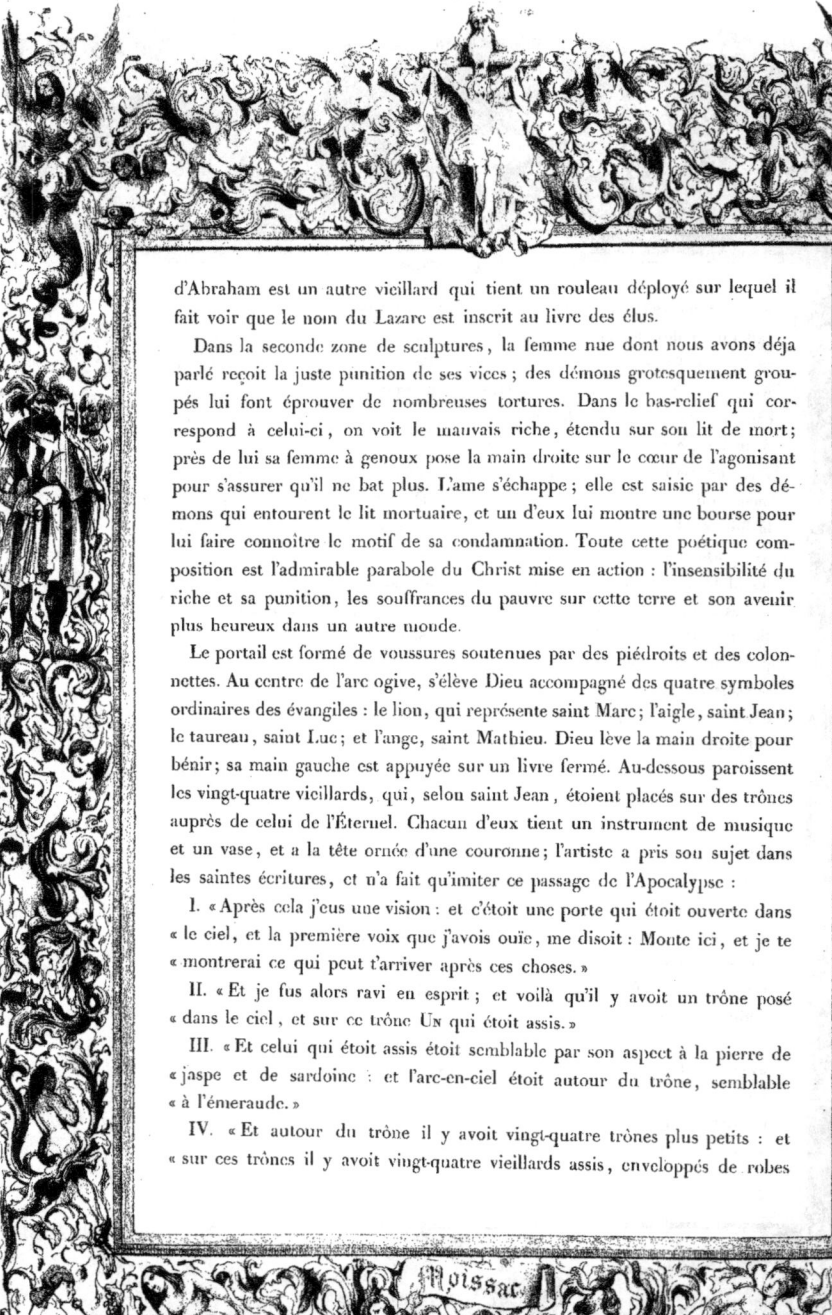

d'Abraham est un autre vieillard qui tient un rouleau déployé sur lequel il fait voir que le nom du Lazare est inscrit au livre des élus.

Dans la seconde zone de sculptures, la femme nue dont nous avons déja parlé reçoit la juste punition de ses vices ; des démons grotesquement groupés lui font éprouver de nombreuses tortures. Dans le bas-relief qui correspond à celui-ci, on voit le mauvais riche, étendu sur son lit de mort ; près de lui sa femme à genoux pose la main droite sur le cœur de l'agonisant pour s'assurer qu'il ne bat plus. L'âme s'échappe ; elle est saisie par des démons qui entourent le lit mortuaire, et un d'eux lui montre une bourse pour lui faire connoître le motif de sa condamnation. Toute cette poétique composition est l'admirable parabole du Christ mise en action : l'insensibilité du riche et sa punition, les souffrances du pauvre sur cette terre et son avenir plus heureux dans un autre monde.

Le portail est formé de voussures soutenues par des piédroits et des colonnettes. Au centre de l'arc ogive, s'élève Dieu accompagné des quatre symboles ordinaires des évangiles : le lion, qui représente saint Marc ; l'aigle, saint Jean ; le taureau, saint Luc ; et l'ange, saint Mathieu. Dieu lève la main droite pour bénir ; sa main gauche est appuyée sur un livre fermé. Au-dessous paroissent les vingt-quatre vieillards, qui, selon saint Jean, étoient placés sur des trônes auprès de celui de l'Éternel. Chacun d'eux tient un instrument de musique et un vase, et a la tête ornée d'une couronne ; l'artiste a pris son sujet dans les saintes écritures, et n'a fait qu'imiter ce passage de l'Apocalypse :

I. « Après cela j'eus une vision : et c'étoit une porte qui étoit ouverte dans « le ciel, et la première voix que j'avois ouïe, me disoit : Monte ici, et je te « montrerai ce qui peut t'arriver après ces choses. »

II. « Et je fus alors ravi en esprit ; et voilà qu'il y avoit un trône posé « dans le ciel, et sur ce trône Un qui étoit assis. »

III. « Et celui qui étoit assis étoit semblable par son aspect à la pierre de « jaspe et de sardoine : et l'arc-en-ciel étoit autour du trône, semblable « à l'émeraude. »

IV. « Et autour du trône il y avoit vingt-quatre trônes plus petits : et « sur ces trônes il y avoit vingt-quatre vieillards assis, enveloppés de robes

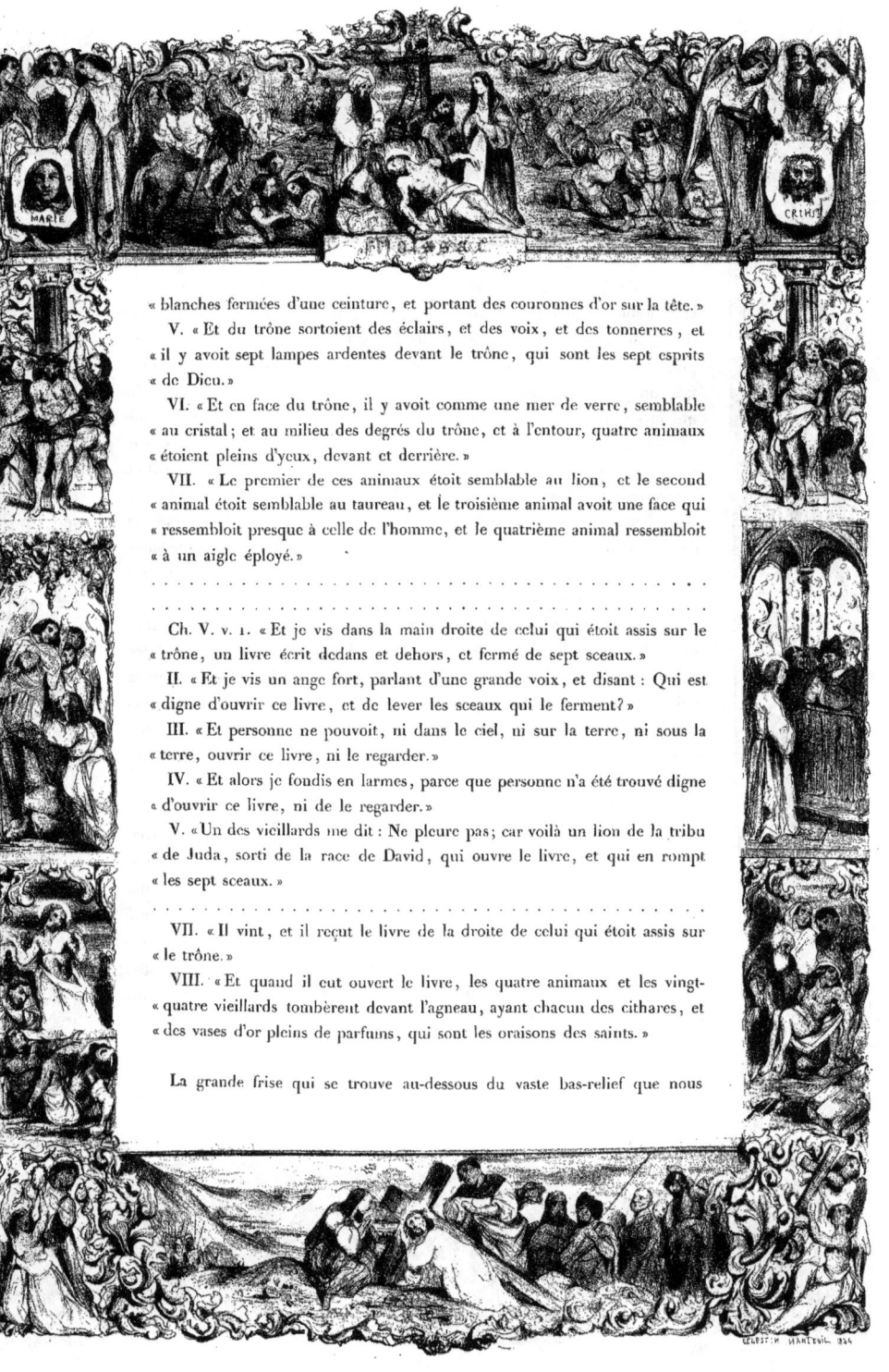

« blanches fermées d'une ceinture, et portant des couronnes d'or sur la tête. »

V. « Et du trône sortoient des éclairs, et des voix, et des tonnerres, et
« il y avoit sept lampes ardentes devant le trône, qui sont les sept esprits
« de Dieu. »

VI. « Et en face du trône, il y avoit comme une mer de verre, semblable
« au cristal ; et au milieu des degrés du trône, et à l'entour, quatre animaux
« étoient pleins d'yeux, devant et derrière. »

VII. « Le premier de ces animaux étoit semblable au lion, et le second
« animal étoit semblable au taureau, et le troisième animal avoit une face qui
« ressembloit presque à celle de l'homme, et le quatrième animal ressembloit
« à un aigle éployé. »

. . . .

Ch. V. v. 1. « Et je vis dans la main droite de celui qui étoit assis sur le
« trône, un livre écrit dedans et dehors, et fermé de sept sceaux. »

II. « Et je vis un ange fort, parlant d'une grande voix, et disant : Qui est
« digne d'ouvrir ce livre, et de lever les sceaux qui le ferment? »

III. « Et personne ne pouvoit, ni dans le ciel, ni sur la terre, ni sous la
« terre, ouvrir ce livre, ni le regarder. »

IV. « Et alors je fondis en larmes, parce que personne n'a été trouvé digne
« d'ouvrir ce livre, ni de le regarder. »

V. « Un des vieillards me dit : Ne pleure pas ; car voilà un lion de la tribu
« de Juda, sorti de la race de David, qui ouvre le livre, et qui en rompt
« les sept sceaux. »

VII. « Il vint, et il reçut le livre de la droite de celui qui étoit assis sur
« le trône. »

VIII. « Et quand il eut ouvert le livre, les quatre animaux et les vingt-
« quatre vieillards tombèrent devant l'agneau, ayant chacun des cithares, et
« des vases d'or pleins de parfums, qui sont les oraisons des saints. »

La grande frise qui se trouve au-dessous du vaste bas-relief que nous

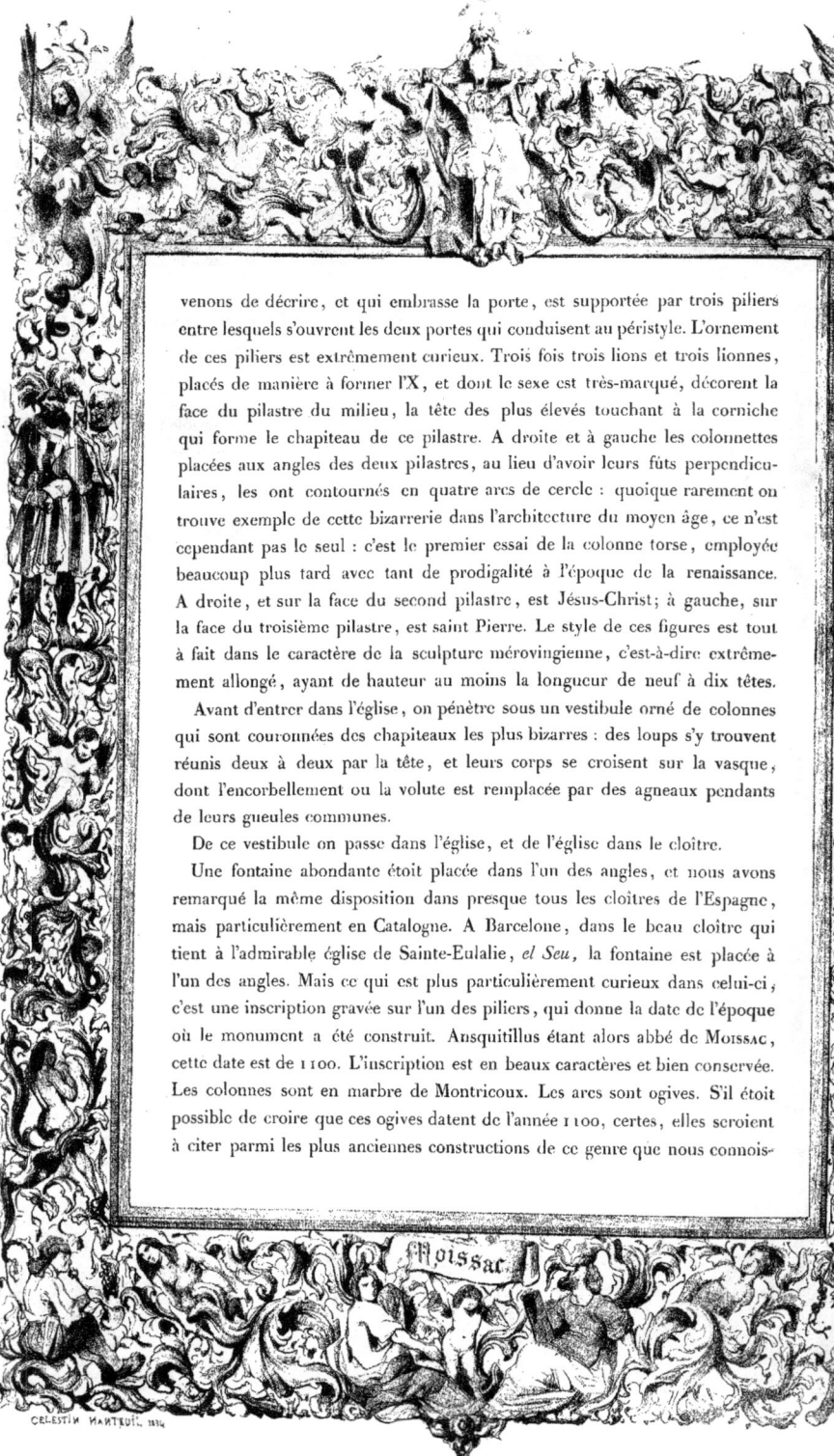

venons de décrire, et qui embrasse la porte, est supportée par trois piliers entre lesquels s'ouvrent les deux portes qui conduisent au péristyle. L'ornement de ces piliers est extrêmement curieux. Trois fois trois lions et trois lionnes, placés de manière à former l'X, et dont le sexe est très-marqué, décorent la face du pilastre du milieu, la tête des plus élevés touchant à la corniche qui forme le chapiteau de ce pilastre. A droite et à gauche les colonnettes placées aux angles des deux pilastres, au lieu d'avoir leurs fûts perpendiculaires, les ont contournés en quatre arcs de cercle : quoique rarement on trouve exemple de cette bizarrerie dans l'architecture du moyen âge, ce n'est cependant pas le seul : c'est le premier essai de la colonne torse, employée beaucoup plus tard avec tant de prodigalité à l'époque de la renaissance. A droite, et sur la face du second pilastre, est Jésus-Christ; à gauche, sur la face du troisième pilastre, est saint Pierre. Le style de ces figures est tout à fait dans le caractère de la sculpture mérovingienne, c'est-à-dire extrêmement allongé, ayant de hauteur au moins la longueur de neuf à dix têtes.

Avant d'entrer dans l'église, on pénètre sous un vestibule orné de colonnes qui sont couronnées des chapiteaux les plus bizarres : des loups s'y trouvent réunis deux à deux par la tête, et leurs corps se croisent sur la vasque, dont l'encorbellement ou la volute est remplacée par des agneaux pendants de leurs gueules communes.

De ce vestibule on passe dans l'église, et de l'église dans le cloître.

Une fontaine abondante étoit placée dans l'un des angles, et nous avons remarqué la même disposition dans presque tous les cloîtres de l'Espagne, mais particulièrement en Catalogne. A Barcelone, dans le beau cloître qui tient à l'admirable église de Sainte-Eulalie, *el Seu*, la fontaine est placée à l'un des angles. Mais ce qui est plus particulièrement curieux dans celui-ci, c'est une inscription gravée sur l'un des piliers, qui donne la date de l'époque où le monument a été construit. Ansquitillus étant alors abbé de Moissac, cette date est de 1100. L'inscription est en beaux caractères et bien conservée. Les colonnes sont en marbre de Montricoux. Les arcs sont ogives. S'il étoit possible de croire que ces ogives datent de l'année 1100, certes, elles seroient à citer parmi les plus anciennes constructions de ce genre que nous connois-

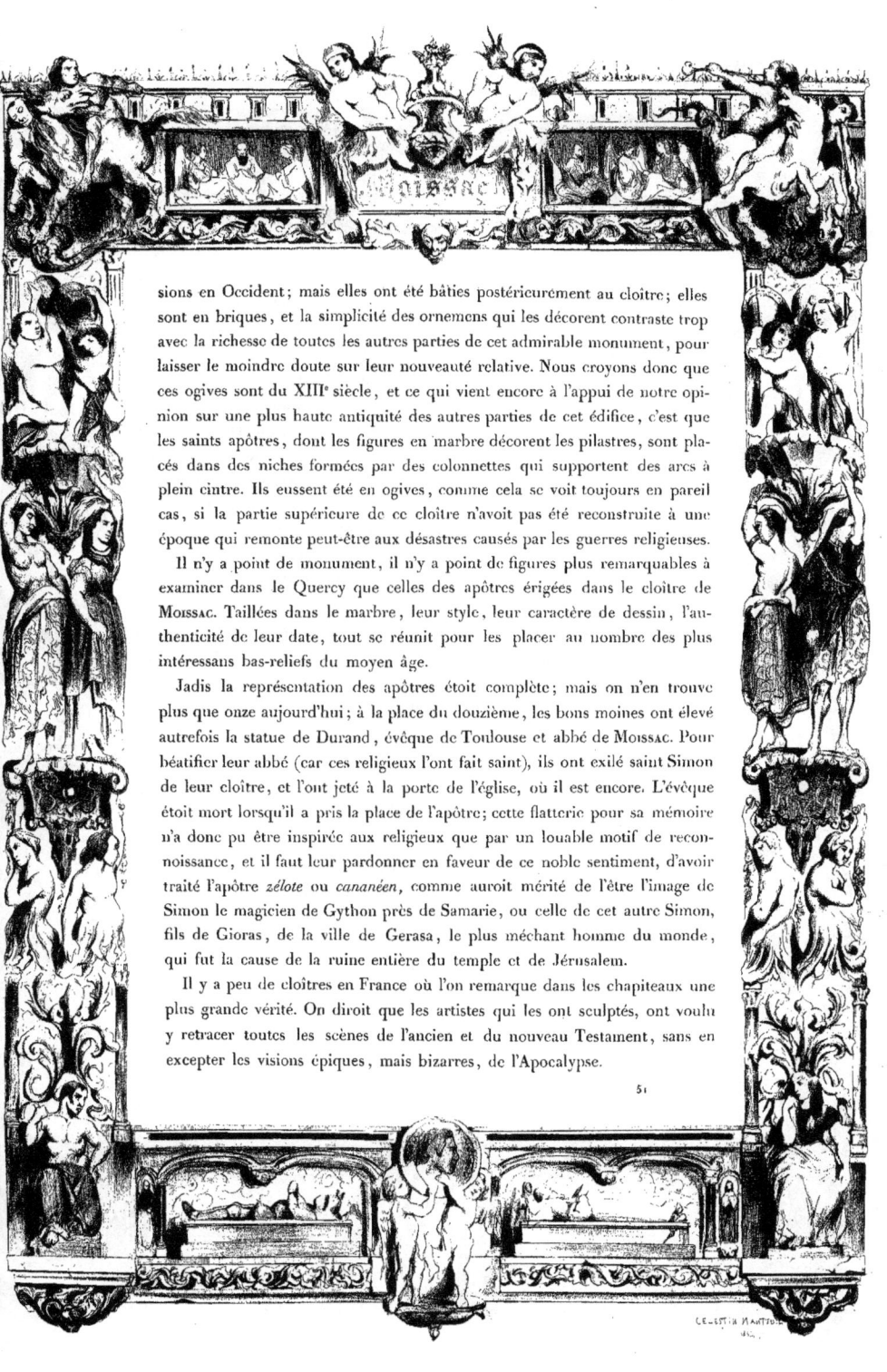

sions en Occident; mais elles ont été bâties postérieurement au cloître; elles sont en briques, et la simplicité des ornemens qui les décorent contraste trop avec la richesse de toutes les autres parties de cet admirable monument, pour laisser le moindre doute sur leur nouveauté relative. Nous croyons donc que ces ogives sont du XIII° siècle, et ce qui vient encore à l'appui de notre opinion sur une plus haute antiquité des autres parties de cet édifice, c'est que les saints apôtres, dont les figures en marbre décorent les pilastres, sont placés dans des niches formées par des colonnettes qui supportent des arcs à plein cintre. Ils eussent été en ogives, comme cela se voit toujours en pareil cas, si la partie supérieure de ce cloître n'avoit pas été reconstruite à une époque qui remonte peut-être aux désastres causés par les guerres religieuses.

Il n'y a point de monument, il n'y a point de figures plus remarquables à examiner dans le Quercy que celles des apôtres érigées dans le cloître de Moissac. Taillées dans le marbre, leur style, leur caractère de dessin, l'authenticité de leur date, tout se réunit pour les placer au nombre des plus intéressans bas-reliefs du moyen âge.

Jadis la représentation des apôtres étoit complète; mais on n'en trouve plus que onze aujourd'hui; à la place du douzième, les bons moines ont élevé autrefois la statue de Durand, évêque de Toulouse et abbé de Moissac. Pour béatifier leur abbé (car ces religieux l'ont fait saint), ils ont exilé saint Simon de leur cloître, et l'ont jeté à la porte de l'église, où il est encore. L'évêque étoit mort lorsqu'il a pris la place de l'apôtre; cette flatterie pour sa mémoire n'a donc pu être inspirée aux religieux que par un louable motif de reconnoissance, et il faut leur pardonner en faveur de ce noble sentiment, d'avoir traité l'apôtre *zélote* ou *cananéen*, comme auroit mérité de l'être l'image de Simon le magicien de Gython près de Samarie, ou celle de cet autre Simon, fils de Gioras, de la ville de Gerasa, le plus méchant homme du monde, qui fut la cause de la ruine entière du temple et de Jérusalem.

Il y a peu de cloîtres en France où l'on remarque dans les chapiteaux une plus grande vérité. On diroit que les artistes qui les ont sculptés, ont voulu y retracer toutes les scènes de l'ancien et du nouveau Testament, sans en excepter les visions épiques, mais bizarres, de l'Apocalypse.

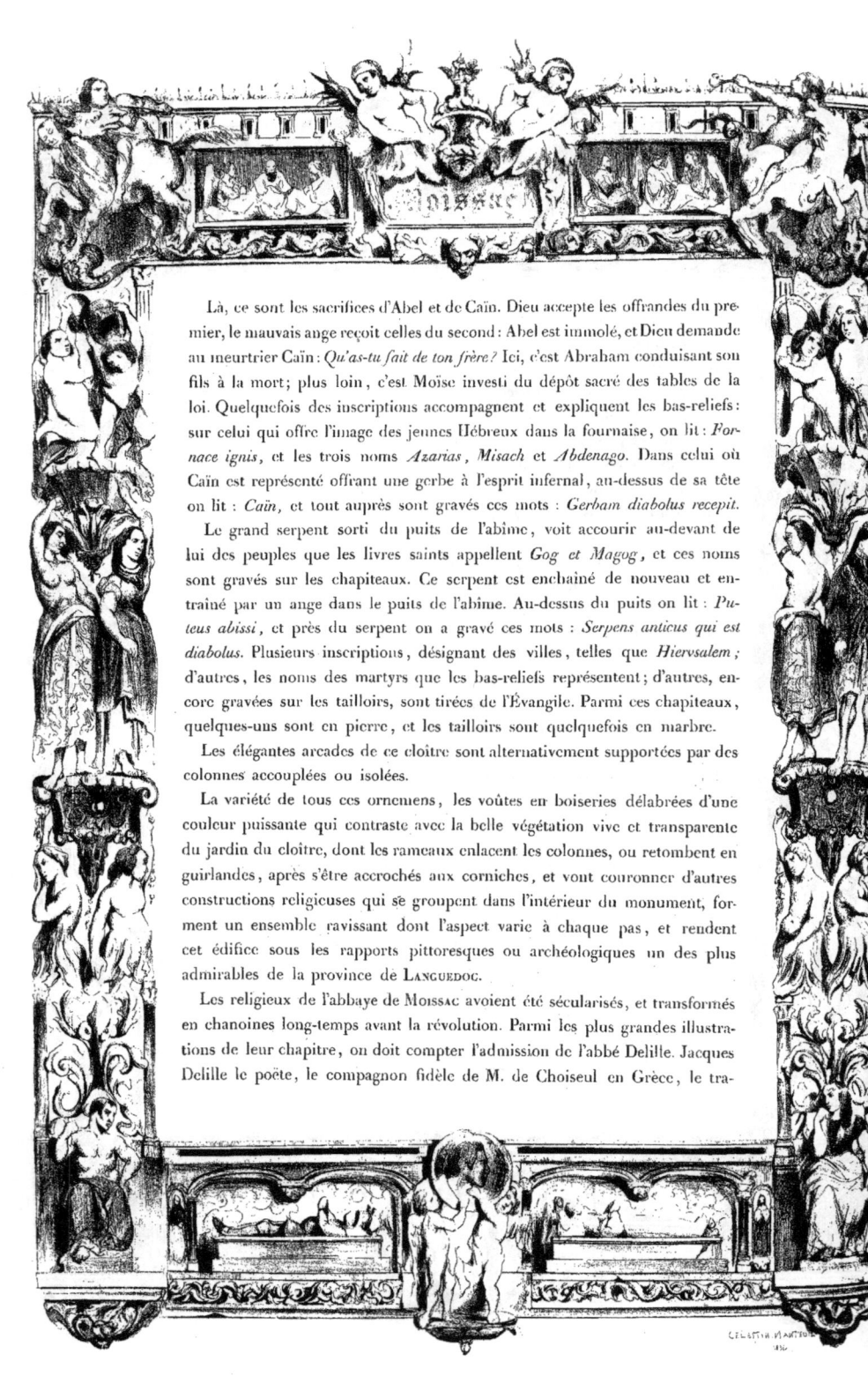

Là, ce sont les sacrifices d'Abel et de Caïn. Dieu accepte les offrandes du premier, le mauvais ange reçoit celles du second : Abel est immolé, et Dieu demande au meurtrier Caïn : *Qu'as-tu fait de ton frère?* Ici, c'est Abraham conduisant son fils à la mort; plus loin, c'est Moïse investi du dépôt sacré des tables de la loi. Quelquefois des inscriptions accompagnent et expliquent les bas-reliefs : sur celui qui offre l'image des jeunes Hébreux dans la fournaise, on lit : *Fornace ignis*, et les trois noms *Azarias*, *Misach* et *Abdenago*. Dans celui où Caïn est représenté offrant une gerbe à l'esprit infernal, au-dessus de sa tête on lit : *Caïn*, et tout auprès sont gravés ces mots : *Gerbam diabolus recepit*.

Le grand serpent sorti du puits de l'abîme, voit accourir au-devant de lui des peuples que les livres saints appellent *Gog et Magog*, et ces noms sont gravés sur les chapiteaux. Ce serpent est enchaîné de nouveau et entraîné par un ange dans le puits de l'abîme. Au-dessus du puits on lit : *Puteus abissi*, et près du serpent on a gravé ces mots : *Serpens anticus qui est diabolus*. Plusieurs inscriptions, désignant des villes, telles que *Hiervsalem*; d'autres, les noms des martyrs que les bas-reliefs représentent; d'autres, encore gravées sur les tailloirs, sont tirées de l'Évangile. Parmi ces chapiteaux, quelques-uns sont en pierre, et les tailloirs sont quelquefois en marbre.

Les élégantes arcades de ce cloître sont alternativement supportées par des colonnes accouplées ou isolées.

La variété de tous ces ornemens, les voûtes en boiseries délabrées d'une couleur puissante qui contraste avec la belle végétation vive et transparente du jardin du cloître, dont les rameaux enlacent les colonnes, ou retombent en guirlandes, après s'être accrochés aux corniches, et vont couronner d'autres constructions religieuses qui se groupent dans l'intérieur du monument, forment un ensemble ravissant dont l'aspect varie à chaque pas, et rendent cet édifice sous les rapports pittoresques ou archéologiques un des plus admirables de la province de LANGUEDOC.

Les religieux de l'abbaye de MOISSAC avoient été sécularisés, et transformés en chanoines long-temps avant la révolution. Parmi les plus grandes illustrations de leur chapitre, on doit compter l'admission de l'abbé Delille. Jacques Delille le poëte, le compagnon fidèle de M. de Choiseul en Grèce, le traducteur élégant des Géorgiques, obtint un bénéfice à Moissac : heureuse et légitime faveur, qui compense et justifie peut-être jusqu'à un certain point celles que la prodigalité de la cour répandoit sur un essaim d'abbés oisifs et frivoles, auxquels la fin du dernier siècle a fait d'ailleurs payer assez chèrement ces brillantes sinécures de l'église.

La bibliothèque de l'abbaye de Moissac étoit une des plus riches de France en manuscrits curieux; des titres précieux qui étoient conservés dans ses archives ont été dispersés ou brûlés par les flammes des révolutions; quelques-uns, mais en petit nombre, ont échappé à la destruction, particulièrement l'inventaire général du cartulaire. Ces restes précieux sont enfouis maintenant dans le vaste dépôt d'une bibliothèque métropolitaine. Il nous est du moins permis d'espérer aujourd'hui, puisque après quinze années de travaux, d'actives sollicitations et d'énormes sacrifices, nous avons enfin obtenu que l'on daignât charger un inspecteur, homme de goût, de conserver et de classer les débris des monuments qui restent sur notre sol saccagé, qu'on voudra bien accorder aussi quelque intérêt aux livres qui se sont retrouvés dans ces ruines; car les hommes qui les ont arrachés des mains du peuple n'ont eu que le temps d'en léguer l'arrangement à nos savans conservateurs.

Grand escalier de Rocamadour

Grand escalier de l'Église de Rocamadour.

L'épée de Roland et le Tombeau de Rocamadour.

Croix et Colire de l'ancien trésor de Rocamadour

Roc-Amadour.

Dans la vieille province du Quercy, non loin de la ville de Cahors, à quelque distance des belles vallées de Figeac et de Saint-Ceré, dans une anfractuosité de montagnes arides et stériles, appelée autrefois la vallée Ténébreuse (1), un vallon étroit renferme les ruines d'un monastère et de quelques oratoires bâtis près des cavernes, sur des rochers dont les pieds sont baignés par un torrent nommé Alzou, ou l'Auzou, qui tantôt submerge les rares prairies du vallon, tantôt les laisse tout-à-coup dans une affreuse sécheresse.

Le peuple, qui a souvent trouvé des consolations au pèlerinage de Roc-Amadour, en fait remonter l'origine à une anecdote intéressante des premiers temps du christianisme, et ce genre de tradition, fort peu considéré par la critique, est précisément celui qui nous intéresse le plus. Nous laissons d'ailleurs ample carrière aux savans sur le jugement qu'il leur plaira d'en porter. Ils sont parfaitement libres de décliner l'autorité des livres apostoliques

(1) *Vallis tenebrosa horrendaque.*

et des souvenirs populaires, pour ne s'en référer, sur l'histoire naïve du monde chrétien, qu'aux fables intéressées des Romains, ses persécuteurs. Nous doutons que de leur côté soit la vérité; nous sommes sûrs que du nôtre est la poésie.

S'il faut donc faire foi à ce récit oral que les pères racontent encore aux enfans, et que saint Antoine, archevêque de Florence, a d'ailleurs presque conservé dans ses chroniques, voici comment la chose se passa : Zachée, ce libre disciple de Jésus, qui applaudit à son entrée triomphale du haut du sycomore, et dont le Christ accepta le banquet au milieu des murmures des Pharisiens; Zachée, le seul homme de finances, peut-être, avec Matthieu, qui eût embrassé la loi d'amour et de liberté, épousa plus tard cette pieuse *Véronique* dont l'Église a conservé le souvenir sous un nom emblématique, cette vierge qui recueillit la *véritable image* du Sauveur sur le tissu dont elle essuyoit les blessures sanglantes de son visage. Ce fut une sainte union que celle de Véronique et de Zachée, et qui étoit bien digne d'être couronnée par le martyre, ou par la proscription. Ils échappèrent à leurs bourreaux, et s'abandonnèrent sur une pauvre nacelle au hasard des tempêtes et aux secours de la Providence. Le frêle esquif les porta jusqu'aux bords des Boies ou des Bituriges, à un endroit qu'on appelle aujourd'hui le *Pas de Grâve*, dans le pays de Médoc. Saint Martial, apôtre d'Aquitaine, les reçut près de lui, et manda Zachée à Rome auprès de saint Pierre, dont il ne vit que le dernier acte de foi. De retour dans sa nouvelle patrie chrétienne, il éleva un temple en l'honneur de la Vierge, et un autre en l'honneur de saint Pierre, près du rivage où il avoit débarqué; puis il reçut les derniers soupirs de sa femme, et, décidé à passer le reste de ses jours dans la solitude, il se retira dans le Quercy. Là, il prit sa demeure, comme tous les sévères pénitens de cet âge d'expiation et de sacrifices, dans un lieu d'épouvantes où aucun autre homme n'auroit osé pénétrer. C'étoit une grotte sombre et profonde, creusée parmi d'affreuses montagnes, peuplées de bêtes féroces, qu'il apprivoisa par sa douceur ou qu'il chassa par ses prières. Il y construisit un nouvel oratoire à la sainte Vierge, et ce monument du désert reçut la bénédiction de saint Martial qui vint le visiter.

Soit que le nom d'*Amator* eût pu être donné dès lors à un homme passionné pour la retraite, ce qui répugne, selon nous, à la saine logique des

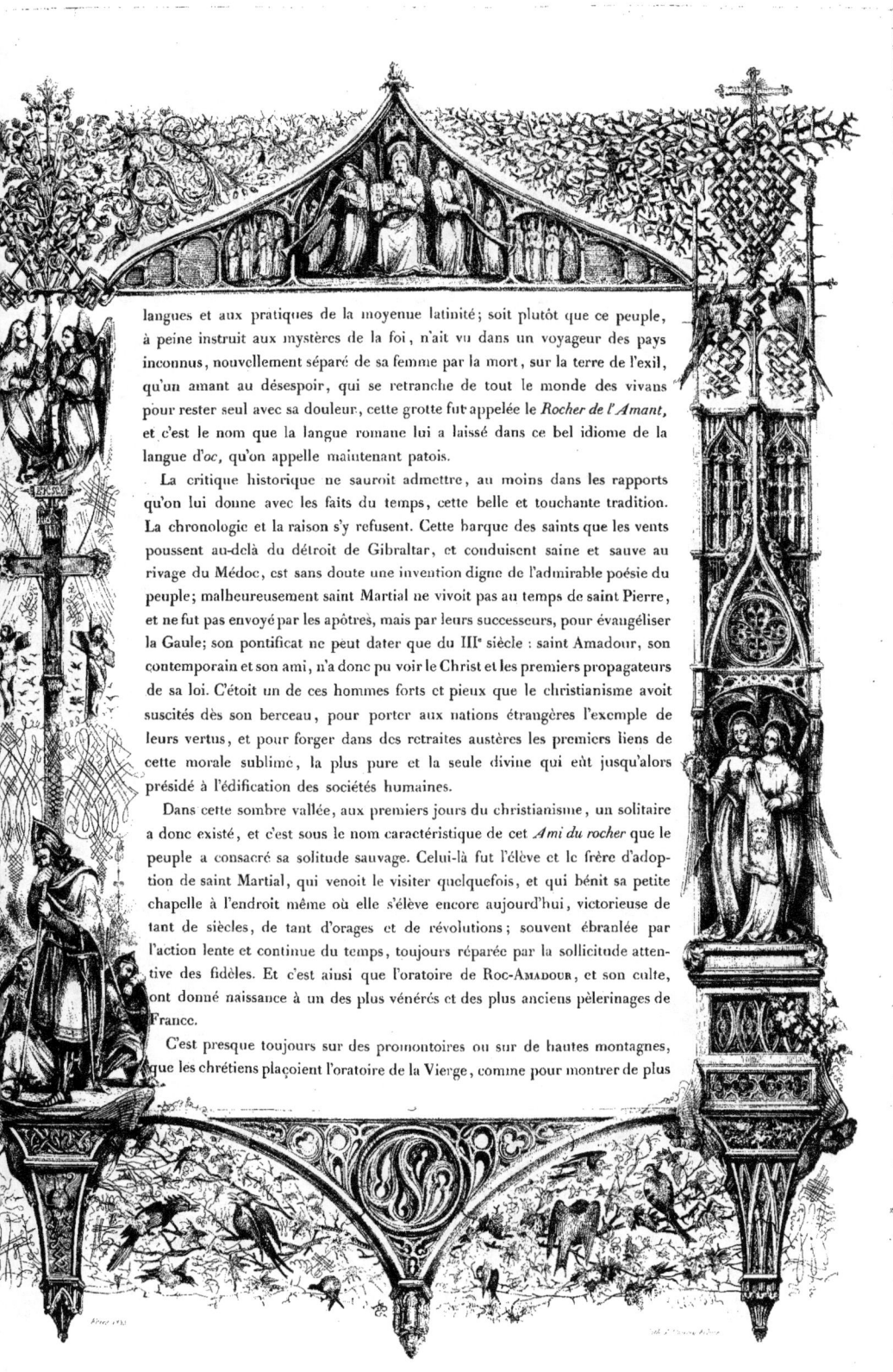

langues et aux pratiques de la moyenne latinité; soit plutôt que ce peuple, à peine instruit aux mystères de la foi, n'ait vu dans un voyageur des pays inconnus, nouvellement séparé de sa femme par la mort, sur la terre de l'exil, qu'un amant au désespoir, qui se retranche de tout le monde des vivans pour rester seul avec sa douleur, cette grotte fut appelée le *Rocher de l'Amant*, et c'est le nom que la langue romane lui a laissé dans ce bel idiome de la langue d'*oc*, qu'on appelle maintenant patois.

La critique historique ne sauroit admettre, au moins dans les rapports qu'on lui donne avec les faits du temps, cette belle et touchante tradition. La chronologie et la raison s'y refusent. Cette barque des saints que les vents poussent au-delà du détroit de Gibraltar, et conduisent saine et sauve au rivage du Médoc, est sans doute une invention digne de l'admirable poésie du peuple; malheureusement saint Martial ne vivoit pas au temps de saint Pierre, et ne fut pas envoyé par les apôtres, mais par leurs successeurs, pour évangéliser la Gaule; son pontificat ne peut dater que du IIIe siècle : saint Amadour, son contemporain et son ami, n'a donc pu voir le Christ et les premiers propagateurs de sa loi. C'étoit un de ces hommes forts et pieux que le christianisme avoit suscités dès son berceau, pour porter aux nations étrangères l'exemple de leurs vertus, et pour forger dans des retraites austères les premiers liens de cette morale sublime, la plus pure et la seule divine qui eût jusqu'alors présidé à l'édification des sociétés humaines.

Dans cette sombre vallée, aux premiers jours du christianisme, un solitaire a donc existé, et c'est sous le nom caractéristique de cet *Ami du rocher* que le peuple a consacré sa solitude sauvage. Celui-là fut l'élève et le frère d'adoption de saint Martial, qui venoit le visiter quelquefois, et qui bénit sa petite chapelle à l'endroit même où elle s'élève encore aujourd'hui, victorieuse de tant de siècles, de tant d'orages et de révolutions; souvent ébranlée par l'action lente et continue du temps, toujours réparée par la sollicitude attentive des fidèles. Et c'est ainsi que l'oratoire de Roc-Amadour, et son culte, ont donné naissance à un des plus vénérés et des plus anciens pèlerinages de France.

C'est presque toujours sur des promontoires ou sur de hautes montagnes, que les chrétiens plaçoient l'oratoire de la Vierge, comme pour montrer de plus

loin aux malheureux le seul refuge de leurs misères, et la seule protection qui pût les préserver du mal éternel. Cette jeune femme, vierge et mère, mortelle par sa nature et divinité par l'élection de Dieu, comme elle étoit royale par son origine et femme du peuple par sa naissance ; cette figure vivante de toutes les idées que la poésie et la foi attachent à la bonté, à la charité, à l'espérance, devoit être placée à moitié chemin de la terre et du ciel, pour voir de plus près nos douleurs, pour transmettre plus près nos regrets et nos prières, pour nous rapporter plus vite des graces ou des pardons. Oh ! quand le christianisme n'auroit point d'autres preuves de la sublimité de son essence, il faudroit se hâter de se faire chrétien pour se croire digne d'être homme.

A Roc-Amadour, comme au Mont-Serrat, d'énormes rochers s'élèvent au-dessus de la sainte chapelle ; mais à Roc-Amadour, ils la pressent, ils la surplombent, ils la couvrent de leur ombre. Ainsi qu'au monastère célèbre de la Catalogne, ainsi que dans celui d'Einsiedlen, que dans celui du val de Consolation, que dans tous ceux où son image a été inaugurée sous la poétique inspiration d'un verset du *Cantique des cantiques*, elle est noire. *Nigra sum, sed formosa*. Il devoit en être ainsi de la reine d'alliance du genre humain. C'étoit une mère commune donnée à tous les peuples et à toutes les races.

Autrefois, deux cent soixante-dix-huit degrés conduisoient à la chapelle ; maintenant ils sont réduits à deux cents : les pèlerins les montoient et les montent encore quelquefois à genoux. Après cent marches on trouve une plate-forme où s'élèvent quelques maisons qui servoient jadis d'habitations aux chanoines. A ce parvis élevé commence l'enceinte des chapelles ; une porté, dont la construction est très-ancienne, en forme la clôture. Outre celles qui sont construites dans le roc et consacrées au Sauveur, à saint Jean-Baptiste, à saint Michel, à sainte Anne et à saint Amadour, on en avoit encore atillé douze autres dans le rocher, en l'honneur des douze apôtres. Au-delà, un nouvel escalier conduit à l'entrée de l'église canoniale dédiée à saint Sauveur ; à gauche, on trouve une terrasse que domine un rocher escarpé et menaçant, creusé à sa base pour y pratiquer une cellule, qui, dit-on, servit, durant sa vie, de retraite à saint Amadour, et depuis a recélé son corps, et est devenue son tombeau ; tombeau vide, et dont la pierre sépulcrale est brisée.

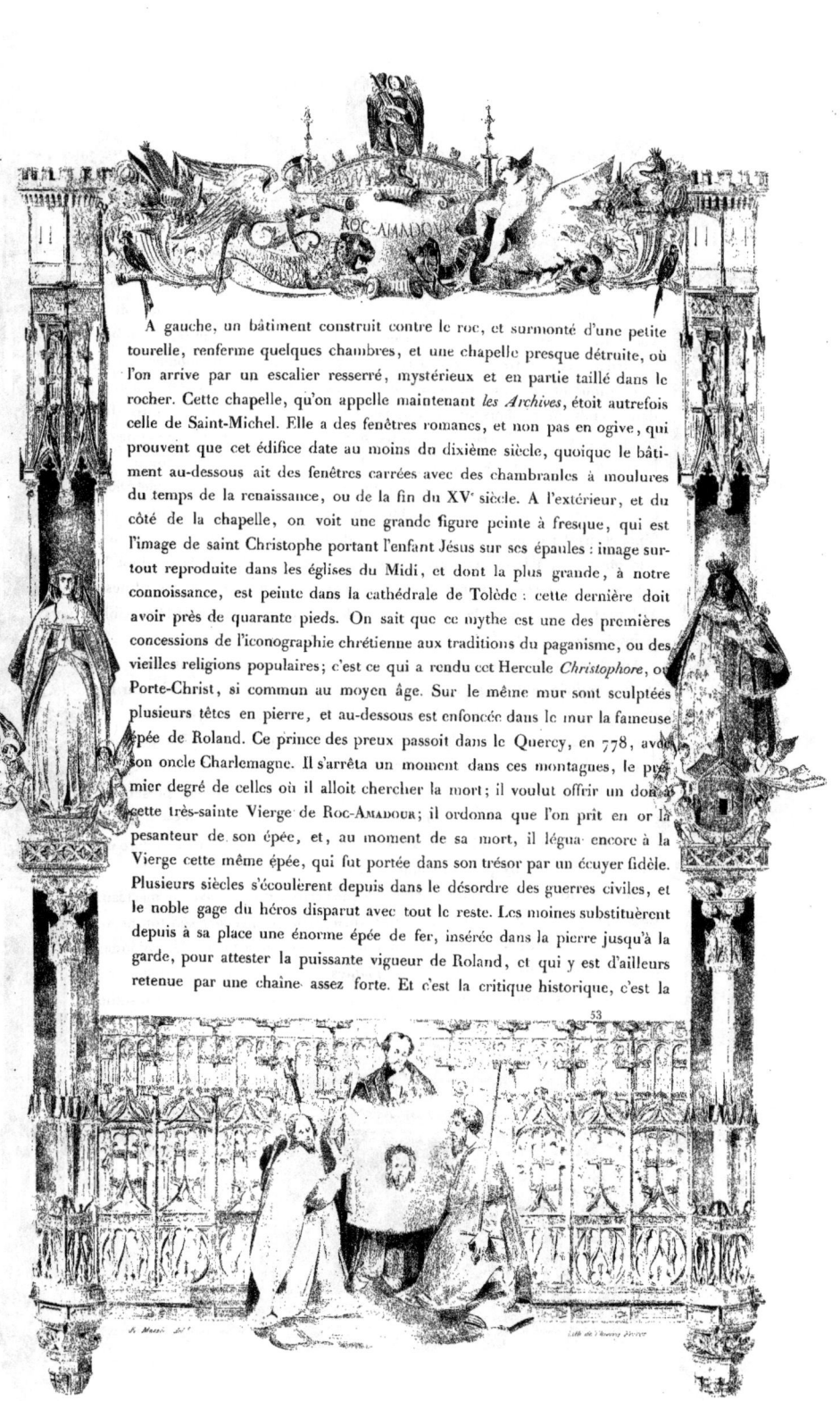

A gauche, un bâtiment construit contre le roc, et surmonté d'une petite tourelle, renferme quelques chambres, et une chapelle presque détruite, où l'on arrive par un escalier resserré, mystérieux et en partie taillé dans le rocher. Cette chapelle, qu'on appelle maintenant *les Archives*, étoit autrefois celle de Saint-Michel. Elle a des fenêtres romanes, et non pas en ogive, qui prouvent que cet édifice date au moins du dixième siècle, quoique le bâtiment au-dessous ait des fenêtres carrées avec des chambranles à moulures du temps de la renaissance, ou de la fin du XVe siècle. A l'extérieur, et du côté de la chapelle, on voit une grande figure peinte à fresque, qui est l'image de saint Christophe portant l'enfant Jésus sur ses épaules : image surtout reproduite dans les églises du Midi, et dont la plus grande, à notre connoissance, est peinte dans la cathédrale de Tolède : cette dernière doit avoir près de quarante pieds. On sait que ce mythe est une des premières concessions de l'iconographie chrétienne aux traditions du paganisme, ou des vieilles religions populaires; c'est ce qui a rendu cet Hercule *Christophore*, ou Porte-Christ, si commun au moyen âge. Sur le même mur sont sculptées plusieurs têtes en pierre, et au-dessous est enfoncée dans le mur la fameuse épée de Roland. Ce prince des preux passoit dans le Quercy, en 778, avec son oncle Charlemagne. Il s'arrêta un moment dans ces montagnes, le premier degré de celles où il alloit chercher la mort; il voulut offrir un don à cette très-sainte Vierge de Roc-Amadour; il ordonna que l'on prit en or la pesanteur de son épée, et, au moment de sa mort, il légua encore à la Vierge cette même épée, qui fut portée dans son trésor par un écuyer fidèle. Plusieurs siècles s'écoulèrent depuis dans le désordre des guerres civiles, et le noble gage du héros disparut avec tout le reste. Les moines substituèrent depuis à sa place une énorme épée de fer, insérée dans la pierre jusqu'à la garde, pour attester la puissante vigueur de Roland, et qui y est d'ailleurs retenue par une chaîne assez forte. Et c'est la critique historique, c'est la

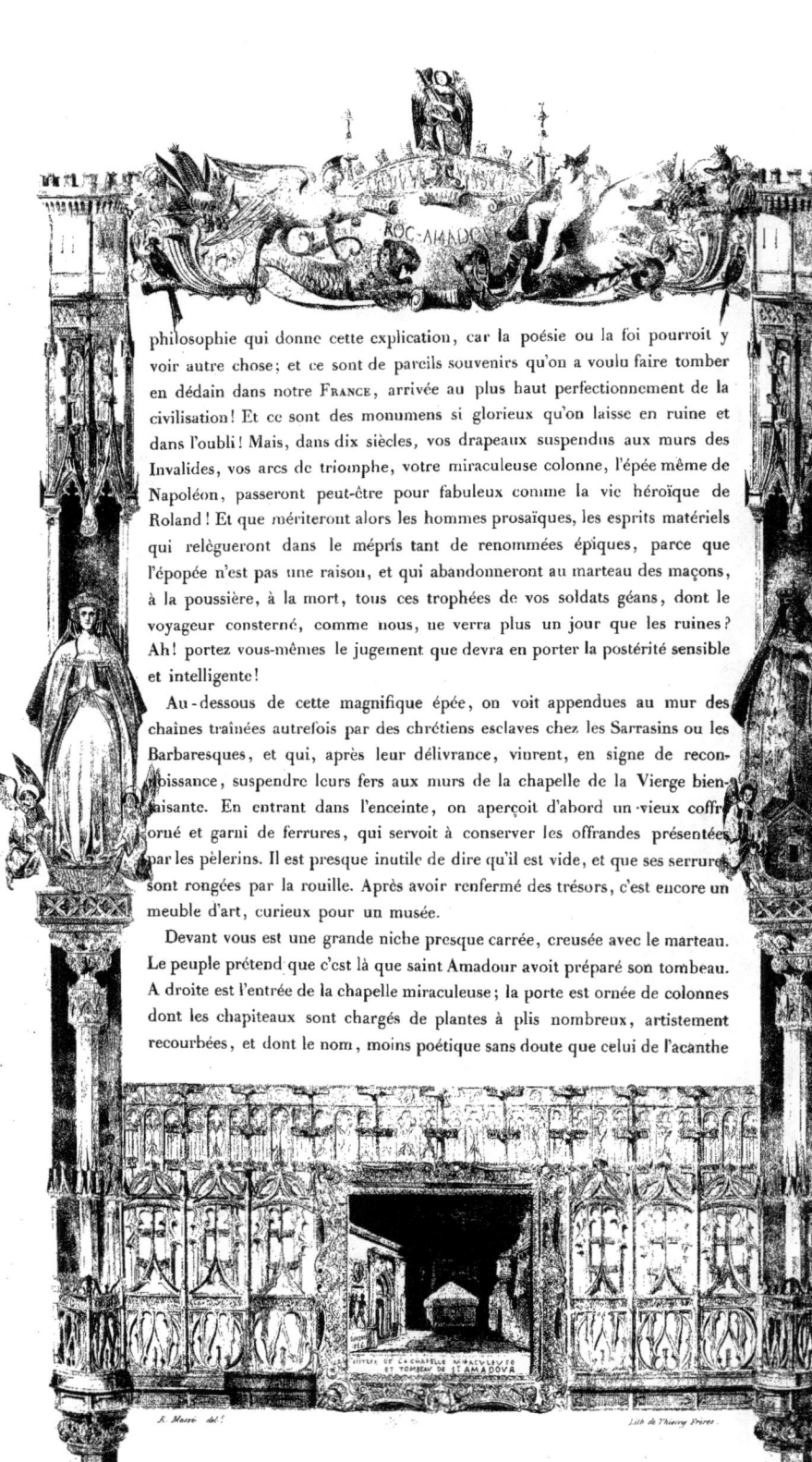

philosophie qui donne cette explication, car la poésie ou la foi pourroit y voir autre chose; et ce sont de pareils souvenirs qu'on a voulu faire tomber en dédain dans notre FRANCE, arrivée au plus haut perfectionnement de la civilisation! Et ce sont des monumens si glorieux qu'on laisse en ruine et dans l'oubli! Mais, dans dix siècles, vos drapeaux suspendus aux murs des Invalides, vos arcs de triomphe, votre miraculeuse colonne, l'épée même de Napoléon, passeront peut-être pour fabuleux comme la vie héroïque de Roland! Et que mériteront alors les hommes prosaïques, les esprits matériels qui relègueront dans le mépris tant de renommées épiques, parce que l'épopée n'est pas une raison, et qui abandonneront au marteau des maçons, à la poussière, à la mort, tous ces trophées de vos soldats géans, dont le voyageur consterné, comme nous, ne verra plus un jour que les ruines? Ah! portez vous-mêmes le jugement que devra en porter la postérité sensible et intelligente!

Au-dessous de cette magnifique épée, on voit appendues au mur des chaînes traînées autrefois par des chrétiens esclaves chez les Sarrasins ou les Barbaresques, et qui, après leur délivrance, vinrent, en signe de reconnoissance, suspendre leurs fers aux murs de la chapelle de la Vierge bienfaisante. En entrant dans l'enceinte, on aperçoit d'abord un vieux coffre orné et garni de ferrures, qui servoit à conserver les offrandes présentées par les pèlerins. Il est presque inutile de dire qu'il est vide, et que ses serrures sont rongées par la rouille. Après avoir renfermé des trésors, c'est encore un meuble d'art, curieux pour un musée.

Devant vous est une grande niche presque carrée, creusée avec le marteau. Le peuple prétend que c'est là que saint Amadour avoit préparé son tombeau. A droite est l'entrée de la chapelle miraculeuse; la porte est ornée de colonnes dont les chapiteaux sont chargés de plantes à plis nombreux, artistement recourbées, et dont le nom, moins poétique sans doute que celui de l'acanthe

de Corinthe, mériteroit cependant d'être illustré comme elle par la représentation gracieuse qu'en ont donnée les *ornemanistes* du moyen âge. Cette porte étoit surmontée autrefois des armes de l'évêque de Tulle; ces sculptures ont été mutilées par la rage stupide de certains hommes qu'on a vus depuis mendier des blasons pour eux. Sur la muraille attenante, on remarque les débris d'une fresque qui, au premier aspect, présente un épisode de la *Danse des morts*, mais que le peuple du Midi explique différemment. C'est l'*ex-voto* d'un seigneur, profanateur sacrilège de la paix des tombeaux. Les sépultures viennent de s'ouvrir, et une troupe de spectres menaçans le poursuit : une prière à la vierge Marie le délivre de ces tourmens.

On entre ensuite dans la chapelle des Miracles. Le rocher tient lieu du mur de droite, ainsi que d'une partie de la voûte. Le sanctuaire, qui n'est pas étendu, forme presque la moitié de l'église : son autel est de bois. Les moines prétendoient que sa construction remontoit à saint Martial, qui en avoit été le premier consécrateur. Ils vouloient probablement parler d'objets qui ont disparu, car les ornemens qui existent maintenant, si notre mémoire ne nous trompe pas, sont de l'avant-dernier siècle. Ce qu'il y a de certain, c'est que tout ce côté de l'église fut renversé par la chute d'un rocher, puis après relevé et augmenté en 1479, par Denys de Bar, évêque et seigneur de Tulle, comme le constate une inscription gravée sur la pierre, à l'extérieur et derrière l'autel. Le retable, où se trouve la statue miraculeuse de la Vierge, est doré. La voûte de cette chapelle est couronnée par un clocher environné de vitrages, dans lequel on aperçoit une cloche sans cordes, qui sonnoit autrefois sans secours humain, quand la Vierge accordoit son secours à un malheureux, même dans les pays les plus lointains; privilége que les Espagnols attribuoient encore naguère d'une manière analogue à la cloche de Villilla.

Le temps de ces miracles est passé; mais la poésie doit en conserver le souvenir; et le plus glorieux qui ait illustré la présence de Notre-Dame de Roc-Amadour, c'est la victoire qu'un étendard, sur lequel étoit représentée son image, fit remporter au roi Alphonse, combattant contre les Maures, dans la plaine de Las-Navas de Tolosa, près de la Sierra-Morena, le lundi seizième de juillet 1212.

Pour obtenir ce haut fait, voici ce qui advint, selon le récit publié par Albéric, moine de Trois-Fontaines. Ce fut le 12 juillet que les chrétiens et les musulmans se rencontrèrent sur un plateau de la Sierra-Morena, appelé maintenant le *Puerto-Real*, où nous avons vu, près du village de *Santa-Helena*, le modeste monument triomphal que les Espagnols élevèrent en mémoire de cette bataille. Les Sarrasins refusoient d'en venir aux mains, par la crainte des François et des chevaliers alliés qui, sur l'invitation d'Innocent III, s'étoient réunis à cette croisade; mais ils eurent à peine été informés de leur absence, qu'ils présentèrent la bataille aux Castillans, aux Navarrois et aux Aragonois. Les rois de Léon et de Portugal étoient restés en observation sur leurs frontières. Nombre de seigneurs des Pyrénées avoient repris le chemin de leurs montagnes, mécontens qu'ils étoient de certains articles de la capitulation de la ville de Calatrava, qui venoit de traiter après quelques mois d'une défense opiniâtre. Les Maures présentèrent le combat le saint jour du dimanche. Les rois chrétiens ne l'acceptèrent que pour la seconde férie, le lundi; mais ce jour-là il fut terrible. Les Castillans étoient au centre; Alphonse s'y étoit réservé le poste le plus dangereux : les Navarrois à la droite, commandés par Sanche VIII, et les Aragonois à la gauche, ayant aussi à leur tête leur roi Pierre II. L'armée des Maures formoit cinq corps principaux; le plus important, celui des Almohades, où se trouvoit l'émir Muhamad et l'élite des guerriers de sa cour, étoit disposé en une seule masse, dont les rangs unis et serrés, entourés et défendus par des chaînes, offroient des remparts vivans, inexpugnables aux chrétiens. Le premier choc fut porté avec une telle ardeur par l'avant-garde arabe, que le corps des chrétiens qui lui étoit opposé fut presque entièrement écrasé. Déjà la seconde ligne fléchissoit; déjà les Templiers et les chevaliers de l'ordre de Calatrava avoient succombé, lorsque le prieur de Roc-Amadour, qui avoit apporté l'étendard de la Vierge, pour servir d'aide et d'auxiliaire aux chrétiens, et qui ne l'avoit pas déployé jusque-là, s'élance au milieu du désordre de la déroute,

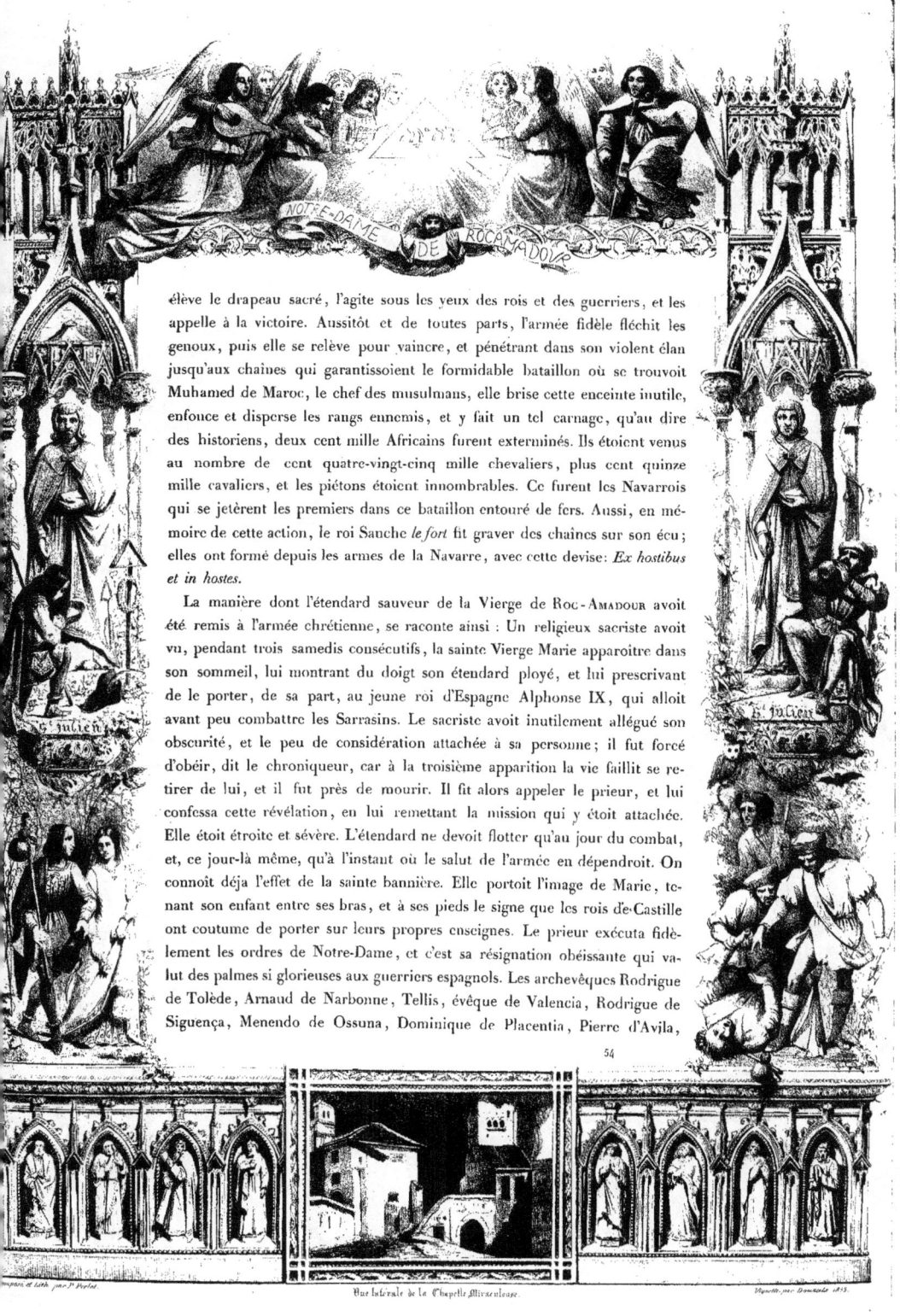

élève le drapeau sacré, l'agite sous les yeux des rois et des guerriers, et les appelle à la victoire. Aussitôt et de toutes parts, l'armée fidèle fléchit les genoux, puis elle se relève pour vaincre, et pénétrant dans son violent élan jusqu'aux chaînes qui garantissoient le formidable bataillon où se trouvoit Muhamed de Maroc, le chef des musulmans, elle brise cette enceinte inutile, enfonce et disperse les rangs ennemis, et y fait un tel carnage, qu'au dire des historiens, deux cent mille Africains furent exterminés. Ils étoient venus au nombre de cent quatre-vingt-cinq mille chevaliers, plus cent quinze mille cavaliers, et les piétons étoient innombrables. Ce furent les Navarrois qui se jetèrent les premiers dans ce bataillon entouré de fers. Aussi, en mémoire de cette action, le roi Sanche *le fort* fit graver des chaînes sur son écu; elles ont formé depuis les armes de la Navarre, avec cette devise: *Ex hostibus et in hostes.*

La manière dont l'étendard sauveur de la Vierge de Roc-Amadour avoit été remis à l'armée chrétienne, se raconte ainsi : Un religieux sacriste avoit vu, pendant trois samedis consécutifs, la sainte Vierge Marie apparoitre dans son sommeil, lui montrant du doigt son étendard ployé, et lui prescrivant de le porter, de sa part, au jeune roi d'Espagne Alphonse IX, qui alloit avant peu combattre les Sarrasins. Le sacriste avoit inutilement allégué son obscurité, et le peu de considération attachée à sa personne; il fut forcé d'obéir, dit le chroniqueur, car à la troisième apparition la vie faillit se retirer de lui, et il fut près de mourir. Il fit alors appeler le prieur, et lui confessa cette révélation, en lui remettant la mission qui y étoit attachée. Elle étoit étroite et sévère. L'étendard ne devoit flotter qu'au jour du combat, et, ce jour-là même, qu'à l'instant où le salut de l'armée en dépendroit. On connoît déjà l'effet de la sainte bannière. Elle portoit l'image de Marie, tenant son enfant entre ses bras, et à ses pieds le signe que les rois de Castille ont coutume de porter sur leurs propres enseignes. Le prieur exécuta fidèlement les ordres de Notre-Dame, et c'est sa résignation obéissante qui valut des palmes si glorieuses aux guerriers espagnols. Les archevêques Rodrigue de Tolède, Arnaud de Narbonne, Tellis, évêque de Valencia, Rodrigue de Siguença, Menendo de Ossuna, Dominique de Placentia, Pierre d'Avila,

Vue latérale de la Chapelle Miraculeuse.

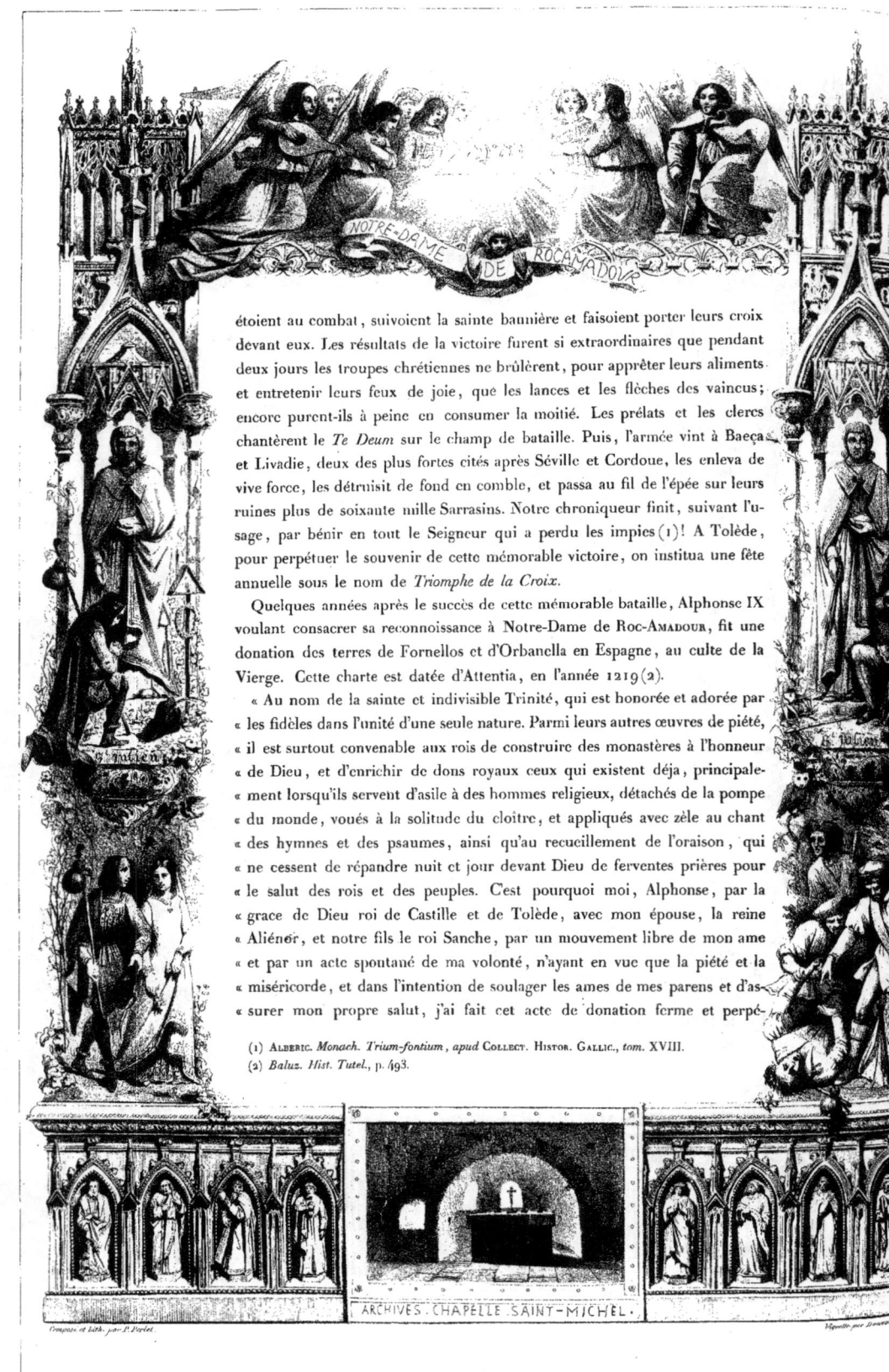

étoient au combat, suivoient la sainte bannière et faisoient porter leurs croix devant eux. Les résultats de la victoire furent si extraordinaires que pendant deux jours les troupes chrétiennes ne brûlèrent, pour apprêter leurs aliments et entretenir leurs feux de joie, que les lances et les flèches des vaincus; encore purent-ils à peine en consumer la moitié. Les prélats et les clercs chantèrent le *Te Deum* sur le champ de bataille. Puis, l'armée vint à Baeça et Livadie, deux des plus fortes cités après Séville et Cordoue, les enleva de vive force, les détruisit de fond en comble, et passa au fil de l'épée sur leurs ruines plus de soixante mille Sarrasins. Notre chroniqueur finit, suivant l'usage, par bénir en tout le Seigneur qui a perdu les impies (1)! A Tolède, pour perpétuer le souvenir de cette mémorable victoire, on institua une fête annuelle sous le nom de *Triomphe de la Croix*.

Quelques années après le succès de cette mémorable bataille, Alphonse IX voulant consacrer sa reconnoissance à Notre-Dame de Roc-Amadour, fit une donation des terres de Fornellos et d'Orbanella en Espagne, au culte de la Vierge. Cette charte est datée d'Attentia, en l'année 1219 (2).

« Au nom de la sainte et indivisible Trinité, qui est honorée et adorée par
« les fidèles dans l'unité d'une seule nature. Parmi leurs autres œuvres de piété,
« il est surtout convenable aux rois de construire des monastères à l'honneur
« de Dieu, et d'enrichir de dons royaux ceux qui existent déjà, principale-
« ment lorsqu'ils servent d'asile à des hommes religieux, détachés de la pompe
« du monde, voués à la solitude du cloître, et appliqués avec zèle au chant
« des hymnes et des psaumes, ainsi qu'au recueillement de l'oraison, qui
« ne cessent de répandre nuit et jour devant Dieu de ferventes prières pour
« le salut des rois et des peuples. C'est pourquoi moi, Alphonse, par la
« grace de Dieu roi de Castille et de Tolède, avec mon épouse, la reine
« Aliénor, et notre fils le roi Sanche, par un mouvement libre de mon ame
« et par un acte spontané de ma volonté, n'ayant en vue que la piété et la
« miséricorde, et dans l'intention de soulager les ames de mes parens et d'as-
« surer mon propre salut, j'ai fait cet acte de donation ferme et perpé-

(1) Alberic. *Monach. Trium-fontium*, apud Collect. Histor. Gallic., tom. XVIII.
(2) *Baluz. Hist. Tutel.*, p. 493.

« tuelle à Dieu, et la bienheureuse Marie honorée à Roc-Amadour, ainsi qu'à
« vous, Dom Géraud, abbé de l'église de Tulle, à tous vos successeurs, et
« à toute la communauté de votre église. Je vous donne et vous cède la terre
« appelée Fornellos, sur le chemin de Saint-Jacques, entre Burgos et le ter-
« ritoire de Soriz, ainsi que la terre d'Orbanella, voisine de Fornellos, avec
« toutes leurs dépendances.... en sorte que vous et vos successeurs puissiez
« disposer de ces terres comme il vous plaira, les donner, les vendre, les
« changer, les mettre en gage librement et absolument, sans éprouver aucun
« empêchement ni contradiction. »

Après différens priviléges, il exempte de tout impôt, lui le roi, ceux
qui les habitent ou pourront les habiter; il leur accorde la permission de
couper dans les forêts royales tout le bois nécessaire pour les constructions
ou pour le chauffage; il autorise leurs troupeaux ou ceux de leurs serfs
à paître dans les pâturages dépendans de la couronne, puis il ajoute :

« Si quelqu'un ose porter atteinte à cette donation que je viens de faire,
« en déchirer quelques pages, inquiéter les donataires, ou diminuer en rien
« l'effet de mes intentions, qu'il encoure pleinement la colère du Dieu tout-
« puissant; qu'il soit, comme le traître Judas, livré aux peines de l'enfer, et
« que d'abord il paie en amende au trésor royal une somme de mille livres
« d'or très-pur, et restitue à vous, abbé Géraud, et à vos successeurs, ou
« aux vicaires que vous et vos successeurs pourront établir à Fornellos et à
« Orbanella, le double du dommage qu'il aura causé. »

« Moi, le roi Alphonse, régnant en Castille, à Tolède, dans l'Estramadure
« et les Asturies, j'ai ordonné de faire le présent privilége, que je valide et
« confirme de ma propre main. »

Suivent les signatures de plusieurs évêques et dignitaires de la cour. Cette
charte fut écrite par maître Géraud, notaire du roi, sous la chancellerie de
Pierre de Cardona.

Nous ne devons pas oublier cette autre donation d'un style non moins
curieux. Dans le XIIe siècle, sous le règne de Louis-le-Gros, Odon, comte
de la Marche, fit don de la forêt Mont-Salvy à Dieu, à la bienheureuse
Marie de Roc-Amadour, et à Saint-Martin de Tulle, ainsi qu'aux moines qui

desservent l'église. Cette forêt devoit être libre de tout impôt et demeurer à jamais sous la protection des comtes ses successeurs; et il ajoute : « Si « quelqu'un ose, par une audace téméraire, contrevenir aux dispositions de « cette donation, qu'il encoure la colère, d'abord du Dieu tout-puissant, « puis de la bienheureuse Vierge Marie, du bienheureux Martin et de tous « les saints, et qu'il demeure à jamais dans l'enfer avec Dathan et Abiron. « Ce don a été fait l'an 1119, depuis l'incarnation du Seigneur, sous le règne « du roi Louis, du temps d'Eustorge, évêque de Limoges, sous le gouver- « nement d'Eble, abbé de Tulle. Fait à Peyrac, le quatrième du mois de « janvier, devant la porte dudit monastère (1). »

Après le récit des merveilles poétiques dont nous parlions tout à l'heure, nous nous rappellerons cette tendre mère, alarmée sur le sort d'une fille, seul reste de ses enfans, qui fait bénir pour elle une robe blanche, à l'autel de la Vierge; qui chaque jour y dépose de blanches fleurs, consacrées par des prières et par des aumônes; et qui, de cette robe et de ces bouquets, compose à son ange terrestre une couronne, un vêtement dont la mort pouvoit faire un linceul, et dont la sainte protection fait une parure : car bientôt les espérances maternelles se raniment; la Vierge céleste a daigné protéger cette petite vierge. Elle vit.

On raconte que madame de Fénélon croyoit devoir à Notre-Dame de Roc-Amadour la guérison et la conservation de son enfant, et que l'univers en rende graces à la Vierge de Roc-Amadour! cet enfant étoit Fénélon, voué dans son berceau aux soins rédempteurs de la Reine du ciel, et réservé par sa bonté à la consolation du genre humain; Fénélon, qui avoit sans doute puisé dans le sein d'une mère pieuse et sensible, les trésors de tolérance et de charité qu'il a depuis répandus parmi les hommes. Un petit tableau, qui existe encore aujourd'hui dans l'église parmi les *ex-voto*, représente cette touchante consécration, et, non loin de là, le vestibule de la chapelle renferme le tombeau de cette sainte femme, qui avoit voué au blanc, dès l'enfance de son fils, le cygne de la poésie.

Une seconde peinture le reproduit plus tard déja docteur, et revêtu des insignes de la science.

(1) Baluz. Hist. Tutel., lib. II, cap. XVI.

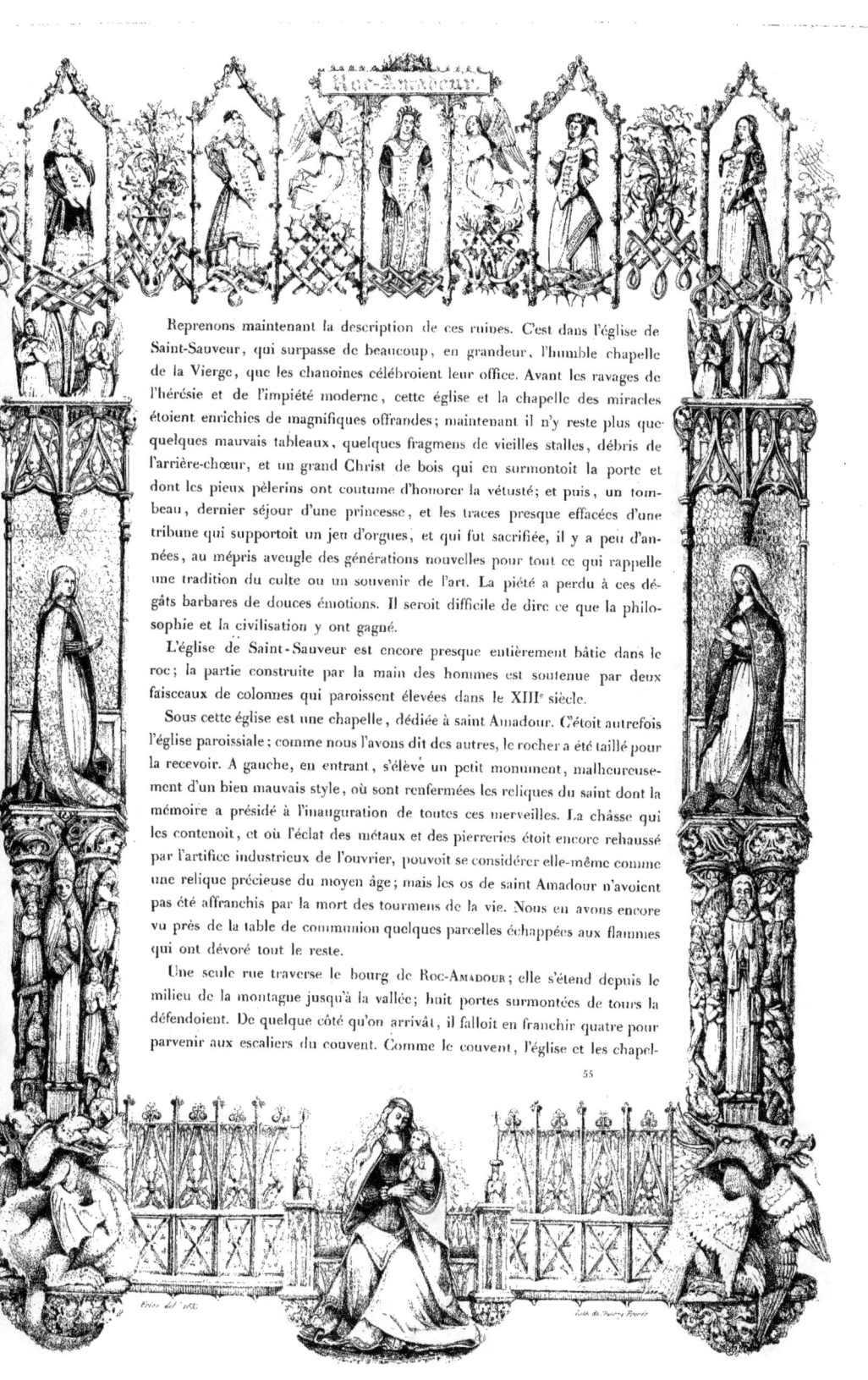

Reprenons maintenant la description de ces ruines. C'est dans l'église de Saint-Sauveur, qui surpasse de beaucoup, en grandeur, l'humble chapelle de la Vierge, que les chanoines célébroient leur office. Avant les ravages de l'hérésie et de l'impiété moderne, cette église et la chapelle des miracles étoient enrichies de magnifiques offrandes; maintenant il n'y reste plus que quelques mauvais tableaux, quelques fragmens de vieilles stalles, débris de l'arrière-chœur, et un grand Christ de bois qui en surmontoit la porte et dont les pieux pèlerins ont coutume d'honorer la vétusté; et puis, un tombeau, dernier séjour d'une princesse, et les traces presque effacées d'une tribune qui supportoit un jeu d'orgues, et qui fut sacrifiée, il y a peu d'années, au mépris aveugle des générations nouvelles pour tout ce qui rappelle une tradition du culte ou un souvenir de l'art. La piété a perdu à ces dégâts barbares de douces émotions. Il seroit difficile de dire ce que la philosophie et la civilisation y ont gagné.

L'église de Saint-Sauveur est encore presque entièrement bâtie dans le roc; la partie construite par la main des hommes est soutenue par deux faisceaux de colonnes qui paroissent élevées dans le XIII siècle.

Sous cette église est une chapelle, dédiée à saint Amadour. C'étoit autrefois l'église paroissiale; comme nous l'avons dit des autres, le rocher a été taillé pour la recevoir. A gauche, en entrant, s'élève un petit monument, malheureusement d'un bien mauvais style, où sont renfermées les reliques du saint dont la mémoire a présidé à l'inauguration de toutes ces merveilles. La châsse qui les contenoit, et où l'éclat des métaux et des pierreries étoit encore rehaussé par l'artifice industrieux de l'ouvrier, pouvoit se considérer elle-même comme une relique précieuse du moyen âge; mais les os de saint Amadour n'avoient pas été affranchis par la mort des tourmens de la vie. Nous en avons encore vu près de la table de communion quelques parcelles échappées aux flammes qui ont dévoré tout le reste.

Une seule rue traverse le bourg de Roc-Amadour; elle s'étend depuis le milieu de la montagne jusqu'à la vallée; huit portes surmontées de tours la défendoient. De quelque côté qu'on arrivât, il falloit en franchir quatre pour parvenir aux escaliers du couvent. Comme le couvent, l'église et les chapel-

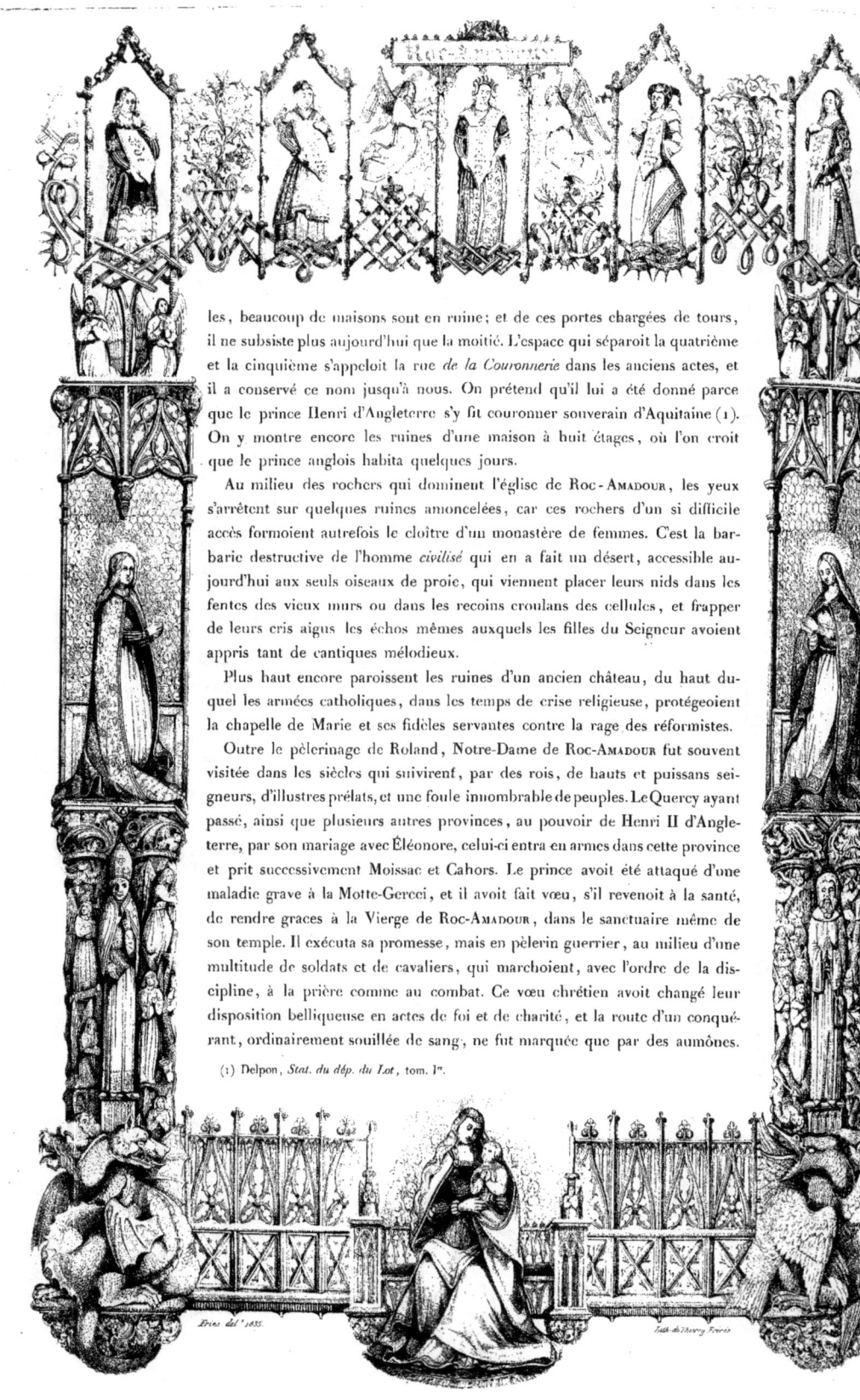

les, beaucoup de maisons sont en ruine; et de ces portes chargées de tours, il ne subsiste plus aujourd'hui que la moitié. L'espace qui séparoit la quatrième et la cinquième s'appeloit la rue *de la Couronnerie* dans les anciens actes, et il a conservé ce nom jusqu'à nous. On prétend qu'il lui a été donné parce que le prince Henri d'Angleterre s'y fit couronner souverain d'Aquitaine (1). On y montre encore les ruines d'une maison à huit étages, où l'on croit que le prince anglois habita quelques jours.

Au milieu des rochers qui dominent l'église de Roc-Amadour, les yeux s'arrêtent sur quelques ruines amoncelées, car ces rochers d'un si difficile accès formoient autrefois le cloître d'un monastère de femmes. C'est la barbarie destructive de l'homme *civilisé* qui en a fait un désert, accessible aujourd'hui aux seuls oiseaux de proie, qui viennent placer leurs nids dans les fentes des vieux murs ou dans les recoins croulans des cellules, et frapper de leurs cris aigus les échos mêmes auxquels les filles du Seigneur avoient appris tant de cantiques mélodieux.

Plus haut encore paroissent les ruines d'un ancien château, du haut duquel les armées catholiques, dans les temps de crise religieuse, protégeoient la chapelle de Marie et ses fidèles servantes contre la rage des réformistes.

Outre le pèlerinage de Roland, Notre-Dame de Roc-Amadour fut souvent visitée dans les siècles qui suivirent, par des rois, de hauts et puissans seigneurs, d'illustres prélats, et une foule innombrable de peuples. Le Quercy ayant passé, ainsi que plusieurs autres provinces, au pouvoir de Henri II d'Angleterre, par son mariage avec Éléonore, celui-ci entra en armes dans cette province et prit successivement Moissac et Cahors. Le prince avoit été attaqué d'une maladie grave à la Motte-Gercei, et il avoit fait vœu, s'il revenoit à la santé, de rendre graces à la Vierge de Roc-Amadour, dans le sanctuaire même de son temple. Il exécuta sa promesse, mais en pèlerin guerrier, au milieu d'une multitude de soldats et de cavaliers, qui marchoient, avec l'ordre de la discipline, à la prière comme au combat. Ce vœu chrétien avoit changé leur disposition belliqueuse en actes de foi et de charité, et la route d'un conquérant, ordinairement souillée de sang, ne fut marquée que par des aumônes.

(1) Delpon, *Stat. du dép. du Lot*, tom. 1ᵉʳ.

Ce pieux exemple ne fut pas suivi par Henri-le-Jeune, son fils, que ce père victorieux avoit associé à la souveraine puissance. Indigné que l'Aquitaine eût été donnée à Richard, son frère, il prit les armes en 1183 pour ravager une partie de cette province, et particulièrement le Quercy. Son père le suivit; mais il ne put l'empêcher de commettre de grands désordres et de s'emparer de l'église de Roc-Amadour, où il exerça, selon les historiens du temps, *une barbarie de bête féroce* (1), pilla l'oratoire, enleva les lames d'argent qui couvroient la châsse du saint que son père avoit honoré, et dépouilla le trésor de tout ce qu'il avoit de précieux.

Le crime ne demeura pas sans punition : Henri-le-Jeune tomba d'un mal subit à Martel, dans la maison d'un citoyen nommé Étienne Fabri, et bientôt il y fut en danger de mort. Hector Géraud, évêque de Cahors, l'y trouva presque expirant; ses enseignemens parurent faire une vive impression sur le jeune prince; ils lui rendirent la paix de l'ame, et non la vie : il expira peu de temps après, couché sur la cendre, à l'âge de 28 ans.

Durant le XIIᵉ siècle, la renommée de Roc-Amadour s'augmenta de plus en plus. Montfort au cœur de fer, qui ne se courboit que pour la prière, vint s'agenouiller devant cette Vierge célèbre : cet acte d'hommage étoit souvent un office onéreux pour les souverains et pour les tyrans de cet âge; le rude guerrier, plus heureux en repassant par Cahors, fut invité à accepter la seigneurie de cette belle ville et de son territoire. Il y avoit des princes qui dans ce pèlerinage laissoient une seigneurie; Montfort en gagna une.

Une multitude de pèlerins illustres, des saints même, et des saints qui étoient rois, bravèrent les fatigues et les dangers d'un long voyage, pour venir confier leurs vœux ou leurs soucis aux rochers et à la Vierge de Roc-Amadour.

En 1190, l'évêque de Cahors y reçut l'hommage de Raimond, vicomte de Turenne, et de Bosson, fils de ce seigneur, pour les terres de Brassac, Soliac, Banachs et Casiliac, qui relevoient de l'évêché. Une bulle du pape Calixte III, datée de 1193, adressée à l'évêque de Cahors, prescrit aux religieux de défrayer les évêques diocésains, ainsi que leur maison, toutes les fois qu'ils visiteront l'oratoire de la sainte Vierge de ce désert.

(1) *Chron. Lemovic.* Recueil des hist. des Gaules, tom. XVIII.

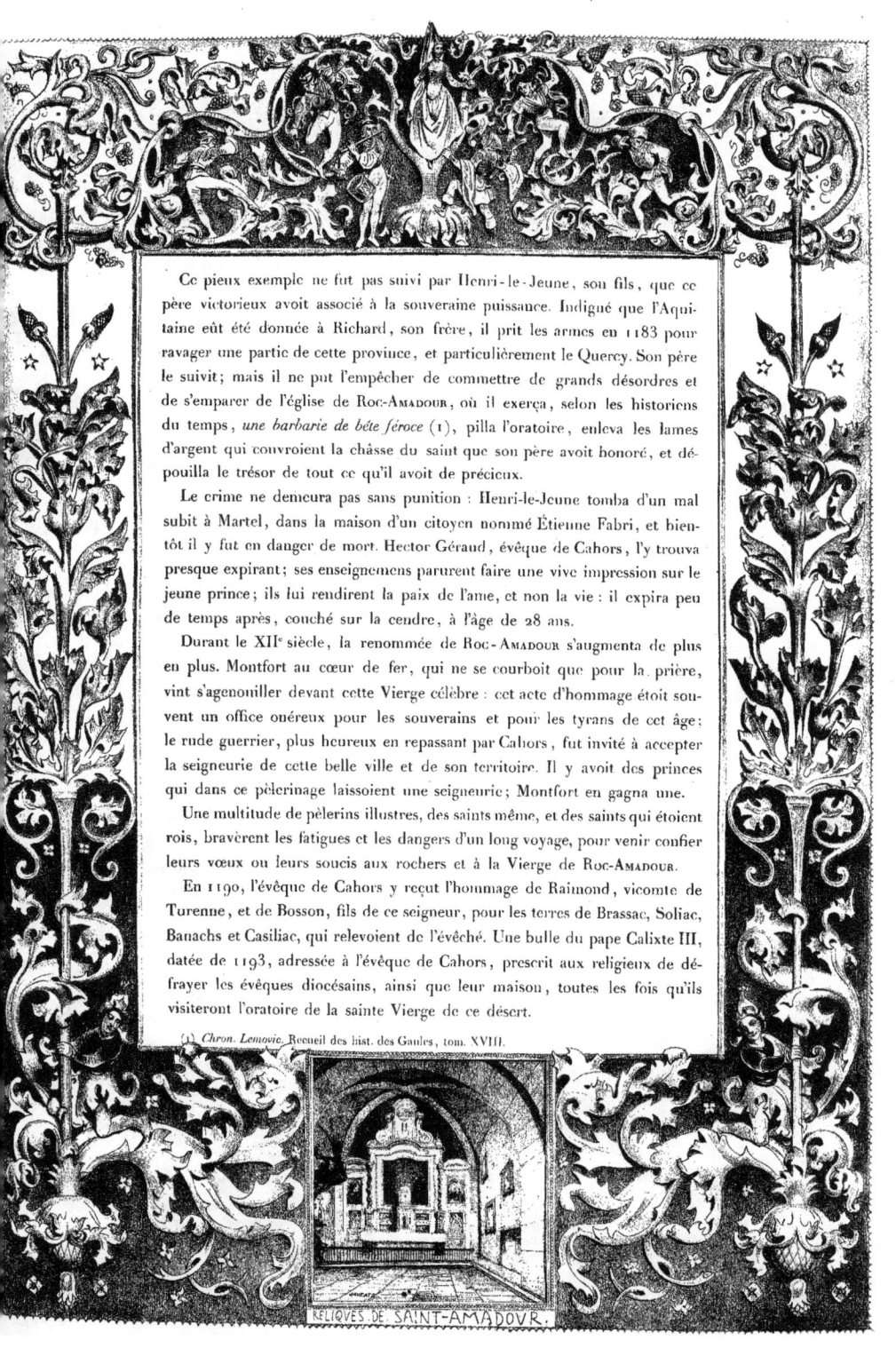

RELIQUES DE SAINT-AMADOUR.

Un acte solennel y fut dressé : ce fut la paix conclue à l'honneur de Dieu et du seigneur Louis huitième, entre Raimond, vicomte de Turenne, Bertrand de Gordon, Bernard, abbé de Tulle, les consuls de Cahors et les consuls de Figeac, pour réprimer les cruautés et les rapines des brigands, et conserver entre tous la paix royale. Cette paix devoit commencer à Pâques et durer pendant huit ans. Elle fut signée à Roc-Amadour le 2 février 1230 (1).

En 1245, saint Louis y fut accompagné de la reine Blanche, des trois princes ses frères, et d'Alphonse III, qui devint roi de Portugal.

En 1248, Alphonse II, comte de Poitiers, et plus tard de Toulouse, ayant pris la croix et devant bientôt partir pour la Palestine, vint à Roc-Amadour, avec Jeanne, fille de Raimond VII, sa femme ; ils offrirent pour don, et firent suspendre devant l'autel de Marie, une riche lampe d'argent.

Les états de la province de Quercy s'assemblèrent en 1251 à Roc-Amadour, non pour des discussions politiques ou administratives, mais seulement pour y demander à Dieu l'extirpation de l'hérésie albigeoise, qui déjà touchoit à son déclin.

L'an 1324, le roi Charles-le-Bel et la reine, avec le vicomte de Valois, son oncle, et Jean, roi de Bohême, passèrent à Cahors, et de là se rendirent à Roc-Amadour. Le fils aîné de Philippe de Valois, Jean, duc de Normandie, comte de Poitou, d'Anjou et du Maine en 1344, visita aussi Roc-Amadour.

Vers 1368, les Anglois, commandés par Robert Knowles, s'avancèrent vers ce lieu célèbre : la garnison s'établit dans des postes fortifiés autour de la place, et la défendit plus de deux semaines ; il ne tint certainement pas à ces braves gens que les assaillans ne reçussent un nouvel échec comme à Montauban. Lorsque les ennemis eurent complétement resserré dans son enceinte les défenseurs de la ville, ceux-ci continuèrent à battre les assiégeans dans plusieurs sorties brillantes, mais ils s'affoiblissoient tous les jours de leurs propres succès. Les habitans, craignant enfin l'assaut, la profanation de leur oratoire, le pillage de leurs maisons, et la destruction de leur ville *arse sans mercy*, dit Froissard, se décidèrent à capituler. Le trésor et les biens des particuliers étoient respectés, les portes ouvertes à une garnison fournie

(1) Baluz. *Hist. lib.* II, *cap.* XXIII.

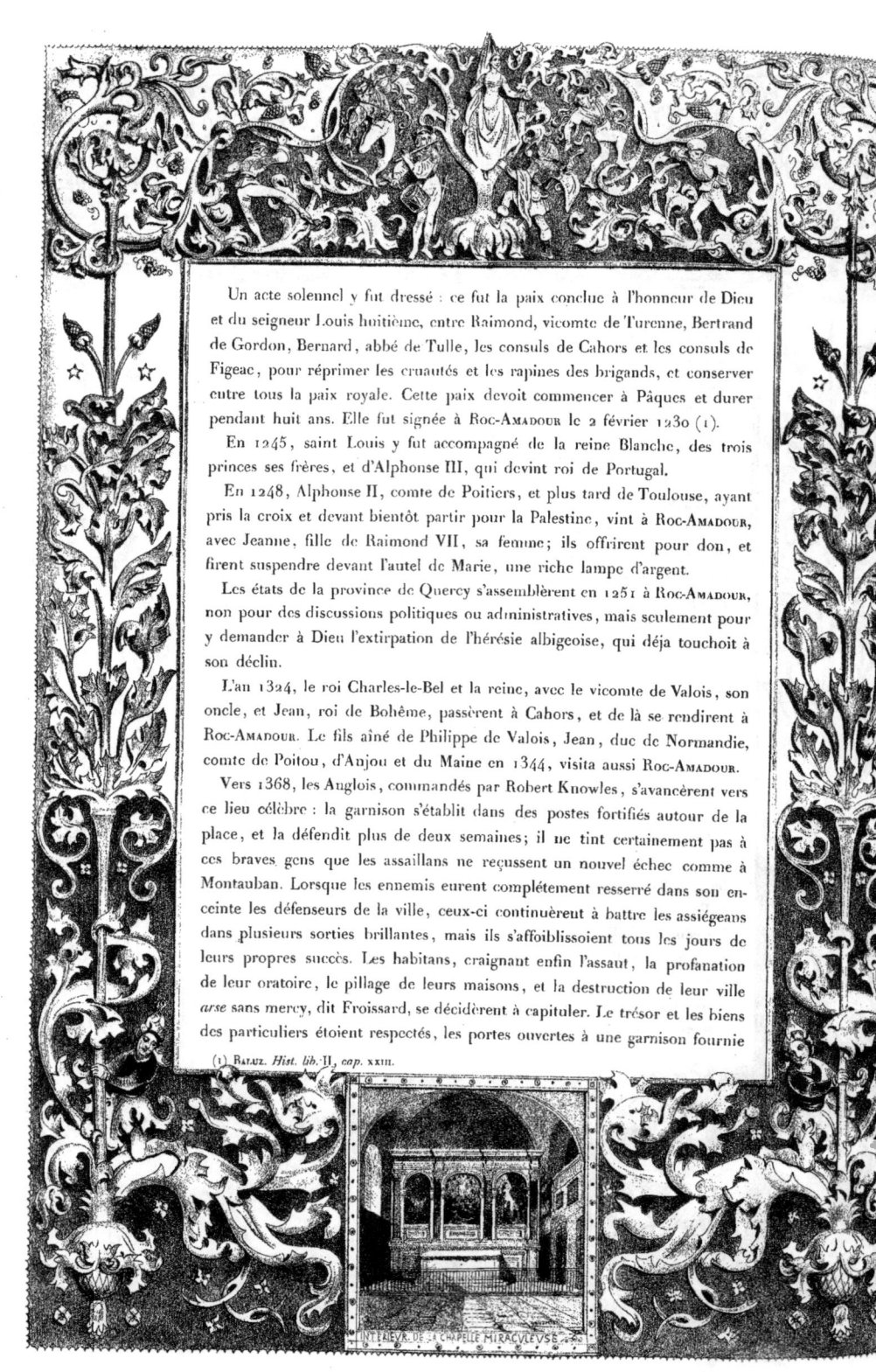

INTÉRIEUR DE LA CHAPELLE MIRACULEUSE.

par les vainqueurs, et leur armée suivie pendant quinze jours par cinquante mulets sommiers, chargés de vivres abondans, mais qui devoient être payés au fur et à mesure de la consommation.

A ces conditions Perdiccas d'Albret fut nommé gouverneur de la ville et entra avec le corps de Gascons qu'il commandoit. « Et ainsi demoura ROCHE-« MADOR en paix, et puis chevaucherent les Anglois oultre par devers Ville-« franche (1). »

En 1463, Louis XI, à son retour du Béarn et du LANGUEDOC, vient faire ses dévotions, le 21 juillet, à l'autel de la Vierge de ROC-AMADOUR.

Arrivent les calvinistes, leur fanatisme, leurs oppressions. Le 3 septembre 1562, le Haut-Quercy est envahi par les troupes de Duras et de son cruel lieutenant Bessonie, que ses impiétés ont rendu fameux. Les croix sont brisées, les images mises en lambeaux, les statues des saints décapitées et abattues, les reliquaires forcés et rompus pour en arracher quelques matières précieuses. Une seconde fois la châsse est dépouillée de ses ornemens d'argent, d'or et de pierreries, et c'est alors que les os du saint furent broyés à coups de marteau de forgeron, et jetés aux flammes.

Ce monument se releva cependant de tous ses malheurs; la perte de ses richesses fut en partie réparée par le temps; mais c'étoit pour subir un nouveau pillage et de nouvelles violences. Aujourd'hui on ne trouveroit plus d'or ni de diamans à y dérober. Aujourd'hui on le laisse en paix.

C'est plus particulièrement vers le milieu du XVIe siècle que ce monastère antique (2) reçut le plus grand concours de pèlerins, de toutes les parties de la France et des royaumes étrangers. La population d'une ville tout entière s'engageoit quelquefois par un vœu solennel à se rendre tous les ans à la sainte chapelle de ROC-AMADOUR. Les religieux des abbayes, suivis d'une foule de peuple, s'y transportoient chaque année, et les prélats du nord et du midi de l'Europe venoient s'agenouiller devant le modeste autel de cet oratoire. En vertu de certains priviléges accordés par les pontifes, ces réunions devenoient quelquefois des espèces de jubilés, où un pardon général

(1) FROISSART.
(2) *Monasterium vetustissimum* : bulle du pape Pie II, 1463.

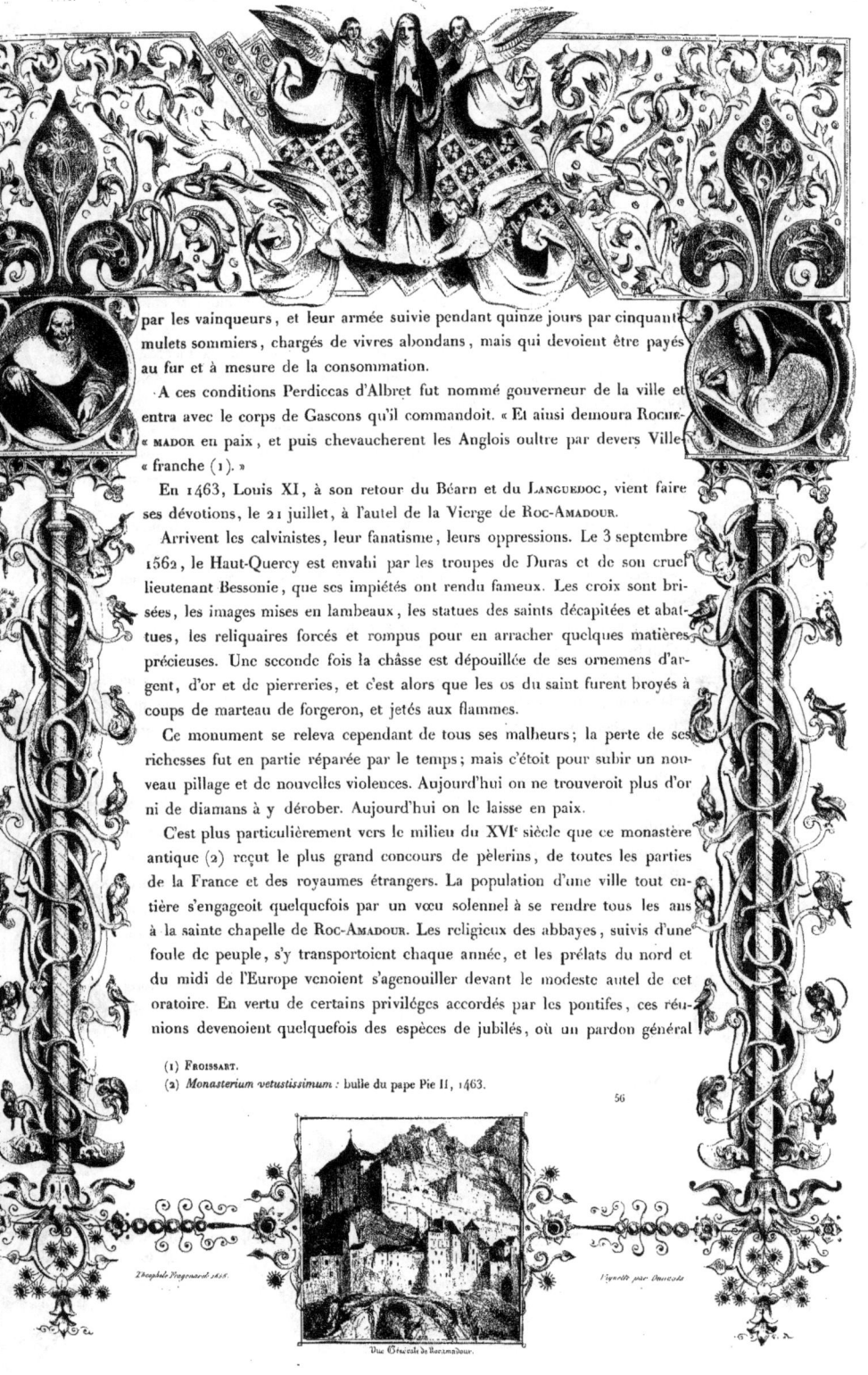

Vue Générale de Rocamadour.

étoit accordé, et elles avoient alors la splendeur de ces grandes solennités chrétiennes.

Les pièces de plomb, où d'un côté étoit gravée l'image de la Vierge, de l'autre celle de saint Amadour, et dont se décoroient les pèlerins, étoient appelées *sportulas* ou *sportellas*.

L'église et la ville de Roc-Amadour restèrent presque toujours sous la dépendance de l'abbé ou de l'évêque de Tulle, malgré les prétentions opposées de l'abbaye de Marcillac, qui long-temps en disputa la possession. Cette autorité de l'abbé ou de l'évêque étoit spirituelle et temporelle, et s'exerçoit aussi bien sur le couvent que sur la ville et sur ses consuls. Les habitans envoyoient un député aux états de la province de Quercy. L'évêque de Cahors est maintenant le seul supérieur de l'église et de ces pauvres chapelles en ruine.

La Vierge de Roc-Amadour fut chantée par un abbé troubadour du XIIe siècle : Gauthier de Coinsy, poète, né à Amiens en 1177, moine de Saint-Médard de Soissons en 1193, prieur de Vic-sur-Aisne en 1214, et enfin devenu abbé dans son premier couvent. Son chant sacré a pour titre : « Du Cierge que Nostre-Dame de Roc-Amadour envoya sur la viole du menestrel qui viéloit et chantoit devant s'y image. » Ce petit poëme a toute la grace des poésies de cette époque.

Les droits, les immunités locales, et jusqu'à la police intérieure de la petite ville de Roc-Amadour, furent stipulés dans une charte faite à Toulouse au commencement du XIVe siècle, et donnée à Montdome par Philippe-le-Bel, au mois de janvier, « le mardi avant la fête du bienheureux Grégoire, « pape, l'an du Seigneur 1303. » Cette constitution urbaine est un curieux monument diplomatique de ces temps reculés, puisqu'elle servit long-temps de pacte et de loi à la petite cité pour laquelle elle avoit été faite. On commence à comprendre aujourd'hui que de pareils titres, qu'il seroit trop long de reproduire, ne manquent pas d'importance pour l'histoire des libertés du peuple en France, et nos efforts ont pu contribuer quelquefois depuis seize ans à rendre cette idée sensible à tous.

Nous finirons par une observation nécessaire. Il seroit difficile de se dis-

Vue Générale de Rocamadour.

NOTRE-DAME ROCAMADOUR

simuler que le pèlerinage à la Vierge de Roc-Amadour a dès long-temps beaucoup perdu de son crédit, mais nous osons affirmer qu'il y reste encore des inspirations et des graces à recueillir pour les peintres et pour les poètes.

Tour de Cauvade.

Pont de Valentré à Cahors.
Languedoc.

Entrée du pont de Valendré à Cahors.
Languedoc.

Pont de Valendre.
(vu fronter un Amoné)
Lingaphie

Ruines du temps de Rome à Cahors

Ruines du Théâtre antique de Cajazo, les Embarquera.

Tour du Pape Jean XXII à Cahors.

St Etienne Cathédrale de Cahors.

Cahors.

ans un temps qu'on rapporte à celui de Tarquin-l'Ancien, le Quercy devoit être soumis à Ambigat, qui régnoit sur toute la Gaule celtique : suivant des chroniques équivoques, mais au moins aussi sûres que celles des Romains qui ont dirigé le faux Berose et ses successeurs, il paroît que ses antiques enfans marchèrent sous les étendards de Ségovèse. On les nommoit *les Cadurci*. Des érudits ont prétendu que c'étoient les *Scordici* de Justin et d'Athénée, et qu'ils furent du nombre des Gaulois qui, après avoir échappé à la défaite de Brennus devant Delphes, vinrent fonder Belgrade, au confluent du Danube et de la Save, sous le nom de *Scordici*. Ces notions fort confuses ne le sont pas plus que les *primordia* de Tite-Live.

Strabon cite les *Cadurci*. Les historiens disent qu'ils partagèrent les succès et les défaites des Gaulois contre les Romains. Ils voulurent recouvrer leur liberté, et figurèrent au nombre de ceux qui défendirent la célèbre ville d'Alise, qui tomba sous un regard et un ordre de César. Leur chef étoit Luctérius, le vaillant et fougueux ami de Vercingétorix.

César, après avoir vaincu, dans la Gaule celtique, les Bellovèses, les Carnutes et les Bituriges, fit prendre des cantonnemens à son armée. La conquête alloit s'achever lorsque Drapès et Luctérius rallièrent encore cinq mille Gaulois, et défièrent leurs ennemis chez les *Cadurci.* Comprenant bien que le courage de ces guerriers seroit plus utile aux opérations de l'armée, si on les employoit à harceler les Romains, qu'à se reposer sans hasards et sans gloire derrière des murailles fortifiées, Luctérius et Drapès ne laissèrent dans Uxellodunum que deux mille soldats, et sortirent à la tête de leur petite armée pour tenir la campagne et approvisionner la ville. Caninius, lieutenant de César, arriva bientôt au pied des rochers d'Uxellodunum, et reconnut que cette ville étoit imprenable par sa position, même en l'absence de tout défenseur aguerri; il divisa son armée en trois corps, et resserra le blocus en creusant un fossé autour des assiégés. Luctérius tenta inutilement de ravitailler sa garnison affamée; son convoi fut pris, et c'est avec peine que le chef se sauva au milieu d'un petit nombre des siens. Drapès, campé près de là, éprouva un sort plus cruel encore; il fut fait prisonnier, et tous ses soldats restèrent massacrés sur la place. Cependant Uxellodunum ne se rendit pas.

César étoit à Chartres, lorsqu'il fut informé des succès de Caninius et de l'énergie des derniers défenseurs de la liberté gauloise. Il part à l'instant avec sa cavalerie; le reste de l'armée devoit le suivre. Il arrive. Uxellodunum étoit encore approvisionnée de grains pour long-temps; il résolut de la priver d'eau : il coupa les communications avec la rivière, et il ne restoit plus aux Gaulois qu'une fontaine qui sourdoit au pied même des murailles; César fait élever une tour qui la domine. Les assiégés se défendirent encore quelque temps; mais il fallut enfin se rendre, non à César, dirent-ils, mais à la volonté des dieux. La volonté des dieux, dans tous les temps, c'est la volonté de César; ils donnent le pouvoir à qui leur plait.

Drapès se laissa mourir de faim dans le camp des vainqueurs, et le dernier des Gaulois, Luctérius, fuyant devant la fortune de Rome, fut livré au conquérant, qui traita le héros malheureux comme un révolté. C'est le sort accoutumé des hommes de cœur qui servent la patrie pour elle-même. Il perdit la vie dans d'affreux supplices.

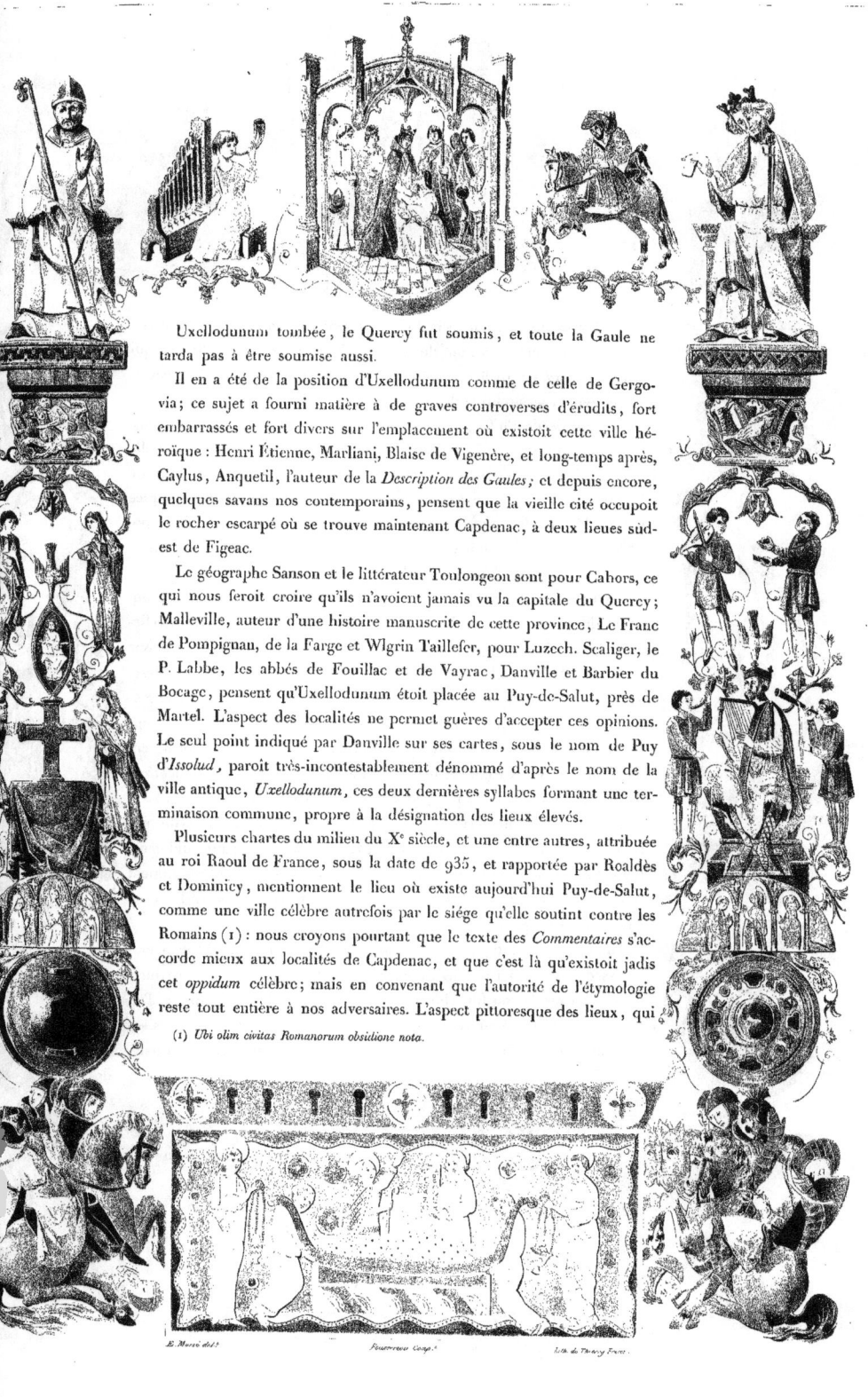

Uxellodunum tombée, le Quercy fut soumis, et toute la Gaule ne tarda pas à être soumise aussi.

Il en a été de la position d'Uxellodunum comme de celle de Gergovia; ce sujet a fourni matière à de graves controverses d'érudits, fort embarrassés et fort divers sur l'emplacement où existoit cette ville héroïque : Henri Étienne, Marliani, Blaise de Vigenère, et long-temps après, Caylus, Anquetil, l'auteur de la *Description des Gaules;* et depuis encore, quelques savans nos contemporains, pensent que la vieille cité occupoit le rocher escarpé où se trouve maintenant Capdenac, à deux lieues sudest de Figeac.

Le géographe Sanson et le littérateur Toulongeon sont pour Cahors, ce qui nous feroit croire qu'ils n'avoient jamais vu la capitale du Quercy; Malleville, auteur d'une histoire manuscrite de cette province, Le Franc de Pompignan, de la Farge et Wlgrin Taillefer, pour Luzech. Scaliger, le P. Labbe, les abbés de Fouillac et de Vayrac, Danville et Barbier du Bocage, pensent qu'Uxellodunum étoit placée au Puy-de-Salut, près de Martel. L'aspect des localités ne permet guères d'accepter ces opinions. Le seul point indiqué par Danville sur ses cartes, sous le nom de Puy d'*Issolud*, paroit très-incontestablement dénommé d'après le nom de la ville antique, *Uxellodunum*, ces deux dernières syllabes formant une terminaison commune, propre à la désignation des lieux élevés.

Plusieurs chartes du milieu du Xe siècle, et une entre autres, attribuée au roi Raoul de France, sous la date de 935, et rapportée par Roaldès et Dominicy, mentionnent le lieu où existe aujourd'hui Puy-de-Salut, comme une ville célèbre autrefois par le siège qu'elle soutint contre les Romains (1) : nous croyons pourtant que le texte des *Commentaires* s'accorde mieux aux localités de Capdenac, et que c'est là qu'existoit jadis cet *oppidum* célèbre; mais en convenant que l'autorité de l'étymologie reste tout entière à nos adversaires. L'aspect pittoresque des lieux, qui

(1) *Ubi olim civitas Romanorum obsidione nota.*

répond si exactement au récit du conquérant romain, le fossé qui existe et qui porte encore le nom de *tranchée de César,* le cours du Lot qui baigne encore ses rochers, les nombreuses antiquités trouvées éparses sur ce point, les archives de cette vieille cité, qui renferment aussi une charte royale de Philippe-le-Long, à la date de l'an 1320, mentionnée dans une autre du roi Charles VII, datée de 1393, et qui en rappelle une troisième de 1361, tout semble confirmer que la petite ville de Capdenac est l'ancienne *Uxellodunum,* et que c'est elle qui fut attaquée par les légions de César, et qui leur résista si intrépidement. Nulle position ne pouvoit être mieux caractérisée par ce nom celtique, et n'offroit plus de conditions d'inexpugnabilité.

Les habitans étant parvenus depuis à faire sourdre une fontaine abondante du sein de leur colline, et dans l'enceinte même de la ville, celle-ci continuoit à passer pour imprenable sous le règne de Pepin, qui donna à l'abbaye de Figeac la tour appelée *Schriniol,* pour conserver ses titres, ses reliques et ses ornemens. Les citoyens, toujours dignes du sang glorieux des Gaulois qui coule dans leurs veines, affrontèrent long-temps les bandes ennemies qui couvroient le Quercy; long-temps ils fermèrent leurs murailles aux Anglois; mais, aussi malheureux que leurs ancêtres, ils finirent, comme eux, par céder aux vainqueurs.

Quant au nom moderne de Capdenac, ou Capdenau, cette ville put le recevoir dans les révolutions du langage, du nouveau patois indigène. Il lui fut donné sans doute à cause de la forme du rocher proéminent qui la supporte, et qui offre de loin quelque ressemblance avec la proue d'un vaisseau gigantesque.

Aux souvenirs antiques de cette place célèbre, s'unissent d'autres souvenirs qui ne sont pas sans importance pour l'histoire de la province. Clovis, ou plutôt son fils Thierry, s'en empara sur les Visigoths, et l'on a dit que « ce fut pour remercier le ciel de l'avoir fait tomber dans ses « mains, que le vainqueur de Vouillé y fonda le monastère de Lunan,

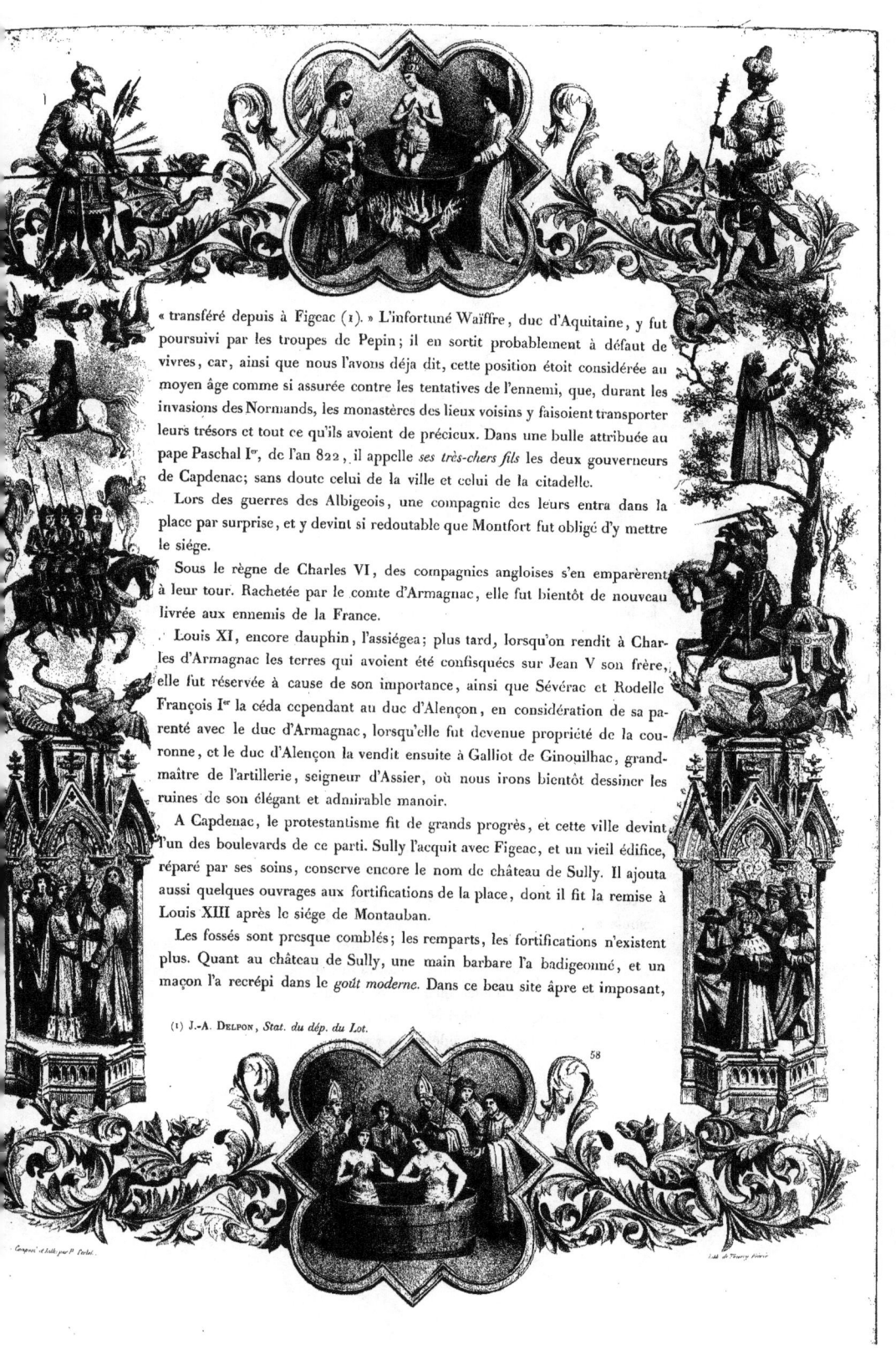

« transféré depuis à Figeac (1). » L'infortuné Waïffre, duc d'Aquitaine, y fut poursuivi par les troupes de Pepin; il en sortit probablement à défaut de vivres, car, ainsi que nous l'avons déja dit, cette position étoit considérée au moyen âge comme si assurée contre les tentatives de l'ennemi, que, durant les invasions des Normands, les monastères des lieux voisins y faisoient transporter leurs trésors et tout ce qu'ils avoient de précieux. Dans une bulle attribuée au pape Paschal Ier, de l'an 822, il appelle *ses très-chers fils* les deux gouverneurs de Capdenac; sans doute celui de la ville et celui de la citadelle.

Lors des guerres des Albigeois, une compagnie des leurs entra dans la place par surprise, et y devint si redoutable que Montfort fut obligé d'y mettre le siége.

Sous le règne de Charles VI, des compagnies angloises s'en emparèrent à leur tour. Rachetée par le comte d'Armagnac, elle fut bientôt de nouveau livrée aux ennemis de la France.

Louis XI, encore dauphin, l'assiégea; plus tard, lorsqu'on rendit à Charles d'Armagnac les terres qui avoient été confisquées sur Jean V son frère, elle fut réservée à cause de son importance, ainsi que Sévérac et Rodelle François Ier la céda cependant au duc d'Alençon, en considération de sa parenté avec le duc d'Armagnac, lorsqu'elle fut devenue propriété de la couronne, et le duc d'Alençon la vendit ensuite à Galliot de Ginouilhac, grand-maître de l'artillerie, seigneur d'Assier, où nous irons bientôt dessiner les ruines de son élégant et admirable manoir.

A Capdenac, le protestantisme fit de grands progrès, et cette ville devint l'un des boulevards de ce parti. Sully l'acquit avec Figeac, et un vieil édifice, réparé par ses soins, conserve encore le nom de château de Sully. Il ajouta aussi quelques ouvrages aux fortifications de la place, dont il fit la remise à Louis XIII après le siége de Montauban.

Les fossés sont presque comblés; les remparts, les fortifications n'existent plus. Quant au château de Sully, une main barbare l'a badigeonné, et un maçon l'a recrépi dans le *goût moderne*. Dans ce beau site âpre et imposant,

(1) J.-A. Delpon, *Stat. du dép. du Lot.*

sous un ciel souvent nuageux, qui rembrunit encore ses rochers et sa verdure sévère, une seule tour de la citadelle, et des fragmens de celles des anciennes portes sont restés debout, comme pour attester l'antique puissance de Capdenac. La plupart des ruines ne sont qu'humbles et tristes; ici elles sont menaçantes; et, dans notre promenade de nuit autour des débris de ces antiques remparts; au bruit du vent qui grondoit dans ces solitudes historiques, autrefois si agitées; à l'aspect de quelque haut fragment blanchâtre et délabré des vieilles constructions, l'imagination eût pu rêver le fantôme de César, parcourant sa tranchée et murmurant encore contre la résistance opiniâtre des guerriers gaulois.

Avant le règne d'Auguste, le Quercy faisoit partie de la Gaule celtique. Sous le règne de cet empereur, il fut compris dans la Gaule aquitanique.

Les maitres du monde, qui voulurent faire oublier leur despotisme par les bienfaits que répandent les arts, sillonnèrent cette province de belles routes, et élevèrent dans la capitale qui avoit porté le nom de *Divona*, et plus tard celui de *Civitas Cadurcorum*, un forum, un théâtre, des temples et un aqueduc de six lieues de longueur, tantôt creusé dans le roc et sur le flanc des montagnes, tantôt supporté par plusieurs rangs d'arcades.

On pourroit croire que le nom celtique de *Divona* venoit d'une fontaine, objet du culte des *Cadurci*, source autrefois sacrée dans cette métropole. Quelques érudits ont voulu retrouver cette fontaine lustrale dans celle qui couloit au couvent des chartreux. Ausone a donné le même nom à une fontaine de Bordeaux qui reçut les hommages des poètes. Scaliger et Vinet ont prouvé que notre *Divona* étoit la même ville que *Civitas Cadurcorum*, que Juste-Lipse vouloit trouver dans le Poitou.

Cahors fut au nombre des soixante villes qui contribuèrent à élever un temple à Auguste, au confluent du Rhône et de la Saône.

Cette ville, favorisée des arts romains, n'en conserve plus que de foibles ruines. Une des principales est le théâtre, que le peuple appelle encore les *Cadourques*, sans se douter qu'il se nomme lui-même. Comme la plupart des théâtres antiques, celui-ci est construit sur un terrain d'une pente assez rapide, et le rocher a été taillé pour y pratiquer la partie demi circulaire

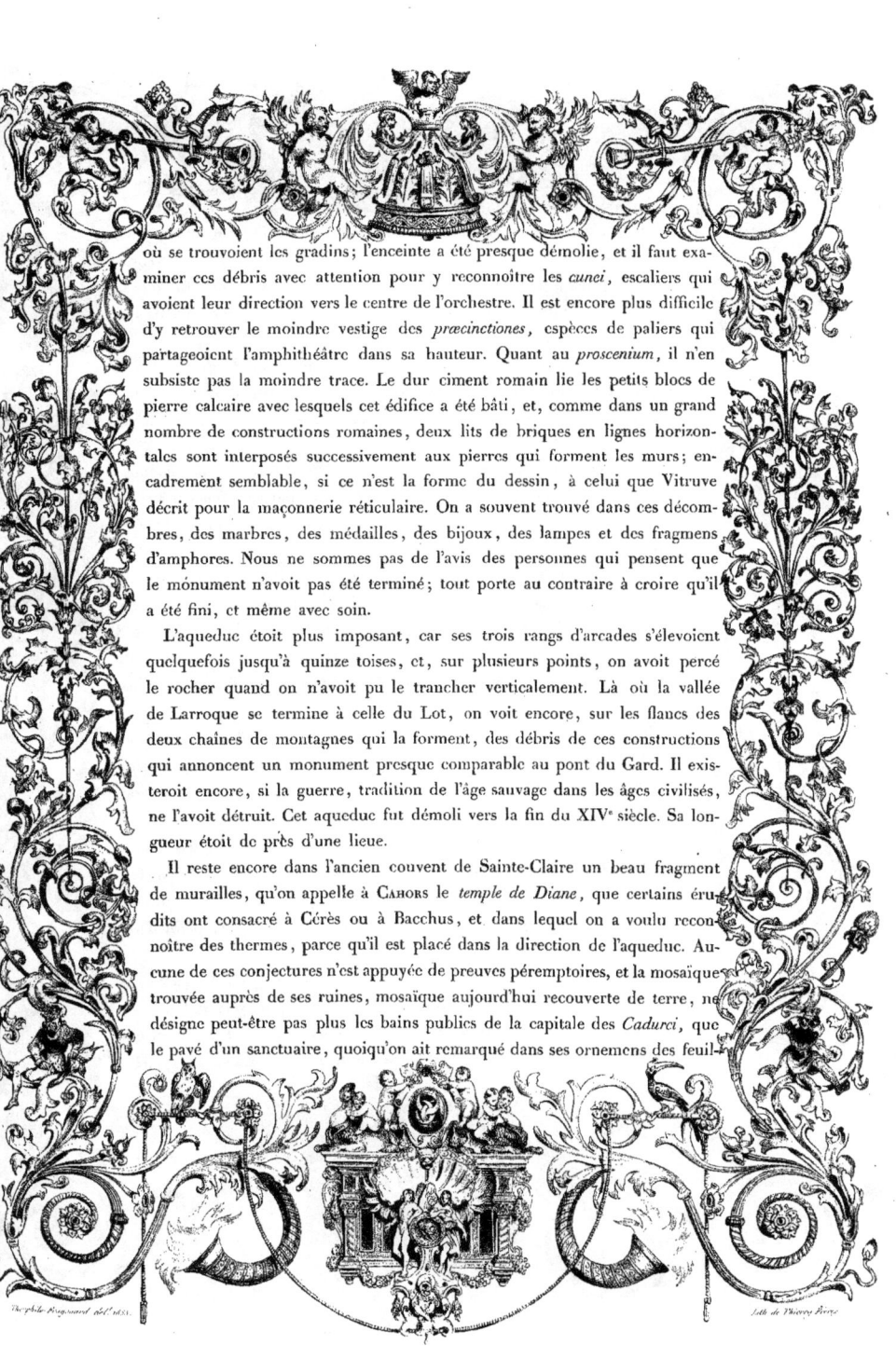

où se trouvoient les gradins; l'enceinte a été presque démolie, et il faut examiner ces débris avec attention pour y reconnoître les *cunei*, escaliers qui avoient leur direction vers le centre de l'orchestre. Il est encore plus difficile d'y retrouver le moindre vestige des *præcinctiones*, espèces de paliers qui partageoient l'amphithéâtre dans sa hauteur. Quant au *proscenium*, il n'en subsiste pas la moindre trace. Le dur ciment romain lie les petits blocs de pierre calcaire avec lesquels cet édifice a été bâti, et, comme dans un grand nombre de constructions romaines, deux lits de briques en lignes horizontales sont interposés successivement aux pierres qui forment les murs; encadrement semblable, si ce n'est la forme du dessin, à celui que Vitruve décrit pour la maçonnerie réticulaire. On a souvent trouvé dans ces décombres, des marbres, des médailles, des bijoux, des lampes et des fragmens d'amphores. Nous ne sommes pas de l'avis des personnes qui pensent que le monument n'avoit pas été terminé; tout porte au contraire à croire qu'il a été fini, et même avec soin.

L'aqueduc étoit plus imposant, car ses trois rangs d'arcades s'élevoient quelquefois jusqu'à quinze toises, et, sur plusieurs points, on avoit percé le rocher quand on n'avoit pu le trancher verticalement. Là où la vallée de Larroque se termine à celle du Lot, on voit encore, sur les flancs des deux chaines de montagnes qui la forment, des débris de ces constructions qui annoncent un monument presque comparable au pont du Gard. Il existeroit encore, si la guerre, tradition de l'âge sauvage dans les âges civilisés, ne l'avoit détruit. Cet aqueduc fut démoli vers la fin du XIVe siècle. Sa longueur étoit de près d'une lieue.

Il reste encore dans l'ancien couvent de Sainte-Claire un beau fragment de murailles, qu'on appelle à Cahors le *temple de Diane*, que certains érudits ont consacré à Cérès ou à Bacchus, et dans lequel on a voulu reconnoître des thermes, parce qu'il est placé dans la direction de l'aqueduc. Aucune de ces conjectures n'est appuyée de preuves péremptoires, et la mosaïque trouvée auprès de ses ruines, mosaïque aujourd'hui recouverte de terre, ne désigne peut-être pas plus les bains publics de la capitale des *Cadurci*, que le pavé d'un sanctuaire, quoiqu'on ait remarqué dans ses ornemens des feuil-

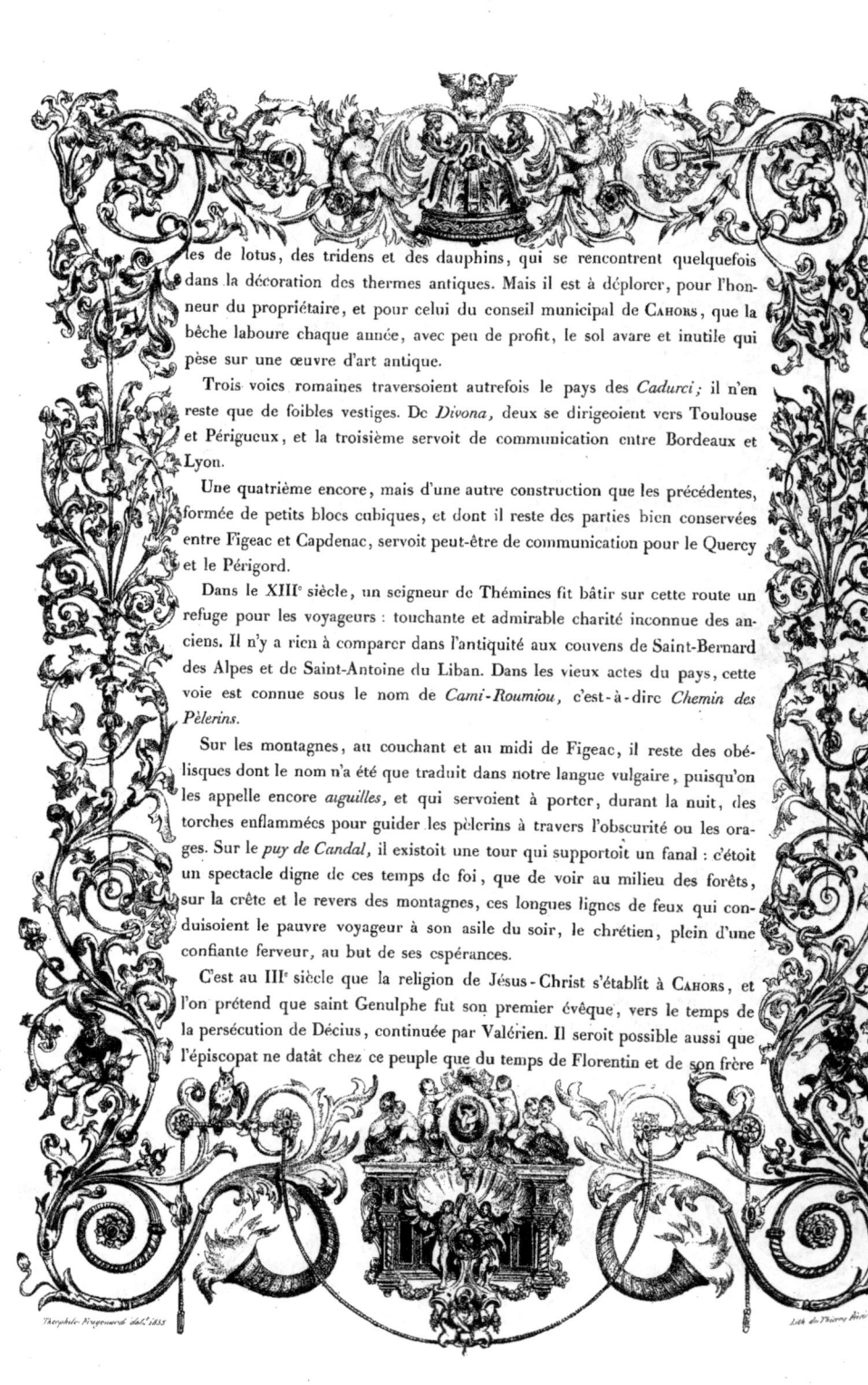

les de lotus, des tridens et des dauphins, qui se rencontrent quelquefois dans la décoration des thermes antiques. Mais il est à déplorer, pour l'honneur du propriétaire, et pour celui du conseil municipal de Cahors, que la bêche laboure chaque année, avec peu de profit, le sol avare et inutile qui pèse sur une œuvre d'art antique.

Trois voies romaines traversoient autrefois le pays des *Cadurci*; il n'en reste que de foibles vestiges. De *Divona*, deux se dirigeoient vers Toulouse et Périgueux, et la troisième servoit de communication entre Bordeaux et Lyon.

Une quatrième encore, mais d'une autre construction que les précédentes, formée de petits blocs cubiques, et dont il reste des parties bien conservées entre Figeac et Capdenac, servoit peut-être de communication pour le Quercy et le Périgord.

Dans le XIIIe siècle, un seigneur de Thémines fit bâtir sur cette route un refuge pour les voyageurs : touchante et admirable charité inconnue des anciens. Il n'y a rien à comparer dans l'antiquité aux couvens de Saint-Bernard des Alpes et de Saint-Antoine du Liban. Dans les vieux actes du pays, cette voie est connue sous le nom de *Cami-Roumiou*, c'est-à-dire *Chemin des Pèlerins*.

Sur les montagnes, au couchant et au midi de Figeac, il reste des obélisques dont le nom n'a été que traduit dans notre langue vulgaire, puisqu'on les appelle encore *aiguilles*, et qui servoient à porter, durant la nuit, des torches enflammées pour guider les pèlerins à travers l'obscurité ou les orages. Sur le *puy de Candal*, il existoit une tour qui supportoit un fanal : c'étoit un spectacle digne de ces temps de foi, que de voir au milieu des forêts, sur la crête et le revers des montagnes, ces longues lignes de feux qui conduisoient le pauvre voyageur à son asile du soir, le chrétien, plein d'une confiante ferveur, au but de ses espérances.

C'est au IIIe siècle que la religion de Jésus-Christ s'établit à Cahors, et l'on prétend que saint Genulphe fut son premier évêque, vers le temps de la persécution de Décius, continuée par Valérien. Il seroit possible aussi que l'épiscopat ne datât chez ce peuple que du temps de Florentin et de son frère

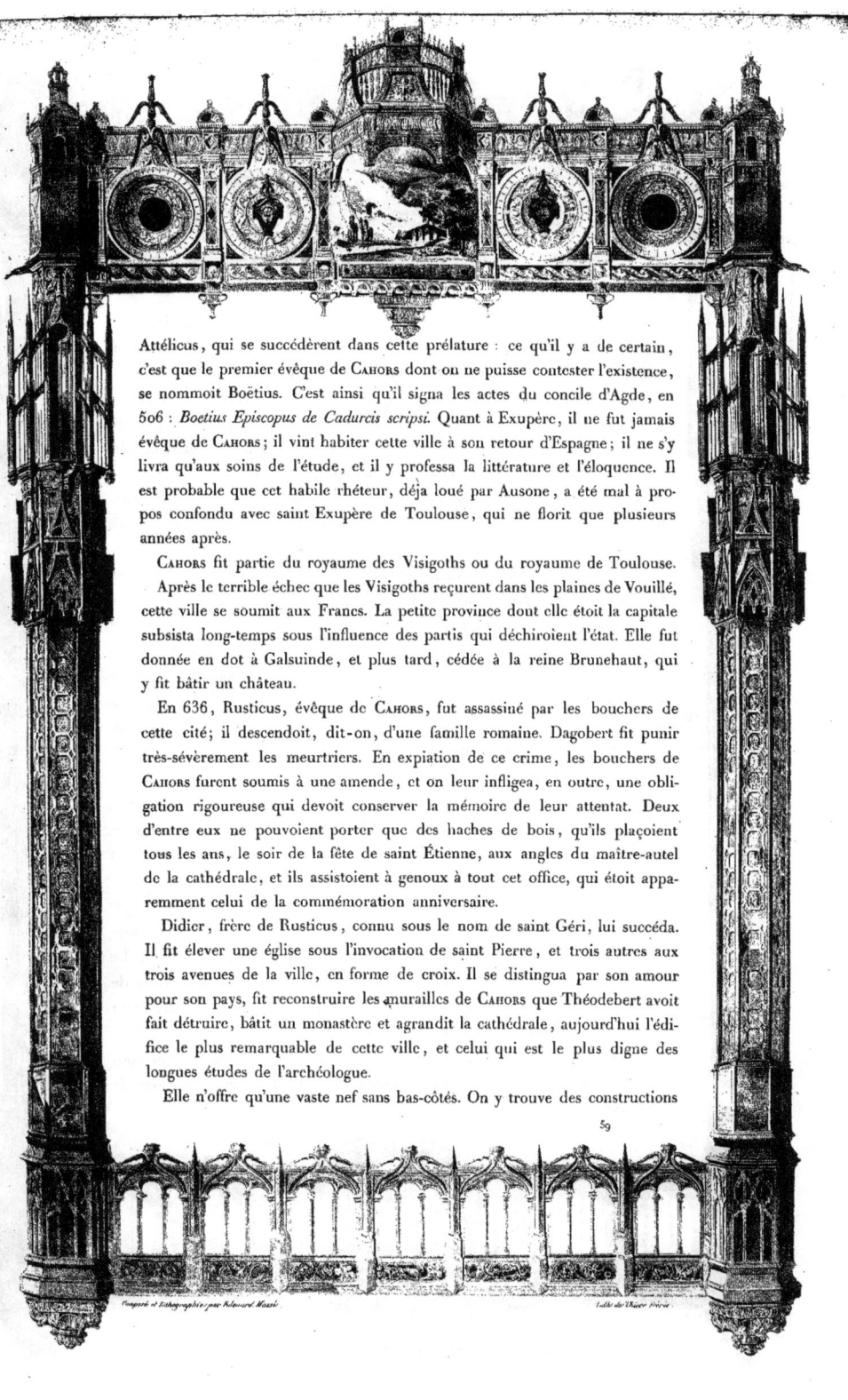

Attélicus, qui se succédèrent dans cette prélature : ce qu'il y a de certain, c'est que le premier évêque de Cahors dont on ne puisse contester l'existence, se nommoit Boëtius. C'est ainsi qu'il signa les actes du concile d'Agde, en 506 : *Boetius Episcopus de Cadurcis scripsi.* Quant à Exupère, il ne fut jamais évêque de Cahors; il vint habiter cette ville à son retour d'Espagne; il ne s'y livra qu'aux soins de l'étude, et il y professa la littérature et l'éloquence. Il est probable que cet habile rhéteur, déjà loué par Ausone, a été mal à propos confondu avec saint Exupère de Toulouse, qui ne florit que plusieurs années après.

Cahors fit partie du royaume des Visigoths ou du royaume de Toulouse. Après le terrible échec que les Visigoths reçurent dans les plaines de Vouillé, cette ville se soumit aux Francs. La petite province dont elle étoit la capitale subsista long-temps sous l'influence des partis qui déchiroient l'état. Elle fut donnée en dot à Galsuinde, et plus tard, cédée à la reine Brunehaut, qui y fit bâtir un château.

En 636, Rusticus, évêque de Cahors, fut assassiné par les bouchers de cette cité; il descendoit, dit-on, d'une famille romaine. Dagobert fit punir très-sévèrement les meurtriers. En expiation de ce crime, les bouchers de Cahors furent soumis à une amende, et on leur infligea, en outre, une obligation rigoureuse qui devoit conserver la mémoire de leur attentat. Deux d'entre eux ne pouvoient porter que des haches de bois, qu'ils plaçoient tous les ans, le soir de la fête de saint Étienne, aux angles du maître-autel de la cathédrale, et ils assistoient à genoux à tout cet office, qui étoit apparemment celui de la commémoration anniversaire.

Didier, frère de Rusticus, connu sous le nom de saint Géri, lui succéda. Il fit élever une église sous l'invocation de saint Pierre, et trois autres aux trois avenues de la ville, en forme de croix. Il se distingua par son amour pour son pays, fit reconstruire les murailles de Cahors que Théodebert avoit fait détruire, bâtit un monastère et agrandit la cathédrale, aujourd'hui l'édifice le plus remarquable de cette ville, et celui qui est le plus digne des longues études de l'archéologue.

Elle n'offre qu'une vaste nef sans bas-côtés. On y trouve des constructions

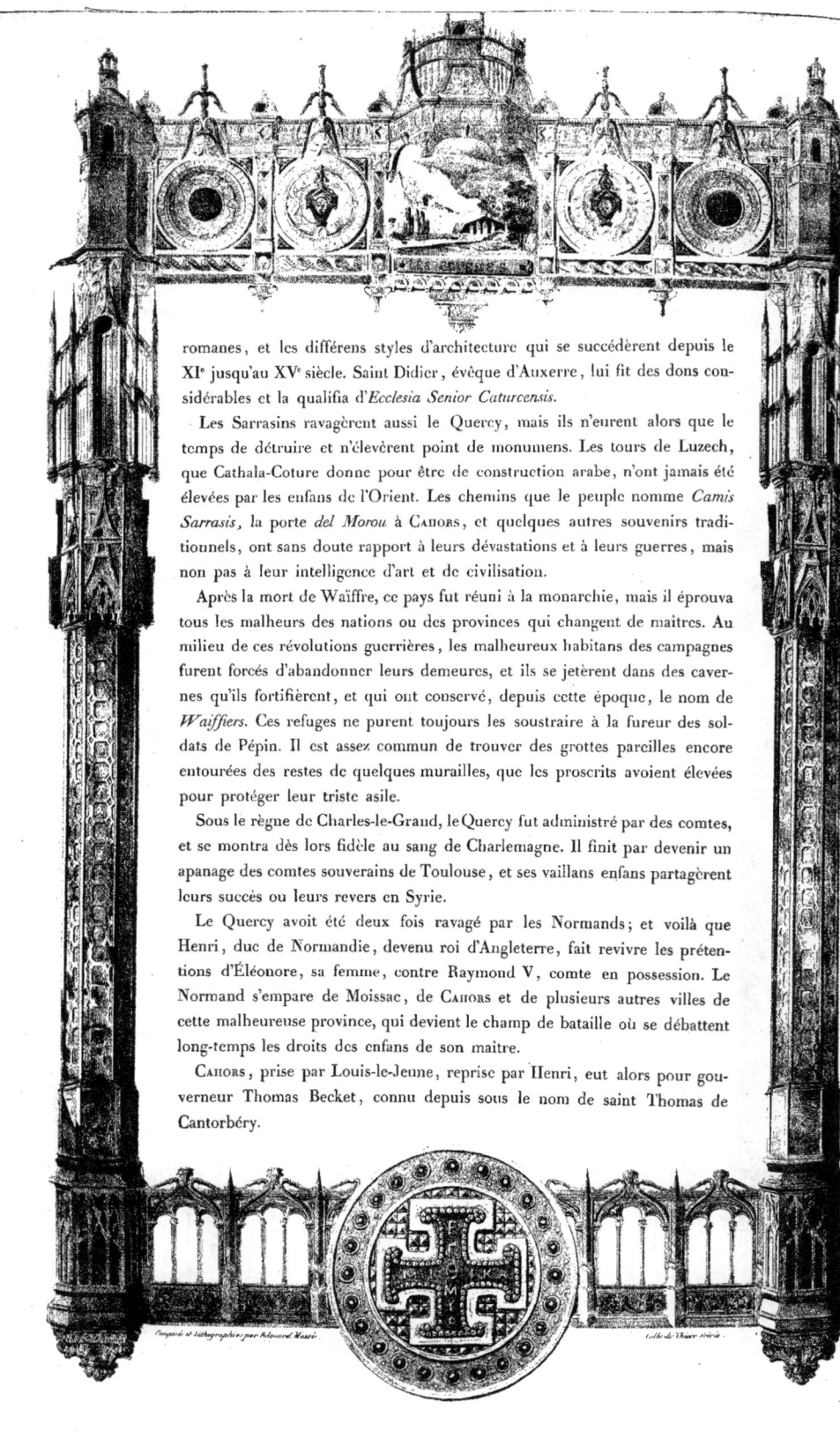

romanes, et les différens styles d'architecture qui se succédèrent depuis le XIe jusqu'au XVe siècle. Saint Didier, évêque d'Auxerre, lui fit des dons considérables et la qualifia d'*Ecclesia Senior Caturcensis*.

Les Sarrasins ravagèrent aussi le Quercy, mais ils n'eurent alors que le temps de détruire et n'élevèrent point de monumens. Les tours de Luzech, que Cathala-Coture donne pour être de construction arabe, n'ont jamais été élevées par les enfans de l'Orient. Les chemins que le peuple nomme *Camis Sarrasis*, la porte *del Morou* à Cahors, et quelques autres souvenirs traditionnels, ont sans doute rapport à leurs dévastations et à leurs guerres, mais non pas à leur intelligence d'art et de civilisation.

Après la mort de Waïffre, ce pays fut réuni à la monarchie, mais il éprouva tous les malheurs des nations ou des provinces qui changent de maîtres. Au milieu de ces révolutions guerrières, les malheureux habitans des campagnes furent forcés d'abandonner leurs demeures, et ils se jetèrent dans des cavernes qu'ils fortifièrent, et qui ont conservé, depuis cette époque, le nom de *Waiffiers*. Ces refuges ne purent toujours les soustraire à la fureur des soldats de Pépin. Il est assez commun de trouver des grottes pareilles encore entourées des restes de quelques murailles, que les proscrits avoient élevées pour protéger leur triste asile.

Sous le règne de Charles-le-Grand, le Quercy fut administré par des comtes, et se montra dès lors fidèle au sang de Charlemagne. Il finit par devenir un apanage des comtes souverains de Toulouse, et ses vaillans enfans partagèrent leurs succès ou leurs revers en Syrie.

Le Quercy avoit été deux fois ravagé par les Normands; et voilà que Henri, duc de Normandie, devenu roi d'Angleterre, fait revivre les prétentions d'Éléonore, sa femme, contre Raymond V, comte en possession. Le Normand s'empare de Moissac, de Cahors et de plusieurs autres villes de cette malheureuse province, qui devient le champ de bataille où se débattent long-temps les droits des enfans de son maître.

Cahors, prise par Louis-le-Jeune, reprise par Henri, eut alors pour gouverneur Thomas Becket, connu depuis sous le nom de saint Thomas de Cantorbéry.

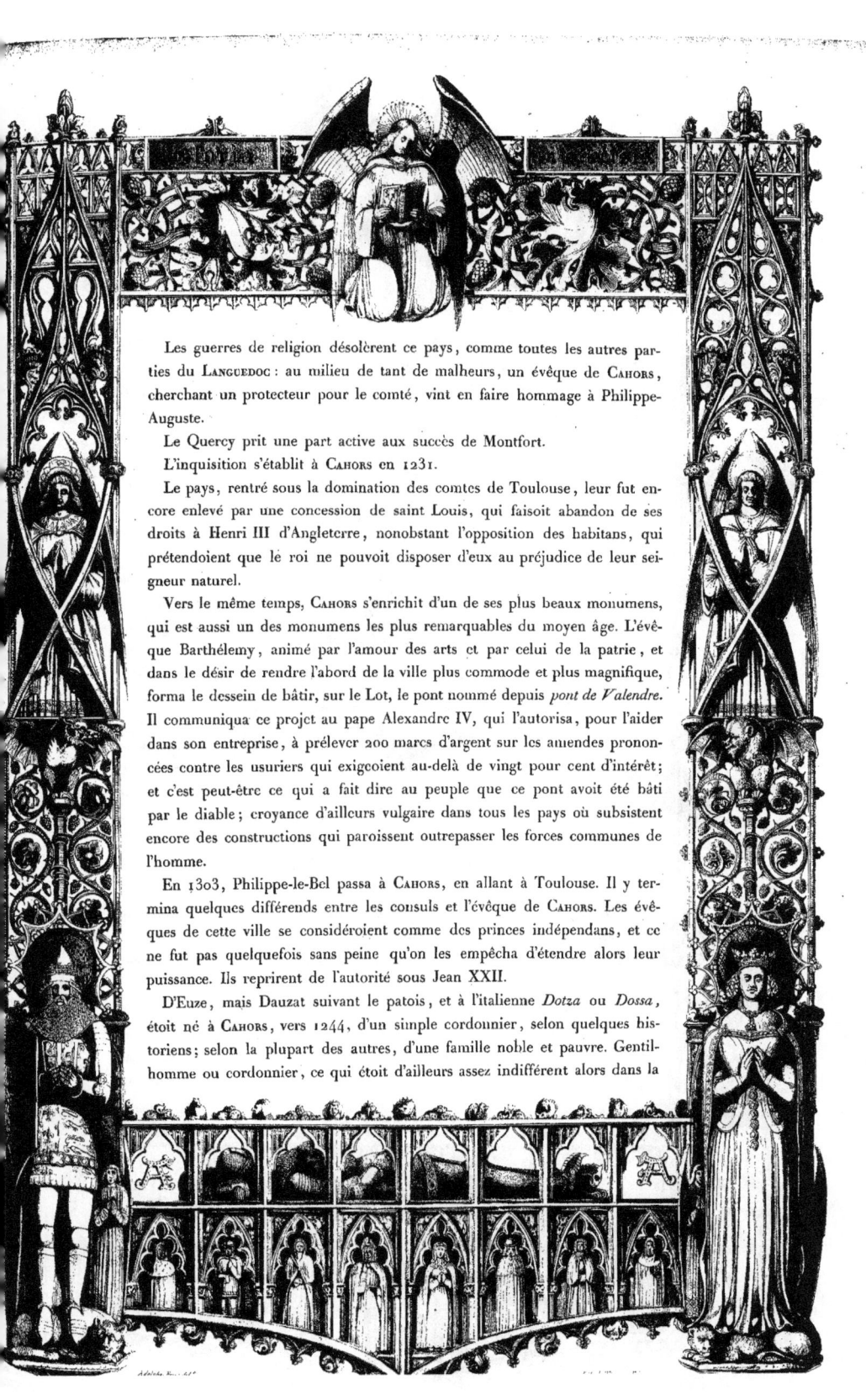

Les guerres de religion désolèrent ce pays, comme toutes les autres parties du LANGUEDOC : au milieu de tant de malheurs, un évêque de CAHORS, cherchant un protecteur pour le comté, vint en faire hommage à Philippe-Auguste.

Le Quercy prit une part active aux succès de Montfort.

L'inquisition s'établit à CAHORS en 1231.

Le pays, rentré sous la domination des comtes de Toulouse, leur fut encore enlevé par une concession de saint Louis, qui faisoit abandon de ses droits à Henri III d'Angleterre, nonobstant l'opposition des habitans, qui prétendoient que le roi ne pouvoit disposer d'eux au préjudice de leur seigneur naturel.

Vers le même temps, CAHORS s'enrichit d'un de ses plus beaux monumens, qui est aussi un des monumens les plus remarquables du moyen âge. L'évêque Barthélemy, animé par l'amour des arts et par celui de la patrie, et dans le désir de rendre l'abord de la ville plus commode et plus magnifique, forma le dessein de bâtir, sur le Lot, le pont nommé depuis *pont de Valendre*. Il communiqua ce projet au pape Alexandre IV, qui l'autorisa, pour l'aider dans son entreprise, à prélever 200 marcs d'argent sur les amendes prononcées contre les usuriers qui exigeoient au-delà de vingt pour cent d'intérêt; et c'est peut-être ce qui a fait dire au peuple que ce pont avoit été bâti par le diable; croyance d'ailleurs vulgaire dans tous les pays où subsistent encore des constructions qui paroissent outrepasser les forces communes de l'homme.

En 1303, Philippe-le-Bel passa à CAHORS, en allant à Toulouse. Il y termina quelques différends entre les consuls et l'évêque de CAHORS. Les évêques de cette ville se considéroient comme des princes indépendans, et ce ne fut pas quelquefois sans peine qu'on les empêcha d'étendre alors leur puissance. Ils reprirent de l'autorité sous Jean XXII.

D'Euze, mais Dauzat suivant le patois, et à l'italienne *Dotza* ou *Dossa*, étoit né à CAHORS, vers 1244, d'un simple cordonnier, selon quelques historiens; selon la plupart des autres, d'une famille noble et pauvre. Gentilhomme ou cordonnier, ce qui étoit d'ailleurs assez indifférent alors dans la

république chrétienne, Jean XXII fut un grand homme pour son siècle. D'abord, ami ou commensal de Bertrand Ferrières, archevêque d'Arles, et c'est ce que signifie le latin *domesticus*, que de sots biographes ne manquent pas de traduire dans sa sotte acception actuelle, il enseigna le droit à Toulouse, devint évêque de Fréjus, puis d'Avignon, où il reçut le chapeau de cardinal, et fut élu pape à Lyon le 7 août 1316, par vingt-trois cardinaux, que Louis Hutin avoit fait enfermer en conclave. Sa première lettre au roi Philippe-le-Long, frère et successeur de Louis, donne une juste idée de l'ascendant des censures pontificales sur le prétendu pouvoir absolu des rois :
« Nous avons appris, lui dit-il, que lorsque vous assistez à l'office divin,
« particulièrement à la messe, vous parlez tantôt à l'un, tantôt à l'autre, sans
« faire l'attention requise aux prières qui se font pour vous et pour le peuple.
« Vous devriez aussi, depuis votre sacre, prendre des manières plus graves,
« et porter le manteau royal comme vos ancêtres. On dit que, dans vos états,
« le dimanche est profané, et que, dans ce saint jour, on rend la justice,
« et on fait les cheveux et la barbe ; ce que nous vous avertissons de ne
« point souffrir. »

Jean XXII fonda, en 1331, l'université de Cahors, qui fut, pendant quelque temps, rivale de celle de Toulouse, et qui a subsisté jusqu'en 1751. Elle a compté, parmi ses professeurs, un Benedictus, qui pourroit bien être le même que Pierre de Luna, devenu depuis anti-pape sous le nom de Benoît XIII, puisqu'on sait qu'il a professé le droit à Montpellier avec beaucoup d'éclat, vers la fin de ce siècle ; et depuis, le savant Pierre Grégoire et le grand Cujas.

Jean XXII fit aussi construire quelques édifices à Cahors, et nous donnons le dessin des ruines d'un de ces monumens.

Le XIVe siècle fut l'âge de fer de cette malheureuse province, et lorsque le désastreux traité de Brétigny la détacha de la France, les habitans de Cahors manifestèrent éloquemment dans leurs actes, « que ce n'étoit point
« par le fait de leur volonté qu'ils abandonnoient leur prince naturel, mais
« que c'étoit lui, au contraire, qui les abandonnoit comme orphelins. » Ce qui n'empêcha pas le prince de Galles de venir prendre personnellement, en

1364, possession de leur ville; mais ce qui l'obligea sans doute à couvrir tout le pays de ravages et de désolation, pour le soumettre par la terreur.

Dans les longues guerres où le Quercy eut tant à souffrir des Anglois et des compagnies d'aventuriers, le peuple ne cessa de manifester à la fois sa fidélité à la couronne de France, et son ardeur à combattre les étrangers.

La réforme vint plus tard mettre le comble à toutes ces calamités; CAHORS resta cependant constamment attachée au parti catholique; mais l'intolérance des deux partis y fut si violente, que nulle autre part le sang ne coula plus abondamment pour la cause de la religion.

Cette ville soutint une rude attaque de Henri IV, le 29 mai 1580, et se défendit vaillamment. C'est sur le pont de Valendre que les Cadurciens furent d'abord attaqués. Déjà maître de l'hôtel-de-ville et d'une partie de la ville, le roi de Navarre n'avoit pas encore vaincu les citoyens de CAHORS; le combat dura plusieurs jours dans les rues, au milieu des barricades, et les habitans ne furent entièrement soumis que le 2 juin. Le sac de cette ville ternit un peu, comme à l'ordinaire, les palmes du héros « qui fut de ses sujets le vainqueur et le père. »

Une année s'écoula, et la paix devoit mettre un terme à tous ces malheurs, lorsque la peste vint moissonner en grande partie ce qui restoit d'habitans, et rendre ces ruines maudites odieuses aux vivans.

Un digne évêque, Ébrard de Saint-Sulpice, demeura presque seul de tous les citoyens de la classe élevée, pour consoler quelques pauvres qui ne pouvoient fuir.

CAHORS avoit trop souffert des protestans pour les aimer; cette ville entra dans le parti de la Ligue, et fut une des dernières à se soumettre.

Nous n'avons pu que tracer rapidement les traits principaux de l'histoire de cette ancienne cité; mais nous la recommandons aux peintres, aux savans, aux amans de la nature méridionale et des souvenirs du moyen âge. Nous ne la quitterons pas sans accorder une mention rapide aux hommes qui l'ont illustrée.

Nous avons déjà parlé de Luctérius et de saint Didier ou Gery, intendant de Dagobert. Nous ne demanderons plus à ces temps reculés que le nom

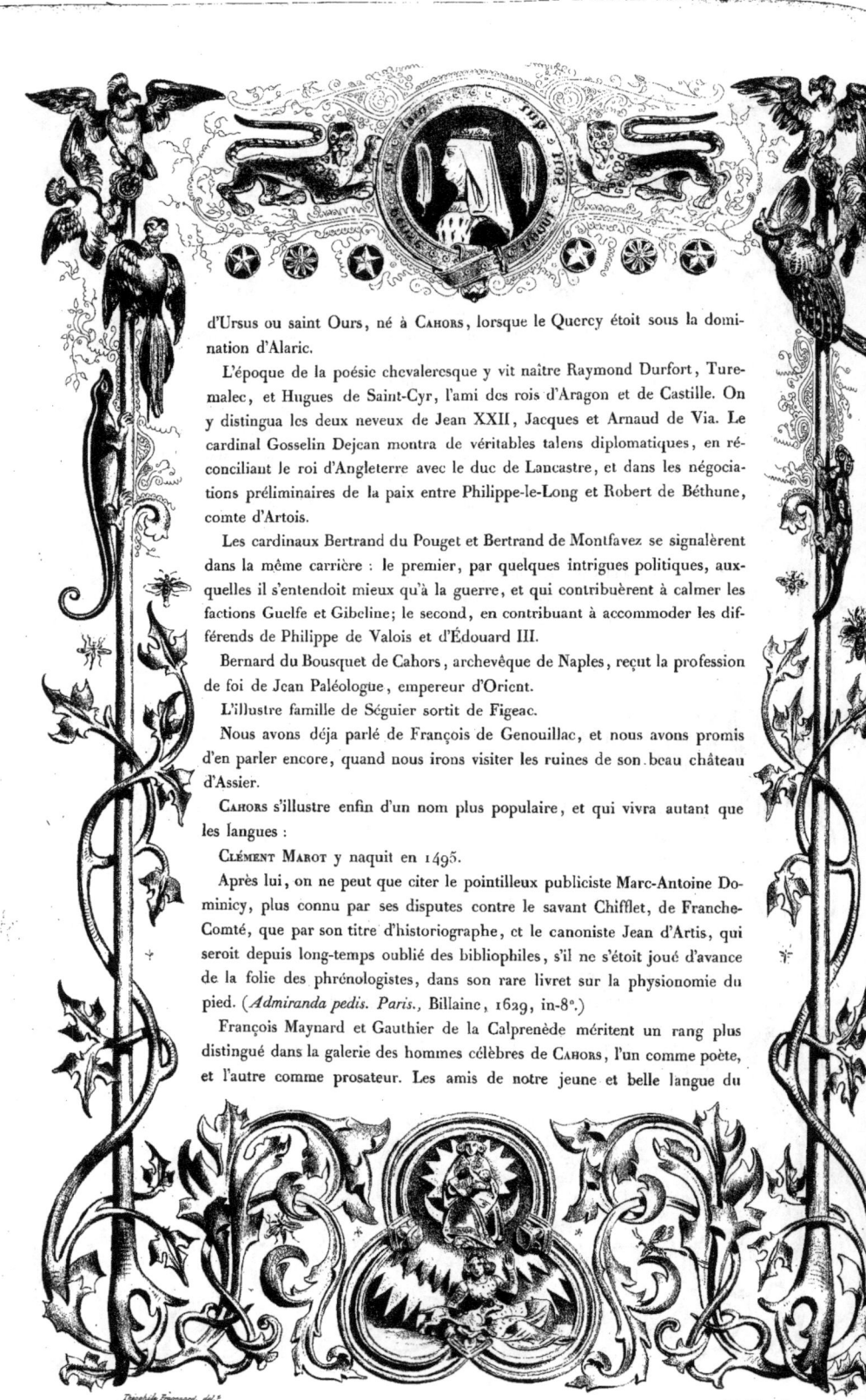

d'Ursus ou saint Ours, né à Cahors, lorsque le Quercy étoit sous la domination d'Alaric.

L'époque de la poésie chevaleresque y vit naître Raymond Durfort, Turemalec, et Hugues de Saint-Cyr, l'ami des rois d'Aragon et de Castille. On y distingua les deux neveux de Jean XXII, Jacques et Arnaud de Via. Le cardinal Gosselin Dejean montra de véritables talens diplomatiques, en réconciliant le roi d'Angleterre avec le duc de Lancastre, et dans les négociations préliminaires de la paix entre Philippe-le-Long et Robert de Béthune, comte d'Artois.

Les cardinaux Bertrand du Pouget et Bertrand de Montfavez se signalèrent dans la même carrière : le premier, par quelques intrigues politiques, auxquelles il s'entendoit mieux qu'à la guerre, et qui contribuèrent à calmer les factions Guelfe et Gibeline; le second, en contribuant à accommoder les différends de Philippe de Valois et d'Édouard III.

Bernard du Bousquet de Cahors, archevêque de Naples, reçut la profession de foi de Jean Paléologue, empereur d'Orient.

L'illustre famille de Séguier sortit de Figeac.

Nous avons déja parlé de François de Genouillac, et nous avons promis d'en parler encore, quand nous irons visiter les ruines de son beau château d'Assier.

Cahors s'illustre enfin d'un nom plus populaire, et qui vivra autant que les langues :

Clément Marot y naquit en 1495.

Après lui, on ne peut que citer le pointilleux publiciste Marc-Antoine Dominicy, plus connu par ses disputes contre le savant Chifflet, de Franche-Comté, que par son titre d'historiographe, et le canoniste Jean d'Artis, qui seroit depuis long-temps oublié des bibliophiles, s'il ne s'étoit joué d'avance de la folie des phrénologistes, dans son rare livret sur la physionomie du pied. (*Admiranda pedis. Paris.*, Billaine, 1629, in-8°.)

François Maynard et Gauthier de la Calprenède méritent un rang plus distingué dans la galerie des hommes célèbres de Cahors, l'un comme poète, et l'autre comme prosateur. Les amis de notre jeune et belle langue du

CAHORS.

XVIIe siècle les relisent encore avec plaisir : le premier après Malherbe, et le second avec d'Urfé.

Enfin, Cahors a eu son Lysippe dans le graveur sur pierres fines, Sirieys, mort à Florence, et son Watt dans l'ingénieur mécanicien Lagarouste.

Les temps contemporains sont étrangers à nos études et à nos recherches, mais on ne peut sortir du Quercy sans se souvenir qu'il a produit, de nos jours, des hommes éminens dans les sciences, la politique, l'éloquence et la guerre, un maréchal de France, un roi! Bessières et Murat.

MAISON DE LA RENAISSANCE.

Extérieur du Château d'Angers

Château d'Anet, côté de la cour.

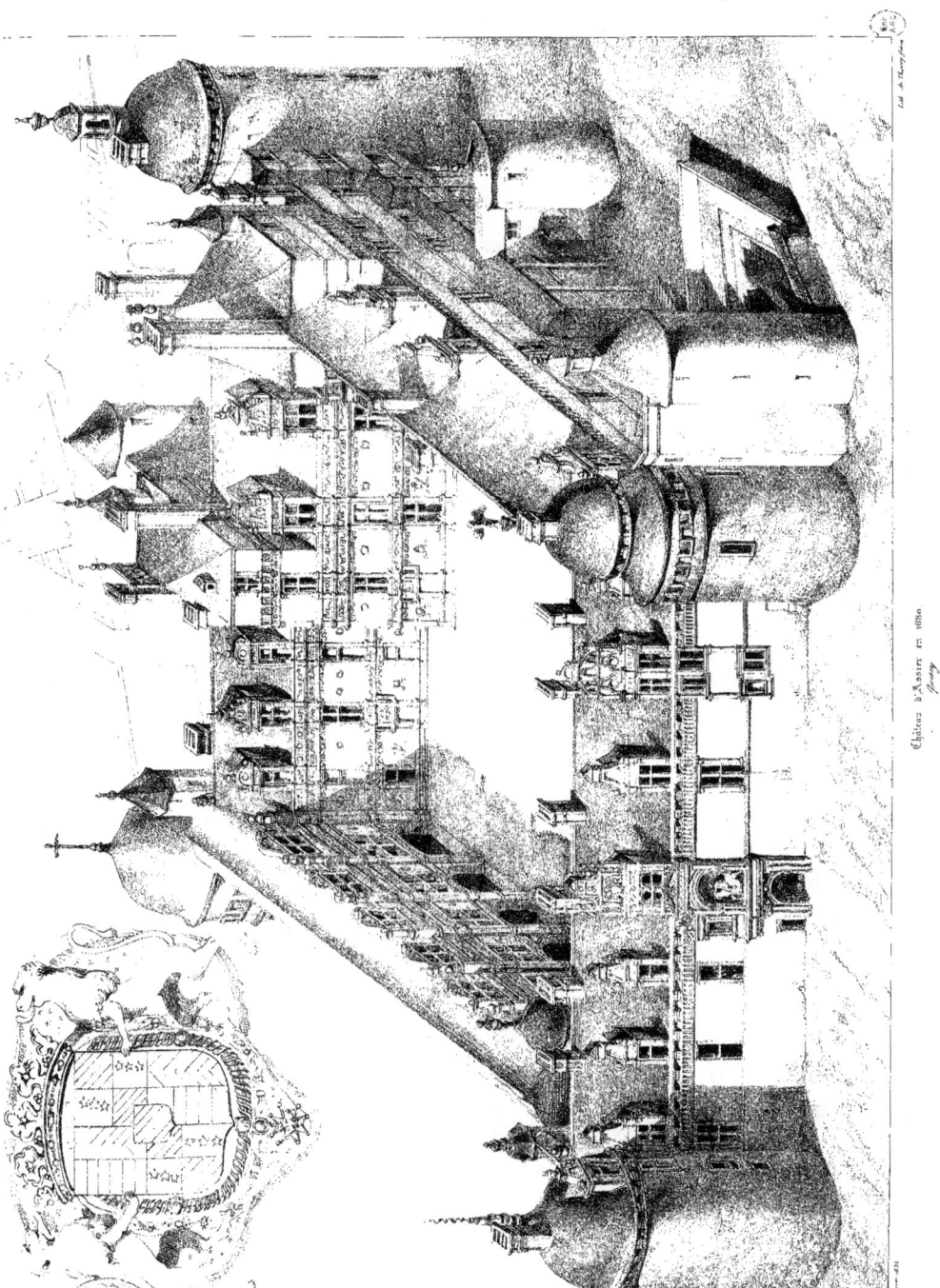

Château d'Assier en 1680.

Tombeau de Galliot de Genouilhac dans l'Église d'Assier

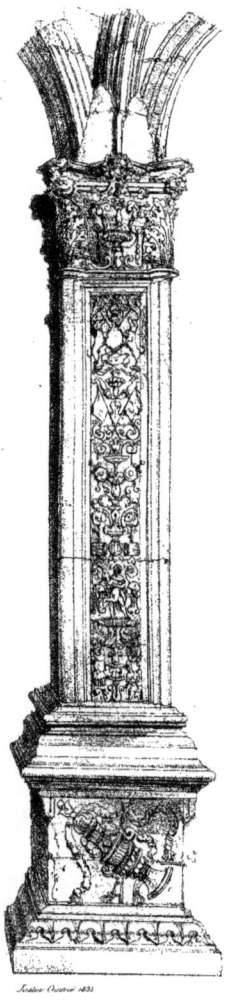

Détails. Château d'Assier.
(Lot.)

Pierre Martine, près de Laruns.

Laroche Bouillac, dans les environs de Fegere.

Ancienne Église (dite la Chapelle) à Figeac
Languedoc

Maison gothique, rue Orubabal,
à Bayonne, Basses-pyrénées.

Chapiteaux de la Cathédrale de Figeac

Les tours de Saint Laurent à Saint-Céré.

Cheminée de la grande Salle du Château de Montal, près de Saint Céré.

Cour du Château de Monnel.

Château de Brétinoux

Vue de Mende, prise de la route de Rodez.
Languedoc.

Les Environs de Cahors.
Les Châteaux d'Assier et du Montal. Figeac. Caussade.

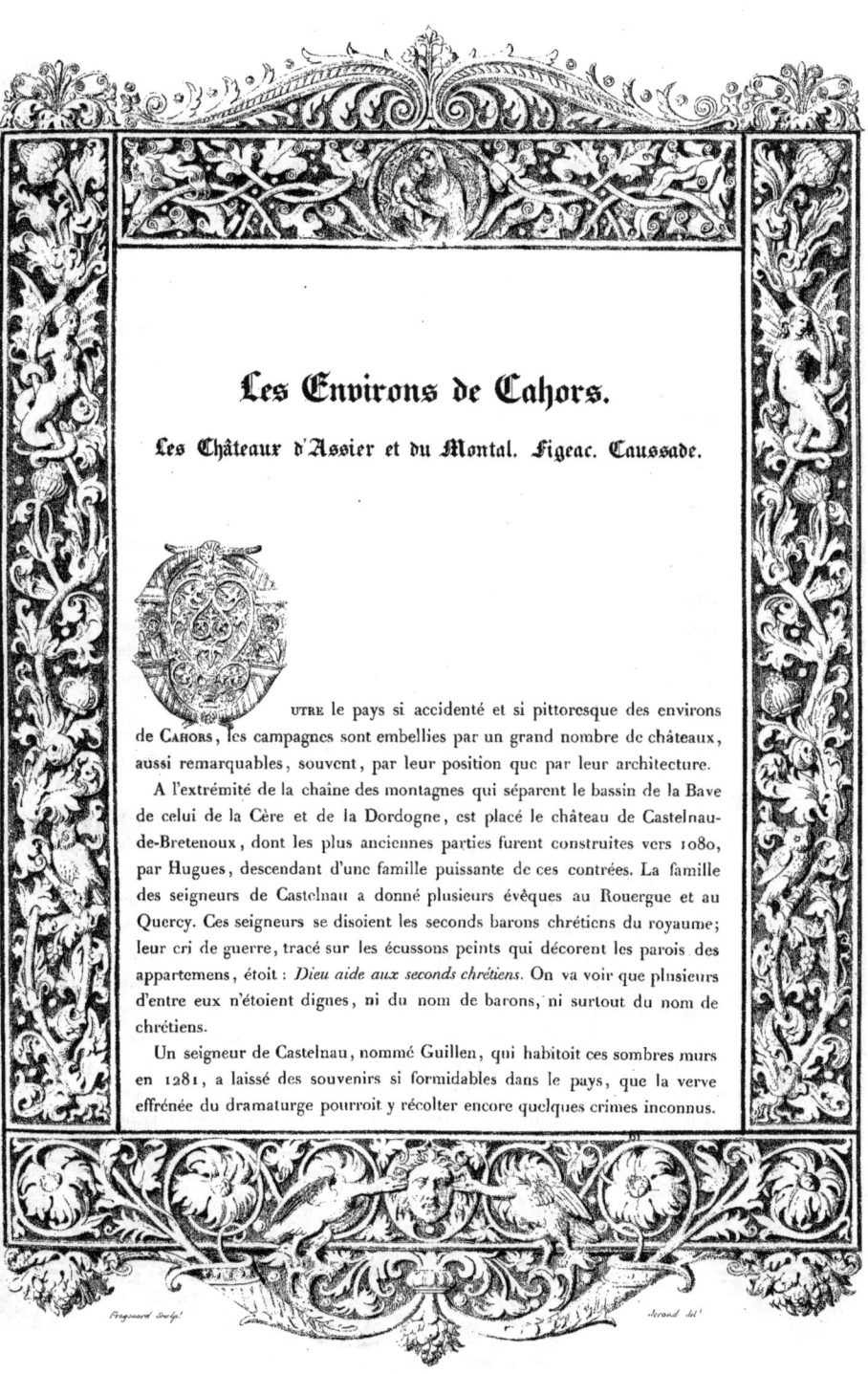

Outre le pays si accidenté et si pittoresque des environs de Cahors, les campagnes sont embellies par un grand nombre de châteaux, aussi remarquables, souvent, par leur position que par leur architecture.

A l'extrémité de la chaine des montagnes qui séparent le bassin de la Bave de celui de la Cère et de la Dordogne, est placé le château de Castelnau-de-Bretenoux, dont les plus anciennes parties furent construites vers 1080, par Hugues, descendant d'une famille puissante de ces contrées. La famille des seigneurs de Castelnau a donné plusieurs évêques au Rouergue et au Quercy. Ces seigneurs se disoient les seconds barons chrétiens du royaume; leur cri de guerre, tracé sur les écussons peints qui décorent les parois des appartemens, étoit : *Dieu aide aux seconds chrétiens.* On va voir que plusieurs d'entre eux n'étoient dignes, ni du nom de barons, ni surtout du nom de chrétiens.

Un seigneur de Castelnau, nommé Guillen, qui habitoit ces sombres murs en 1281, a laissé des souvenirs si formidables dans le pays, que la verve effrénée du dramaturge pourroit y récolter encore quelques crimes inconnus.

En 1395, le vieux manoir, avec les nombreuses terres et dépendances de cette seigneurie, fut donné par un Castelnau qu'effrayoient sans doute les fantômes sanglans de tant de victimes, à Pons de Caylus son parent; mais il est probable que celui-ci ne voulut pas le conserver long-temps, puisqu'un peu plus tard, un Jean de Castelnau y continuoit les crimes de Guillen, dans la monstrueuse espérance de les surpasser.

Dès 1436, un évêque de cette famille conçut le dessein d'expier les meurtres commis dans cette exécrable demeure, en la purifiant par la prière, et il fit bâtir une église à cet effet entre les remparts du château et la première enceinte des fossés; mais un nouveau Jean de Castelnau le souilloit, en 1473, d'un forfait qui ne le cède point aux autres. Il faisoit partie de ces infames agens de Louis XI qui, après la prise de Lectoure et le meurtre du comte d'Armagnac, forcèrent sa malheureuse veuve à prendre un breuvage abortif, pour anéantir dans son sein le dernier rejeton de la famille proscrite. Elle ne survécut elle-même que deux jours à cette cruelle exécution, et le peuple dit encore aujourd'hui que son spectre se réfugia dans le chœur de l'église expiatoire.

Les traces de ces fureurs ne sont pas entièrement détruites. Un cachot qui subsiste, et qui est désigné sous le nom d'*oubliettes*, visité il y a peu d'années par un curieux, lui présenta les débris de sept squelettes humains.

L'église, du quinzième siècle, est d'une assez bonne construction. On y remarque des vitraux dont les peintures représentent plusieurs scènes de la Passion passablement dessinées.

Les Castelnau de l'ordre religieux cherchèrent sans cesse à faire oublier par des vertus les traditions odieuses qui s'attachoient à leur nom : lors de l'envahissement du pays par les Anglois, les états de la province ne pouvant se rassembler nulle part, un évêque de cette famille les réunit à ses frais dans ce château, et l'on y arrêta des mesures vigoureuses qui contribuèrent puissamment à l'expulsion des ennemis. Le plan de cette forteresse est triangulaire : chaque angle est flanqué d'une grosse tour ronde; au milieu des constructions du sud-ouest s'élève une autre tour, mais plus haute que celles des angles, et carrée, qui servoit de beffroi; on y voit encore la cloche

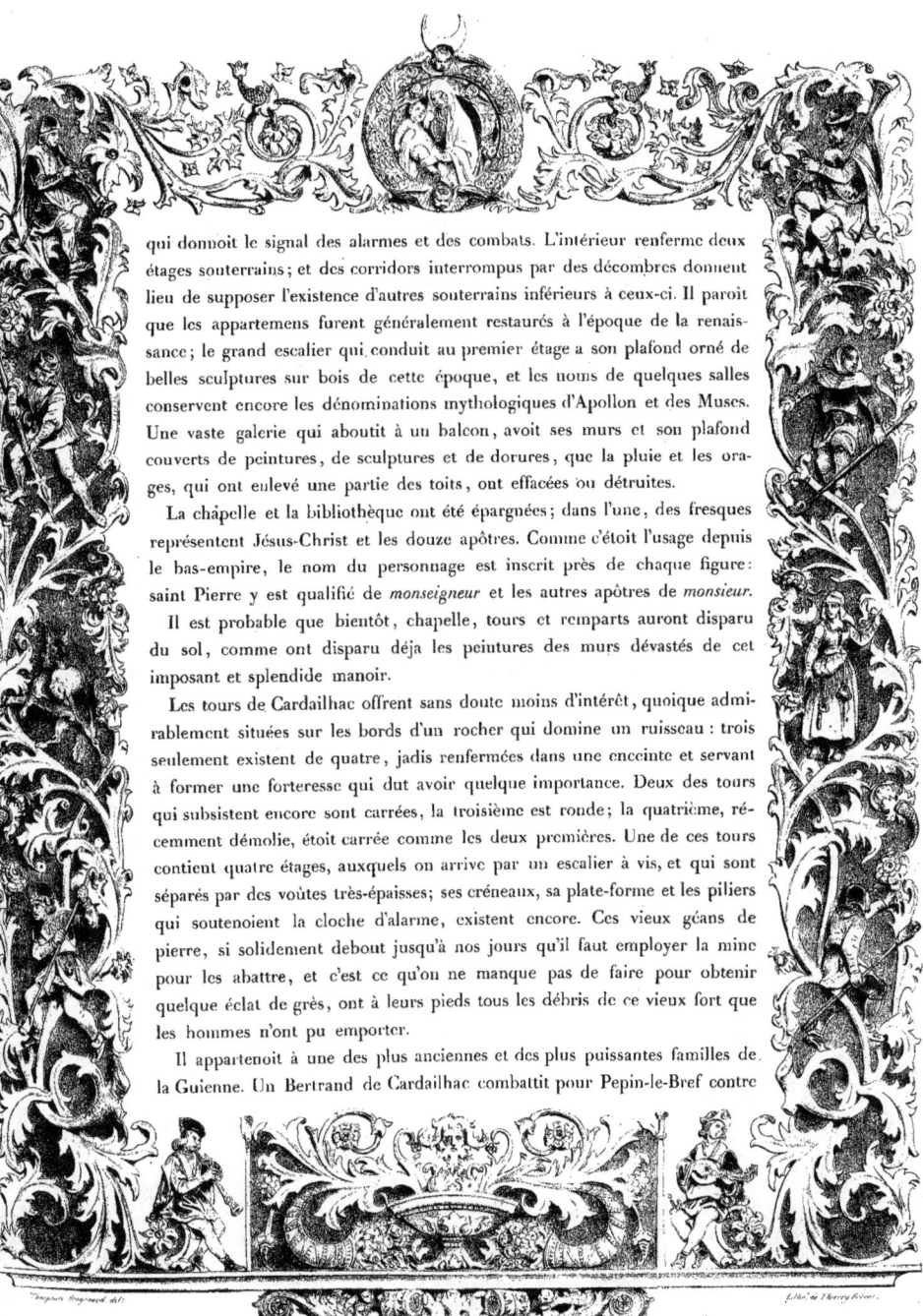

qui donnoit le signal des alarmes et des combats. L'intérieur renferme deux étages souterrains; et des corridors interrompus par des décombres donnent lieu de supposer l'existence d'autres souterrains inférieurs à ceux-ci. Il paroît que les appartemens furent généralement restaurés à l'époque de la renaissance; le grand escalier qui conduit au premier étage a son plafond orné de belles sculptures sur bois de cette époque, et les noms de quelques salles conservent encore les dénominations mythologiques d'Apollon et des Muses. Une vaste galerie qui aboutit à un balcon, avoit ses murs et son plafond couverts de peintures, de sculptures et de dorures, que la pluie et les orages, qui ont enlevé une partie des toits, ont effacées ou détruites.

La chapelle et la bibliothèque ont été épargnées; dans l'une, des fresques représentent Jésus-Christ et les douze apôtres. Comme c'étoit l'usage depuis le bas-empire, le nom du personnage est inscrit près de chaque figure: saint Pierre y est qualifié de *monseigneur* et les autres apôtres de *monsieur*.

Il est probable que bientôt, chapelle, tours et remparts auront disparu du sol, comme ont disparu déjà les peintures des murs dévastés de cet imposant et splendide manoir.

Les tours de Cardailhac offrent sans doute moins d'intérêt, quoique admirablement situées sur les bords d'un rocher qui domine un ruisseau : trois seulement existent de quatre, jadis renfermées dans une enceinte et servant à former une forteresse qui dut avoir quelque importance. Deux des tours qui subsistent encore sont carrées, la troisième est ronde; la quatrième, récemment démolie, étoit carrée comme les deux premières. Une de ces tours contient quatre étages, auxquels on arrive par un escalier à vis, et qui sont séparés par des voûtes très-épaisses; ses créneaux, sa plate-forme et les piliers qui soutenoient la cloche d'alarme, existent encore. Ces vieux géans de pierre, si solidement debout jusqu'à nos jours qu'il faut employer la mine pour les abattre, et c'est ce qu'on ne manque pas de faire pour obtenir quelque éclat de grès, ont à leurs pieds tous les débris de ce vieux fort que les hommes n'ont pu emporter.

Il appartenoit à une des plus anciennes et des plus puissantes familles de la Guienne. Un Bertrand de Cardailhac combattit pour Pepin-le-Bref contre

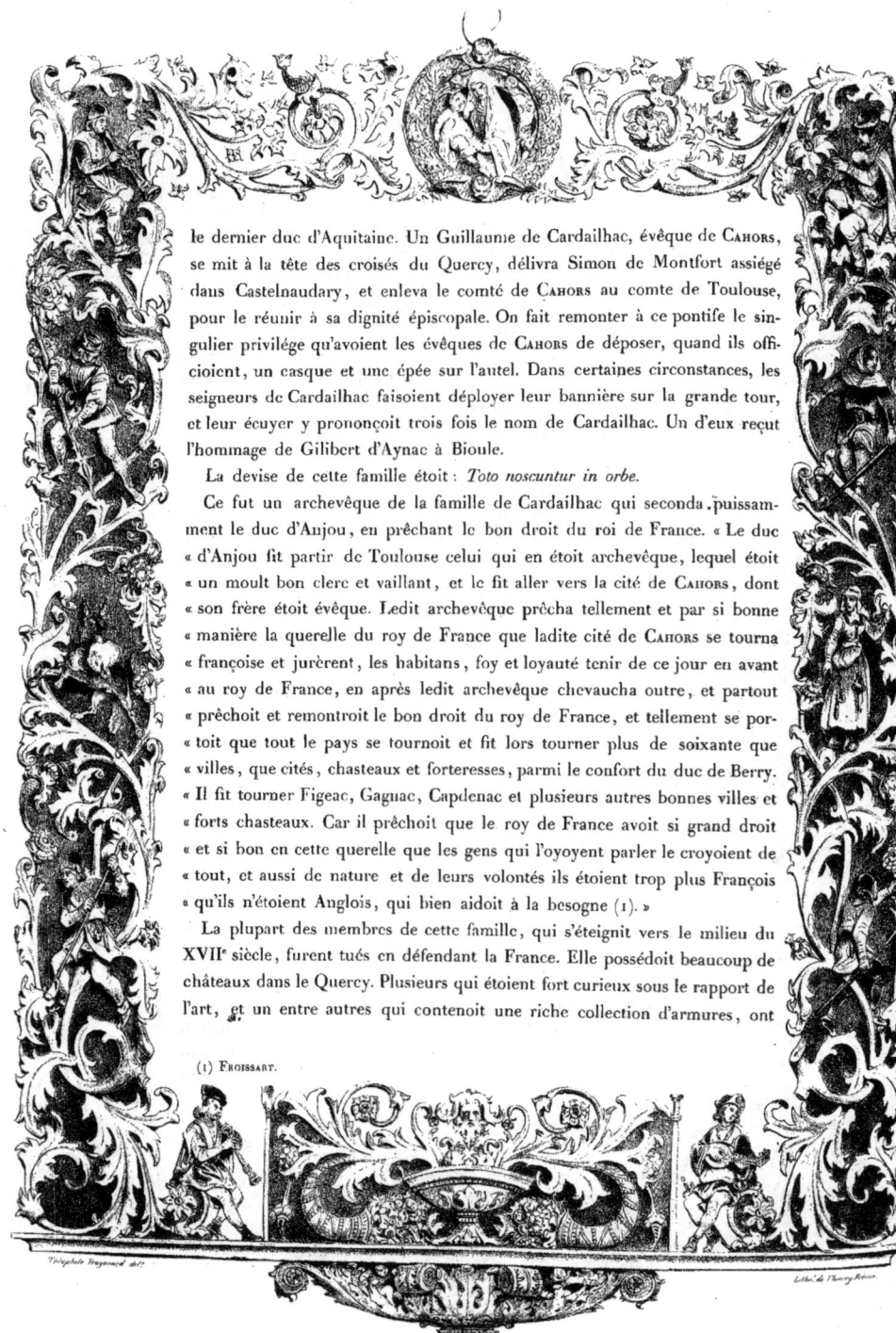

le dernier duc d'Aquitaine. Un Guillaume de Cardailhac, évêque de Cahors, se mit à la tête des croisés du Quercy, délivra Simon de Montfort assiégé dans Castelnaudary, et enleva le comté de Cahors au comte de Toulouse, pour le réunir à sa dignité épiscopale. On fait remonter à ce pontife le singulier privilége qu'avoient les évêques de Cahors de déposer, quand ils officioient, un casque et une épée sur l'autel. Dans certaines circonstances, les seigneurs de Cardailhac faisoient déployer leur bannière sur la grande tour, et leur écuyer y prononçoit trois fois le nom de Cardailhac. Un d'eux reçut l'hommage de Gilibert d'Aynac à Bioule.

La devise de cette famille étoit : *Toto noscuntur in orbe.*

Ce fut un archevêque de la famille de Cardailhac qui seconda puissamment le duc d'Anjou, en prêchant le bon droit du roi de France. « Le duc « d'Anjou fit partir de Toulouse celui qui en étoit archevêque, lequel étoit « un moult bon clerc et vaillant, et le fit aller vers la cité de Cahors, dont « son frère étoit évêque. Ledit archevêque prêcha tellement et par si bonne « manière la querelle du roy de France que ladite cité de Cahors se tourna « françoise et jurèrent, les habitans, foy et loyauté tenir de ce jour en avant « au roy de France, en après ledit archevêque chevaucha outre, et partout « prêchoit et remontroit le bon droit du roy de France, et tellement se por- « toit que tout le pays se tournoit et fit lors tourner plus de soixante que « villes, que cités, chasteaux et forteresses, parmi le confort du duc de Berry. « Il fit tourner Figeac, Gaguac, Capdenac et plusieurs autres bonnes villes et « forts chasteaux. Car il prêchoit que le roy de France avoit si grand droit « et si bon en cette querelle que les gens qui l'oyoyent parler le croyoient de « tout, et aussi de nature et de leurs volontés ils étoient trop plus François « qu'ils n'étoient Anglois, qui bien aidoit à la besogne (1). »

La plupart des membres de cette famille, qui s'éteignit vers le milieu du XVII° siècle, furent tués en défendant la France. Elle possédoit beaucoup de châteaux dans le Quercy. Plusieurs qui étoient fort curieux sous le rapport de l'art, et un entre autres qui contenoit une riche collection d'armures, ont

(1) Froissart.

été détruits par les habitans de cette province, lors de l'effervescence de notre première révolution.

Le château de Saint-Sulpice, qui domine le Célé, est un de ces bâtimens spacieux dont le peuple définit l'étendue en racontant qu'ils sont percés d'autant de *croisées qu'il y a de jours dans l'année*, image qui en fait pour lui le plus vaste des monumens.

Le château de Cénevières, qui domine la rive gauche du Lot, avoit presque autant de tours que celui de Saint-Sulpice avoit de croisées.

Une des tours de Cabrerets, si bien défendues par l'escarpement du rocher qui les supporte, a conservé un nom qui rappelle des jours funestes pour le pays : elle se nomme *la maison du Diable*, ou le *Château des Anglois*. Les constructions primitives qui ont fourni ces débris, sont très-anciennes; mais le peuple n'a mémoire que du temps où elles servoient de refuge à ces bandes spoliatrices qui pour lui sortoient de l'enfer.

Le château de Saint-Médard-de-Presque réveille le bizarre souvenir de deux frères qui s'en disputoient la propriété, et portèrent la plainte de leur différend, dans la huitième année du roi Lothaire, devant Raymond III, comte de Toulouse et du Quercy, tenant ses assises à Saint-Cernin. Le comte, après avoir entendu l'un et l'autre, ordonna qu'ils choisissent deux champions pour se battre en duel, afin de faire connoître le bon droit de l'un d'eux; comme les deux champions, pendant quarante-huit heures, soutinrent le combat avec un égal succès, Raymond en tira la conclusion que le château n'appartenoit à aucun des deux frères, et le donna à l'abbaye de Beaulieu, qui conservoit dans ses archives l'acte par lequel étoient constatés cette donation et cet équitable jugement (1).

En parcourant ces jolies montagnes qui dominent la riche vallée de Saint-Laurent, nous désignerons, sans lui accorder un plus ample examen, le château de Lohmie, où un traître trahit un traître. Le comte Baudouin, qui s'étoit engagé par un serment de fidélité à Simon de Montfort, et qui avoit pris les armes contre son propre frère, le comte de Toulouse, étoit

(1) *Histoire générale du* LANGUEDOC, *par* D. Vaissette.

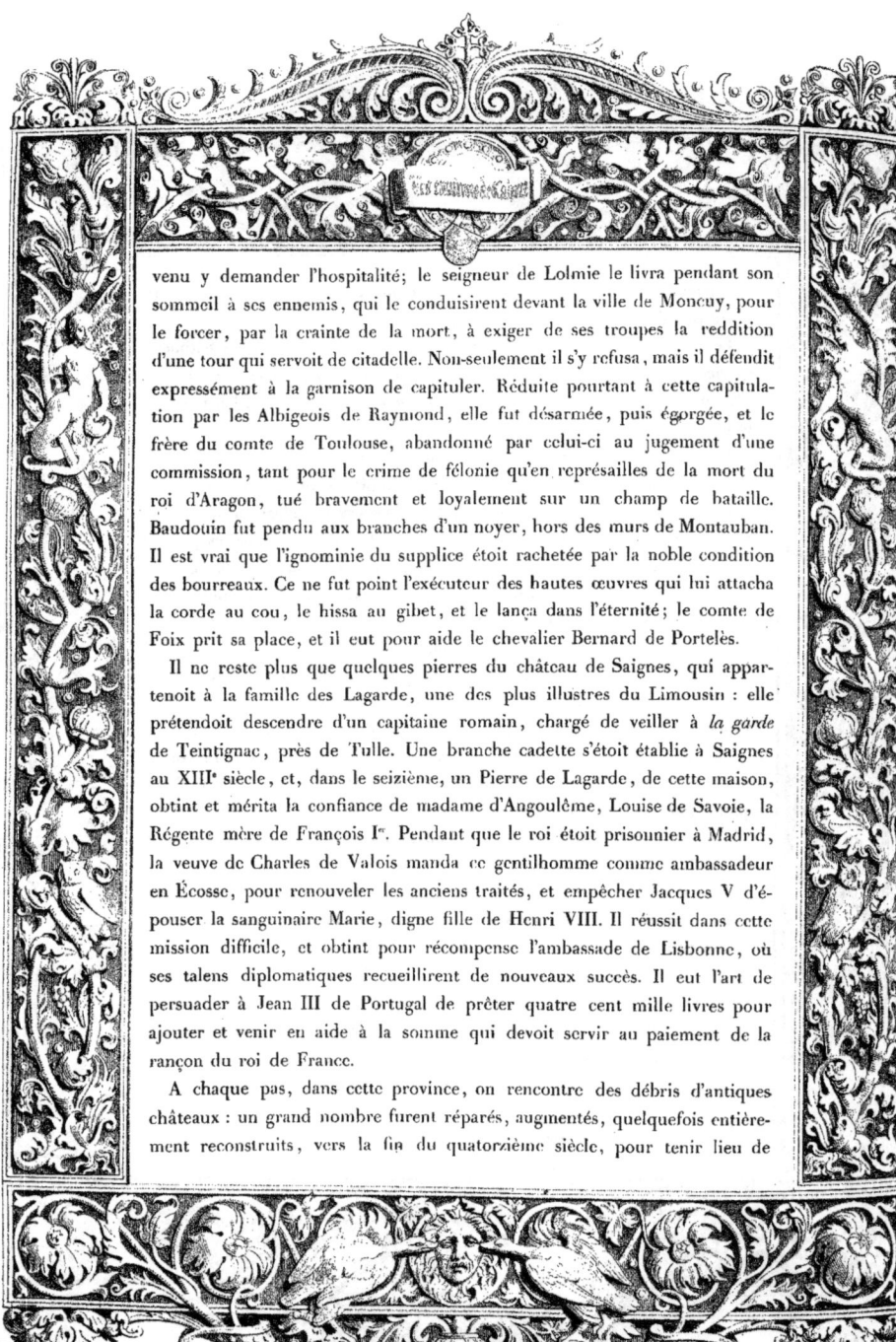

venu y demander l'hospitalité; le seigneur de Lolmie le livra pendant son sommeil à ses ennemis, qui le conduisirent devant la ville de Moncuy, pour le forcer, par la crainte de la mort, à exiger de ses troupes la reddition d'une tour qui servoit de citadelle. Non-seulement il s'y refusa, mais il défendit expressément à la garnison de capituler. Réduite pourtant à cette capitulation par les Albigeois de Raymond, elle fut désarmée, puis égorgée, et le frère du comte de Toulouse, abandonné par celui-ci au jugement d'une commission, tant pour le crime de félonie qu'en représailles de la mort du roi d'Aragon, tué bravement et loyalement sur un champ de bataille. Baudouin fut pendu aux branches d'un noyer, hors des murs de Montauban. Il est vrai que l'ignominie du supplice étoit rachetée par la noble condition des bourreaux. Ce ne fut point l'exécuteur des hautes œuvres qui lui attacha la corde au cou, le hissa au gibet, et le lança dans l'éternité; le comte de Foix prit sa place, et il eut pour aide le chevalier Bernard de Portelès.

Il ne reste plus que quelques pierres du château de Saignes, qui appartenoit à la famille des Lagarde, une des plus illustres du Limousin : elle prétendoit descendre d'un capitaine romain, chargé de veiller à *la garde de Teintignac*, près de Tulle. Une branche cadette s'étoit établie à Saignes au XIIIe siècle, et, dans le seizième, un Pierre de Lagarde, de cette maison, obtint et mérita la confiance de madame d'Angoulême, Louise de Savoie, la Régente mère de François Ier. Pendant que le roi étoit prisonnier à Madrid, la veuve de Charles de Valois manda ce gentilhomme comme ambassadeur en Écosse, pour renouveler les anciens traités, et empêcher Jacques V d'épouser la sanguinaire Marie, digne fille de Henri VIII. Il réussit dans cette mission difficile, et obtint pour récompense l'ambassade de Lisbonne, où ses talens diplomatiques recueillirent de nouveaux succès. Il eut l'art de persuader à Jean III de Portugal de prêter quatre cent mille livres pour ajouter et venir en aide à la somme qui devoit servir au paiement de la rançon du roi de France.

A chaque pas, dans cette province, on rencontre des débris d'antiques châteaux : un grand nombre furent réparés, augmentés, quelquefois entièrement reconstruits, vers la fin du quatorzième siècle, pour tenir lieu de forteresses aux deux nations qui venoient y livrer leurs combats. Les compagnies angloises, ou les routiers, en occupèrent une partie. Aux environs de Sousceyrac, près des vestiges d'un de ces forts qui servoit à la défense ou à la délimitation, coule un ruisseau qui est encore nommé par le peuple le *Riou des Anglès*. Le donjon du fort de la Garennie porte encore aussi le nom de tour de *Marod*, probablement des maraudeurs qui l'ont habité. Mais il est un château de ce pays, qui mérite de notre part une attention particulière, parce que, indépendamment de ses souvenirs historiques, il a reçu, du goût et du génie une illustration qui lui est propre, et qui répond mieux à nos sympathies. Nous voulons parler du château d'Assier, chef-d'œuvre des arts au plus beau temps de leur renaissance, qui dut sa création à un gentilhomme du Quercy, dévoué à sa patrie, brave comme son roi, et fidèle comme on l'étoit au siècle des preux. On le nommoit Jacques Ricord Gourdon de Genouilhac (1); mais il est plus connu sous le nom de Galliot. Sa famille étoit déjà illustre par les services que plusieurs de ses membres avoient rendus à l'État : il fit ses premières armes en Italie, sous Charles VIII, se trouva à la bataille de Fornovo, à celle d'Agnadel, plus tard à Marignan; nous reparlerons de Pavie. Il fut surintendant des finances après Robert de Sanblançai, sénéchal d'Armagnac et viguier d'épée de Figeac, maître et capitaine-général de l'artillerie et grand-écuyer sous François Ier, puis gouverneur du Languedoc en 1545. Brantôme dit que Galliot de Genouilhac étoit bon et sage capitaine, et s'étonne que les historiens n'aient pas fait connoître avec plus de soin son noble caractère et ses brillantes actions. Suivant cet écrivain, « il connoissoit les devoirs de sa place, aussi bien qu'homme de « France, » et on disoit, après la bataille de Pavie, qu'elle n'eût pas été perdue si François Ier eût suivi les conseils de Galliot, « qui faisoit jouer si « bien son artillerie, que l'ennemi s'en sentit fort endommagé; mais elle ne « joua pas à demi, que le roi, bouillant de courage et d'ardeur de combattre, « alla couvrir son artillerie de telle façon qu'elle ne put plus jouer, dont « M. Galliot cuida se désespérer. Le roi connut bien sa faute et le dit puis

---

(1) Des biographes écrivent : *Galiot François de Ginouillac.*

« après, dont pour récompenser ledit M. Galliot, lui donna la place de
« grand-écuyer. »

Parvenu au comble de la faveur, possesseur d'une habitation dont les arts avoient fait un séjour ravissant, le bonheur du seigneur d'Assier devoit faire naître l'envie; il vit de nombreux ennemis s'élever contre lui, la calomnie le poursuivit, et le roi lui-même parut un instant soupçonner son ministre. Brantôme rapporte ainsi les paroles de Galliot et de François Ier, qui honorent également le vieux capitaine et le prince. « Brief, c'est vous
« qui m'avez donné les biens que je tiens; vous me les avez donnés librement,
« aussi librement me les pouvez ôter, et suis prêt à vous les rendre tous.
« Pour quant à aucun larcin que je vous aie faict, faictes-moi trancher la tête
« si je vous en ai faict aucun. » Le roi ne voulut point d'autre justification :
« Vous dites vrai. Aussi ne vous veux-je reprocher et ôter ce que je vous ai
« donné. Vous me le redonnez, et moi je vous le rends de bon cœur. Aimez-
« moi et me servez bien toujours comme avez faict, et je vous serai toujours
« bon roi. »

Galliot se retira dans son château, dont il avoit orné la façade d'une statue équestre de François Ier, avant la mort de son bienfaiteur.

Ce délicieux édifice a été bâti sur l'emplacement d'un ancien fort, nommé la *tour du Sal,* d'abord employé à la défense du pays contre les Anglois, et qui devint ensuite un des lieux de retraite des partisans dont les bandes, sous le nom de *compagnies angloises,* ravagèrent pendant long-temps le Quercy et les provinces voisines. Les contributions fournies par les provinces ayant donné au comte d'Armagnac le moyen de racheter les forteresses occupées par ces aventuriers, il vendit la *tour du Sal* à Ogié-Dubois, dont la femme, Guirlande, possédoit une partie du village et des environs d'Assier. Galliot descendoit, par sa mère, d'Ogié, et par son père, des Vaillac, famille issue des anciens seigneurs de Gourdon. Probablement par attachement pour sa mère, Galliot aimoit cette vallée que son goût pour les arts devoit embellir, et ce splendide manoir ne fut peut-être si gracieusement orné que parce qu'il s'élevoit en l'honneur du premier et du plus pur amour qui agite le cœur de l'homme. A l'extrémité d'un vallon qu'arrose un foible ruisseau, loin des sites pitto-

resques que l'on rencontre si souvent dans le Quercy, il a fallu le souvenir des sentimens les plus doux, pour transformer ce lieu sans attrait en une demeure ravissante, faite seulement pour être comprise par un esprit enivré de la plus tendre mélancolie. Les devises gravées au milieu des arabesques qui décorent l'intérieur de ce palais, expliquent peut-être ce mystère, dont la première pensée provient certainement de l'émotion d'un amour terrestre ou divin.

Le plan de l'édifice étoit carré; une grande cour précédoit la façade principale qui subsiste encore, ainsi qu'une des tours rondes dont chaque angle extérieur étoit flanqué, et qui servoient à lier les quatre corps de bâtiment, chacun de vingt-huit toises de long; les tours avoient vingt-six pieds de diamètre. Les corps de logis avaient deux étages au-dessus du rez-de-chaussée.

On ne laissa de l'ancien fort du *Sal* qu'une vieille tour à l'angle du nordest, devenue noire et décrépite, qui devoit tomber plutôt que ses belles rivales, qui s'élève maintenant au milieu des débris de leurs parures, et vivra quand tout sera poussière autour d'elle, de sa simplicité qui lui valut l'oubli.

La vieille tour étoit bâtie en pierres communes et vulgaires, le château en pierres choisies qui avoient pris mille formes élégantes sous les ciseaux ravissans des sculpteurs de la renaissance.

Il ne paroit pas douteux que l'entrée du château étoit du côté du midi : la statue du roi, dont nous avons déjà parlé, d'une pierre calcaire, d'un grain dur et obéissant pourtant au ciseau comme le marbre blanc de Paros, presque grande comme celle de Henri IV, placée à Paris au-dessous du portail de l'hôtel-de-ville, les trois rangs de colonnes composites, corinthiennes et doriques, et la salamandre qui orne le tympan, toute cette décoration pompeuse en saillie sur cette façade, indique évidemment l'entrée principale. La statue équestre de François Ier fut brisée, quand, au nom de l'intelligence, des hommes qui se disoient progressifs, applaudissoient aux dévastations barbares du peuple, après l'avoir préparé par une impiété aveugle à ne rien respecter, car la dévastation de cet admirable monument, ancien séjour d'un héros de la patrie, et modèle des arts d'un grand siècle, avoit été commencée quarante ans avant la révolution; une sordide spéculation servit de prétexte

à l'ignorance. Alors personne n'élevoit la voix pour éclairer le pouvoir ou les artistes, lorsqu'on renversoit ce que le goût avoit produit de plus exquis, pour élever de lourds et monstrueux édifices, qu'on avoit l'impudeur de qualifier du titre de *classiques*.

L'extérieur du château avoit le caractère d'une architecture noble et simple; toutes les richesses avoient été réservées pour les façades intérieures des cours et pour les appartemens : croisées coupées et ornées par des moulures légères, bas-reliefs élégans, riches frises où les rinceaux d'acanthe les plus souples, où les compositions les plus ingénieuses formoient des symboles, des allégories, des lignes admirables, toujours variées, toujours dignes d'arrêter les regards; là, des trophées d'armes et d'amour et de tendres devises; entre les croisées, des médaillons représentent les douze Césars; sous les croisées, des sujets mythologiques dans des encadremens variés : Alcide écrasant des serpens et enchaînant l'hydre de Lerne, des combats où l'artillerie lance ses foudres; toutes ces compositions fort bien exécutées par Bachelier ou ses élèves, qui faisoient allusion aux ennemis que Galliot eut à combattre près de son roi ou pour son roi.

L'intérieur des appartemens étoit décoré avec plus de magnificence encore; partout sur les plafonds de somptueux caissons renfermoient des rosaces largement épanouies, et des arabesques légères, des cartouches amoureux, couvroient les pilastres, les cheminées et les portes.

Les escaliers qui conduisoient aux étages supérieurs, étoient de même ornés avec recherche et splendeur : dans les arabesques on voit encore Hercule étouffant le lion de Némée, ou terrassant Antée. Sous les travaux du demi-dieu, on lit GALLIOT. Dans des enroulemens, sur des légendes, ou dans des cadres ornés, suspendus à des trophées par des guirlandes ou portés par des amours, on trouve souvent répétée cette devise J'AIME FORT VNE, quelquefois accompagnée des mots : OVI JE L'AIME SICVT ERAT IN PRINCIPIO. Dans d'autres ornemens, la devise est écrite *j'aime fortune*, le dernier mot n'étant point séparé en deux parties de manière à ce qu'elles forment chacune un sens ; mais cela est plus rare.

On seroit très-étonné de trouver cette devise écrite ainsi : *j'aime fortune*,

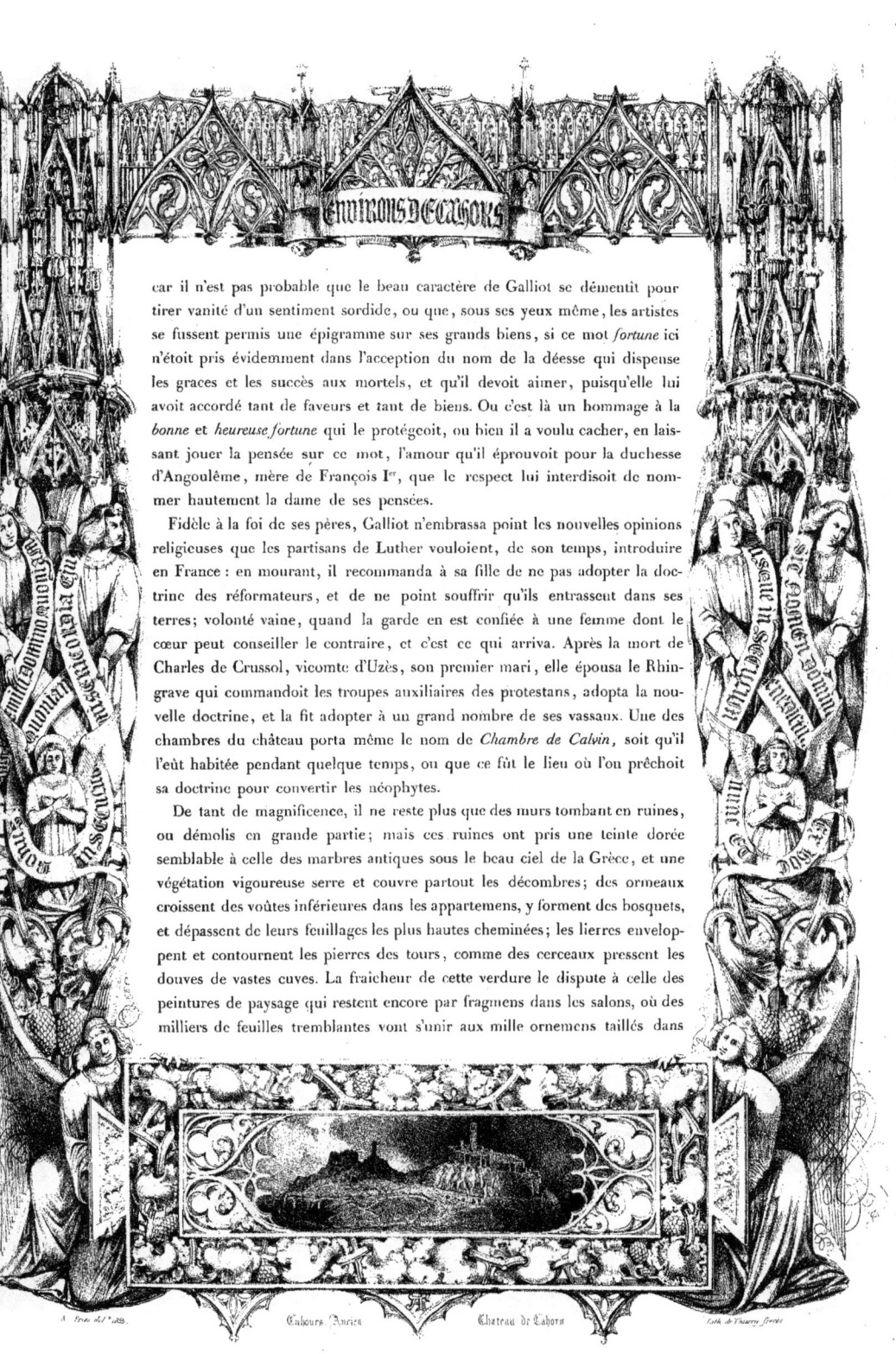

car il n'est pas probable que le beau caractère de Galliot se démentît pour tirer vanité d'un sentiment sordide, ou que, sous ses yeux même, les artistes se fussent permis une épigramme sur ses grands biens, si ce mot *fortune* ici n'étoit pris évidemment dans l'acception du nom de la déesse qui dispense les graces et les succès aux mortels, et qu'il devoit aimer, puisqu'elle lui avoit accordé tant de faveurs et tant de biens. Ou c'est là un hommage à la *bonne* et *heureuse fortune* qui le protégeoit, ou bien il a voulu cacher, en laissant jouer la pensée sur ce mot, l'amour qu'il éprouvoit pour la duchesse d'Angoulême, mère de François Ier, que le respect lui interdisoit de nommer hautement la dame de ses pensées.

Fidèle à la foi de ses pères, Galliot n'embrassa point les nouvelles opinions religieuses que les partisans de Luther vouloient, de son temps, introduire en France : en mourant, il recommanda à sa fille de ne pas adopter la doctrine des réformateurs, et de ne point souffrir qu'ils entrassent dans ses terres ; volonté vaine, quand la garde en est confiée à une femme dont le cœur peut conseiller le contraire, et c'est ce qui arriva. Après la mort de Charles de Crussol, vicomte d'Uzès, son premier mari, elle épousa le Rhingrave qui commandoit les troupes auxiliaires des protestans, adopta la nouvelle doctrine, et la fit adopter à un grand nombre de ses vassaux. Une des chambres du château porta même le nom de *Chambre de Calvin*, soit qu'il l'eût habitée pendant quelque temps, ou que ce fût le lieu où l'on prêchoit sa doctrine pour convertir les néophytes.

De tant de magnificence, il ne reste plus que des murs tombant en ruines, ou démolis en grande partie ; mais ces ruines ont pris une teinte dorée semblable à celle des marbres antiques sous le beau ciel de la Grèce, et une végétation vigoureuse serre et couvre partout les décombres ; des ormeaux croissent des voûtes inférieures dans les appartemens, y forment des bosquets, et dépassent de leurs feuillages les plus hautes cheminées ; les lierres enveloppent et contournent les pierres des tours, comme des cerceaux pressent les douves de vastes cuves. La fraîcheur de cette verdure le dispute à celle des peintures de paysage qui restent encore par fragmens dans les salons, où des milliers de feuilles tremblantes vont s'unir aux mille ornemens taillés dans

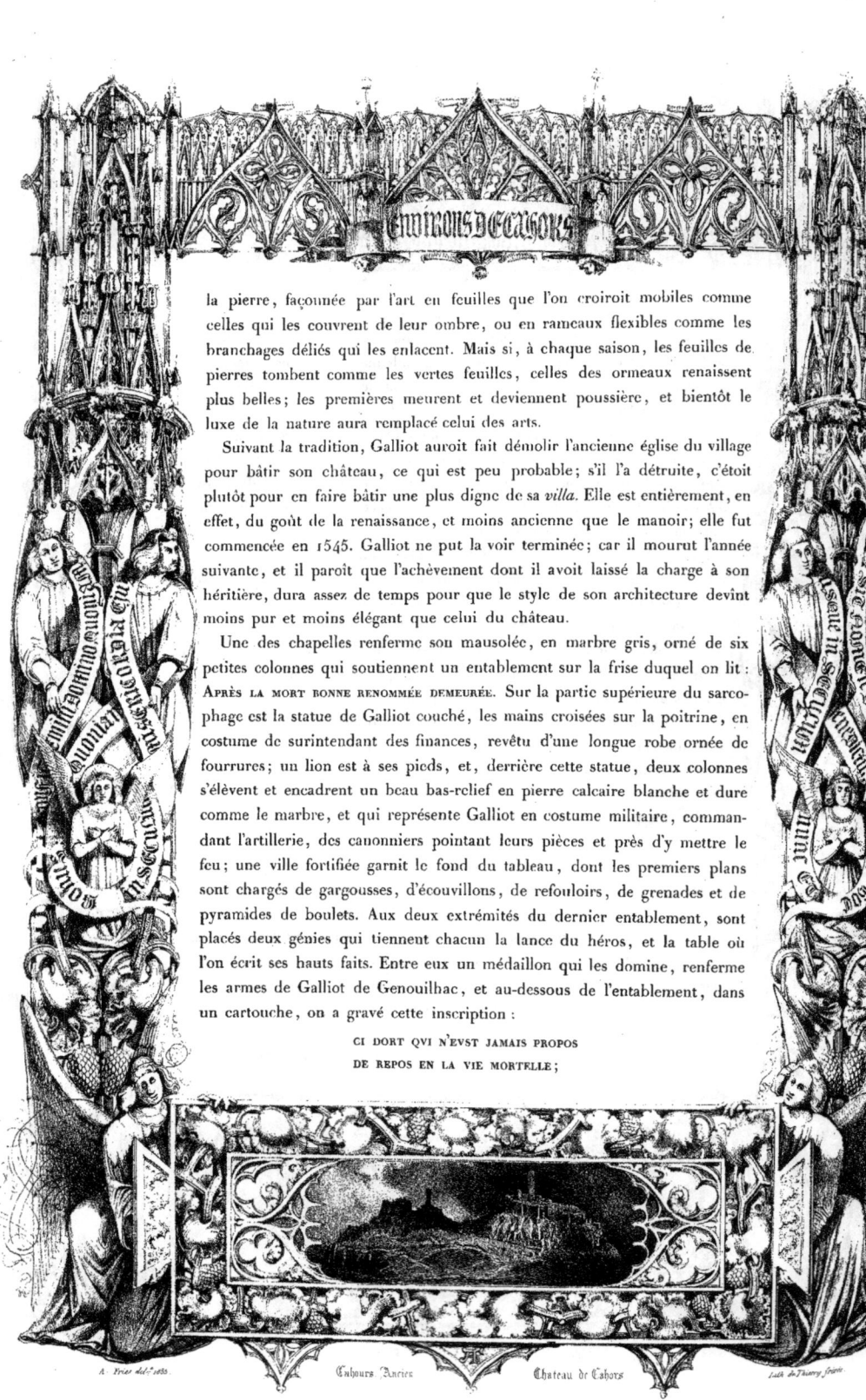

la pierre, façonnée par l'art en feuilles que l'on croiroit mobiles comme celles qui les couvrent de leur ombre, ou en rameaux flexibles comme les branchages déliés qui les enlacent. Mais si, à chaque saison, les feuilles de pierres tombent comme les vertes feuilles, celles des ormeaux renaissent plus belles; les premières meurent et deviennent poussière, et bientôt le luxe de la nature aura remplacé celui des arts.

Suivant la tradition, Galliot auroit fait démolir l'ancienne église du village pour bâtir son château, ce qui est peu probable; s'il l'a détruite, c'étoit plutôt pour en faire bâtir une plus digne de sa *villa*. Elle est entièrement, en effet, du goût de la renaissance, et moins ancienne que le manoir; elle fut commencée en 1545. Galliot ne put la voir terminée; car il mourut l'année suivante, et il paroit que l'achèvement dont il avoit laissé la charge à son héritière, dura assez de temps pour que le style de son architecture devint moins pur et moins élégant que celui du château.

Une des chapelles renferme son mausolée, en marbre gris, orné de six petites colonnes qui soutiennent un entablement sur la frise duquel on lit : APRÈS LA MORT BONNE RENOMMÉE DEMEURÉE. Sur la partie supérieure du sarcophage est la statue de Galliot couché, les mains croisées sur la poitrine, en costume de surintendant des finances, revêtu d'une longue robe ornée de fourrures; un lion est à ses pieds, et, derrière cette statue, deux colonnes s'élèvent et encadrent un beau bas-relief en pierre calcaire blanche et dure comme le marbre, et qui représente Galliot en costume militaire, commandant l'artillerie, des canonniers pointant leurs pièces et près d'y mettre le feu; une ville fortifiée garnit le fond du tableau, dont les premiers plans sont chargés de gargousses, d'écouvillons, de refouloirs, de grenades et de pyramides de boulets. Aux deux extrémités du dernier entablement, sont placés deux génies qui tiennent chacun la lance du héros, et la table où l'on écrit ses hauts faits. Entre eux un médaillon qui les domine, renferme les armes de Galliot de Genouilhac, et au-dessous de l'entablement, dans un cartouche, on a gravé cette inscription :

CI DORT QVI N'EVST JAMAIS PROPOS
DE REPOS EN LA VIE MORTELLE;

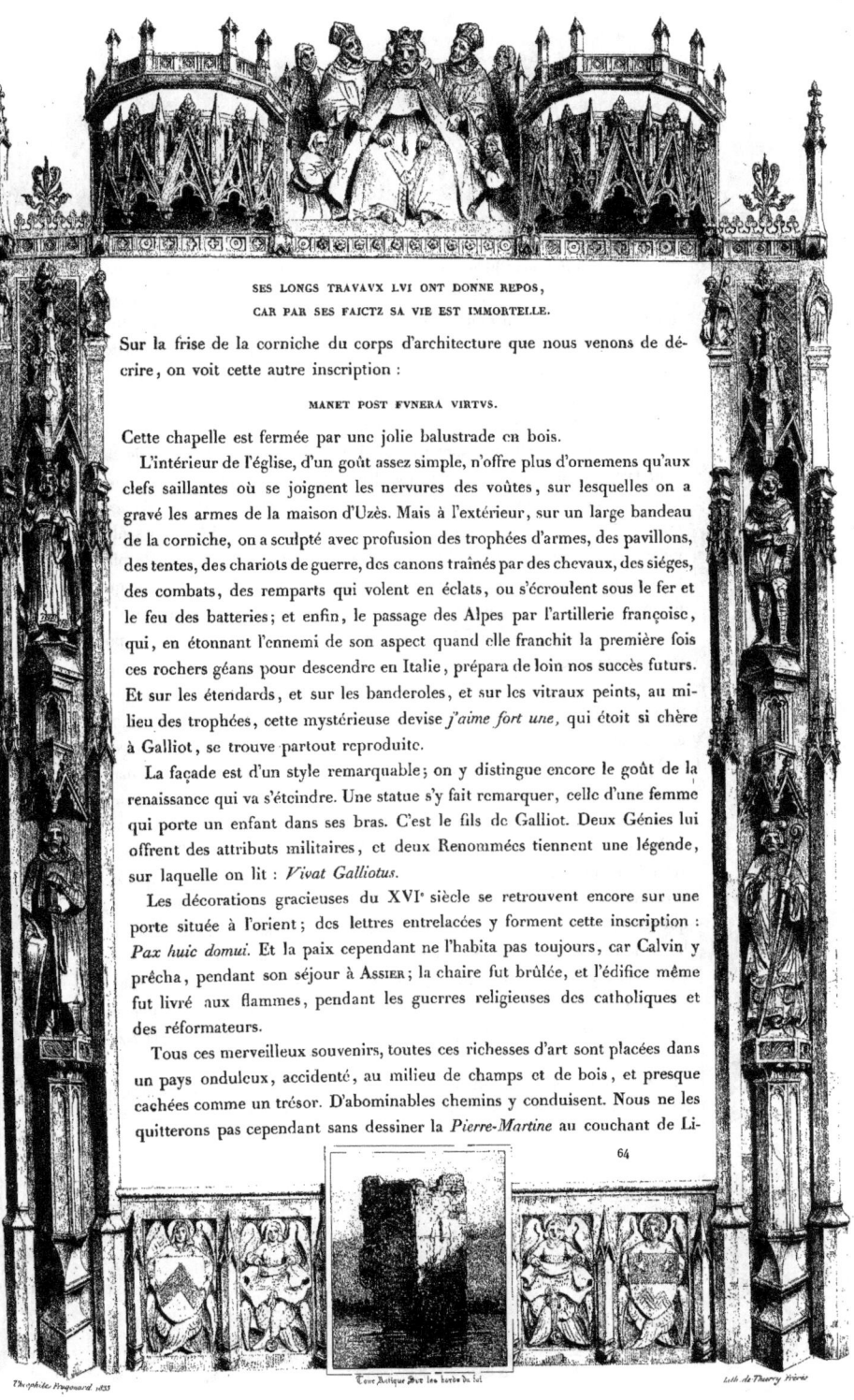

SES LONGSTRAVAVX LVI ONT DONNE REPOS,
CAR PAR SES FAICTZ SA VIE EST IMMORTELLE.

Sur la frise de la corniche du corps d'architecture que nous venons de décrire, on voit cette autre inscription :

MANET POST FVNERA VIRTVS.

Cette chapelle est fermée par une jolie balustrade en bois.

L'intérieur de l'église, d'un goût assez simple, n'offre plus d'ornemens qu'aux clefs saillantes où se joignent les nervures des voûtes, sur lesquelles on a gravé les armes de la maison d'Uzès. Mais à l'extérieur, sur un large bandeau de la corniche, on a sculpté avec profusion des trophées d'armes, des pavillons, des tentes, des chariots de guerre, des canons traînés par des chevaux, des siéges, des combats, des remparts qui volent en éclats, ou s'écroulent sous le fer et le feu des batteries; et enfin, le passage des Alpes par l'artillerie françoise, qui, en étonnant l'ennemi de son aspect quand elle franchit la première fois ces rochers géans pour descendre en Italie, prépara de loin nos succès futurs. Et sur les étendards, et sur les banderoles, et sur les vitraux peints, au milieu des trophées, cette mystérieuse devise *j'aime fort une,* qui étoit si chère à Galliot, se trouve partout reproduite.

La façade est d'un style remarquable; on y distingue encore le goût de la renaissance qui va s'éteindre. Une statue s'y fait remarquer, celle d'une femme qui porte un enfant dans ses bras. C'est le fils de Galliot. Deux Génies lui offrent des attributs militaires, et deux Renommées tiennent une légende, sur laquelle on lit : *Vivat Galliotus.*

Les décorations gracieuses du XVI° siècle se retrouvent encore sur une porte située à l'orient; des lettres entrelacées y forment cette inscription : *Pax huic domui.* Et la paix cependant ne l'habita pas toujours, car Calvin y prêcha, pendant son séjour à Assier; la chaire fut brûlée, et l'édifice même fut livré aux flammes, pendant les guerres religieuses des catholiques et des réformateurs.

Tous ces merveilleux souvenirs, toutes ces richesses d'art sont placées dans un pays onduleux, accidenté, au milieu de champs et de bois, et presque cachées comme un trésor. D'abominables chemins y conduisent. Nous ne les quitterons pas cependant sans dessiner la *Pierre-Martine* au couchant de Li-

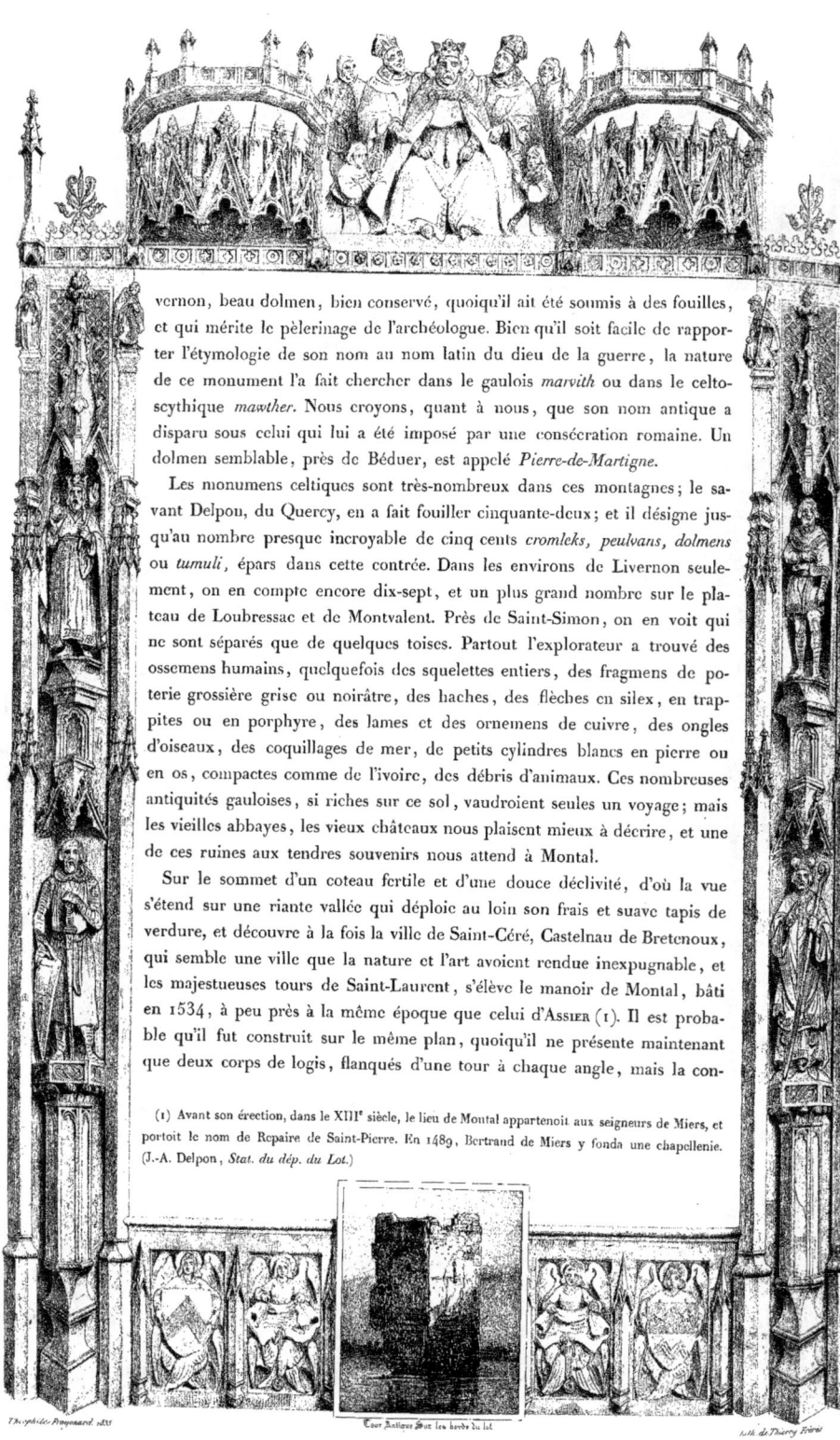

vernon, beau dolmen, bien conservé, quoiqu'il ait été soumis à des fouilles, et qui mérite le pèlerinage de l'archéologue. Bien qu'il soit facile de rapporter l'étymologie de son nom au nom latin du dieu de la guerre, la nature de ce monument l'a fait chercher dans le gaulois *marvith* ou dans le celto-scythique *mawther*. Nous croyons, quant à nous, que son nom antique a disparu sous celui qui lui a été imposé par une consécration romaine. Un dolmen semblable, près de Béduer, est appelé *Pierre-de-Martigne*.

Les monumens celtiques sont très-nombreux dans ces montagnes; le savant Delpon, du Quercy, en a fait fouiller cinquante-deux; et il désigne jusqu'au nombre presque incroyable de cinq cents *cromleks*, *peulvans*, *dolmens* ou *tumuli*, épars dans cette contrée. Dans les environs de Livernon seulement, on en compte encore dix-sept, et un plus grand nombre sur le plateau de Loubressac et de Montvalent. Près de Saint-Simon, on en voit qui ne sont séparés que de quelques toises. Partout l'explorateur a trouvé des ossemens humains, quelquefois des squelettes entiers, des fragmens de poterie grossière grise ou noirâtre, des haches, des flèches en silex, en trappites ou en porphyre, des lames et des ornemens de cuivre, des ongles d'oiseaux, des coquillages de mer, de petits cylindres blancs en pierre ou en os, compactes comme de l'ivoire, des débris d'animaux. Ces nombreuses antiquités gauloises, si riches sur ce sol, vaudroient seules un voyage; mais les vieilles abbayes, les vieux châteaux nous plaisent mieux à décrire, et une de ces ruines aux tendres souvenirs nous attend à Montal.

Sur le sommet d'un coteau fertile et d'une douce déclivité, d'où la vue s'étend sur une riante vallée qui déploie au loin son frais et suave tapis de verdure, et découvre à la fois la ville de Saint-Céré, Castelnau de Bretenoux, qui semble une ville que la nature et l'art avoient rendue inexpugnable, et les majestueuses tours de Saint-Laurent, s'élève le manoir de Montal, bâti en 1534, à peu près à la même époque que celui d'Assier (1). Il est probable qu'il fut construit sur le même plan, quoiqu'il ne présente maintenant que deux corps de logis, flanqués d'une tour à chaque angle, mais la con-

---

(1) Avant son érection, dans le XIII⁵ siècle, le lieu de Montal appartenoit aux seigneurs de Miers, et portoit le nom de Repaire de Saint-Pierre. En 1489, Bertrand de Miers y fonda une chapellenie. (J.-A. Delpon, *Stat. du dép. du Lot*.)

struction n'en a point été achevée. Les cours sont décorées des nobles ordres ionique et corinthien. La sculpture, si libérale pour l'architecture de la renaissance, y a prodigué ses richesses. Les fenêtres, les jours y sont pratiqués sans symétrie, selon des lois inconnues dont le secret appartenoit seulement aux artistes de cette époque; libres imitateurs de l'architecture classique, le goût les accompagnoit encore, quand ils s'affranchissoient de ses règles, par licence ou par caprice.

Pour l'intérieur, comme au château d'Assier, on a réservé les richesses artistiques. Une des chambres du rez-de-chaussée est recouverte par une voûte où l'on a mis en œuvre cet artifice connu de l'acoustique, qui consiste à communiquer d'un angle à l'autre, des paroles dites à voix basse, sans que les personnes qui se trouvent sur les points intermédiaires puissent en saisir le moindre son. Un bel escalier conduit aux divers étages. Comme dans presque tous les châteaux de cette époque, le plafond de cet escalier est entièrement couvert de sculptures, toujours variées et d'une bonne exécution. Ce système de décoration préparoit admirablement aux trésors d'art que recéloient les appartemens. Nous trouverons plusieurs édifices du même genre en Touraine : on croiroit que le même architecte les a tous construits.

Ici, c'est encore une multiplicité inouïe de compositions spirituelles et gracieuses, presque toujours d'un très-bon goût de dessin. Ce sont des bustes d'empereurs romains, des amours, des griffons, des dauphins, des sirènes, et mille oiseaux qui frappent des coquillages de leur bec, ou jouent et se balancent au milieu des feuilles et des fleurs. L'or, l'outremer, les marbres de couleur, les émaux, les faïences peintes, les brillans vitraux qui joignent la transparence à l'éclat, les tributs multipliés de tous les genres de peinture, faisoient de ces magnifiques habitations des demeures enchantées. Nous sommes à comprendre comment les architectes de nos jours n'étudient et n'acceptent pas les productions de ce siècle, qu'il seroit si facile d'ajuster et d'adapter à nos mœurs.

Les cheminées, qui étoient généralement ornées de détails d'architecture et de sculpture, sont formées par deux rangs de pilastres qui soutiennent une corniche, où l'on voit placés deux cerfs en ronde-bosse; ils portoient chacun un écusson renfermant les armes des seigneurs de Montal.

En sortant du château, et en jetant les yeux vers les combles, on distingue

Château de Courtesoul.

une croisée au-dessous de laquelle sont écrits ces mots : Plus d'espoir. Ce fut le dernier cri d'une pauvre fille, dont le malheur étoit de croire à la sincérité de l'amour, et de juger de l'ame d'un autre par son ame naïve et pure.

Rose de Montal, fille d'un seigneur de ces lieux, avoit reçu long-temps les hommages du sire de Castelnau, qui oublia ses sermens et la délaissa; cependant elle espéroit encore le ramener par ses charmes, et surtout par sa tendresse, lorsqu'un jour, de cette croisée où elle se tenoit constamment pour contempler la demeure de son amant, elle l'aperçut dans la vallée. Ordinairement, au mouvement d'une fleur agitée par sa blanche main, ou au refrain d'une romance connue, il se hâtoit de répondre et de s'approcher. Cette fois, le moindre signe de pitié eût sauvé l'infortunée ; mais il s'éloigna sans détourner la tête; et à peine la voix plaintive de l'amante eut murmuré les derniers accens de sa douloureuse chanson, qu'on l'entendit s'écrier : *Plus d'espoir!* Il n'y en avoit plus en effet : Rose s'étoit précipitée de la haute fenêtre sur le pavé de la cour extérieure. C'est pour conserver le souvenir de sa touchante histoire qu'on grava ces mots sur la frise qui règne au-dessous du fronton de cette croisée tragique.

Nous nous reposerons de ces pénibles promenades, et de ces émotions plus fatigantes encore, dans la vieille ville de Figeac, qui paroît devoir son origine, comme tant d'autres, à un ancien monastère. Celui-ci auroit été fondé en 755, par une charte attribuée à Pepin-le-Bref, et il auroit reçu de ce roi le nom de *Fiat*. Quant à celui de Figeac, son étymologie populaire repose sur un de ces jeux de mots auxquels les savans n'ont pas coutume d'accorder grande créance. Les pèlerins qui venoient visiter le moustier, se plaignant souvent de s'égarer dans les vastes forêts dont le pays étoit couvert, le bon abbé répondoit ordinairement : *Fige acum*, phrase significative dans son laconisme, qui pourroit bien se traduire par ces mots : « Construi-« sez à vos frais un clocher assez élevé pour que sa flèche ou son aiguille « vous avertisse et vous dirige; » à moins cependant qu'il ne soit question de ces aiguilles et de ces fanaux dont nous avons parlé dans le chapitre de *Roc-Amadour*. Mais les chartes contredisent cette version fondée sur une méchante équivoque. Il y en a une de Pepin, roi d'Aquitaine, à la vérité un peu postérieure à Pepin-le-Bref, où cette ville est déjà nommée Figeac, et

les celtomanes n'ont pas manqué d'ailleurs de trouver l'étymologie de ce nom dans notre vieille langue autochthone.

Toutes ces excellentes raisons, et beaucoup d'autres encore que l'on pourroit donner, éclaircissent rarement ce genre de questions.

Entre les années 1080 et 1100, Figeac dut ses ponts et ses remparts à un abbé Guillaume Ier, et plus tard c'est encore son monastère qui lui obtint des priviléges importans pour des terres et pour des libertés. Ses abbés firent nommer des magistrats municipaux, et ils autorisèrent les habitans à choisir sept consuls qui gouvernoient la ville. Jusqu'à Philippe-le-Bel, ceux-ci rendirent la justice au nom des abbés. Il est à remarquer que presque toutes les institutions libérales de ces siècles d'esclavage et de barbarie sont dues à ces moines si décriés, qu'on accuse d'avoir retardé l'émancipation des peuples.

Les rois Philippe-Auguste en 1181, saint Louis en 1257, Philippe-le-Long en 1318, Philippe de Valois en 1334, et Louis XI, lorsqu'il passa dans cette ville en 1463, confirmèrent les priviléges de Figeac.

Une ordonnance du roi Jean enleva aux consuls le droit de faire frapper monnoie, pour punir les habitans d'avoir laissé entrer les Anglois dans leur ville; honteux d'avoir été surpris, ils redoublèrent d'efforts pour chasser l'ennemi, et leur privilége leur fut rendu.

Figeac renferme un certain nombre de curieuses maisons gothiques, ornées d'ogives de la plus belle proportion et de sveltes colonnes d'une pierre dure, qui reçoit le poli et l'éclat du marbre, surmontées de loges, modèles de bonnes constructions italiennes. Peu de villes possèdent d'aussi beaux monumens des mœurs privées du moyen âge, et méritent mieux de servir d'objet aux études de nos jeunes architectes. Nous citerons plus particulièrement la maison de la rue *Ortabodiade,* et celle qui sert maintenant de mairie. Celles de l'époque de la renaissance ne sont pas moins intéressantes.

Le château de Baleine, qui fut vendu aux consuls par Édouard III, roi d'Angleterre, pour la somme de trois cents livres, est aussi un monument remarquable. L'église principale renferme d'admirables chapiteaux romans.

Figeac est une des plus jolies villes du midi de la France; ses rues, ses maisons pittoresques, son canal d'eaux vives, toute la vieille cité, tous les bords rians de la Selle, en font un séjour ravissant pour l'artiste et pour l'antiquaire.

Autrefois on divisoit le QUERCY en *Quercy noir* et *Quercy blanc*. Dans cette dernière partie, nous remarquerons seulement Montpezat et Caussade.

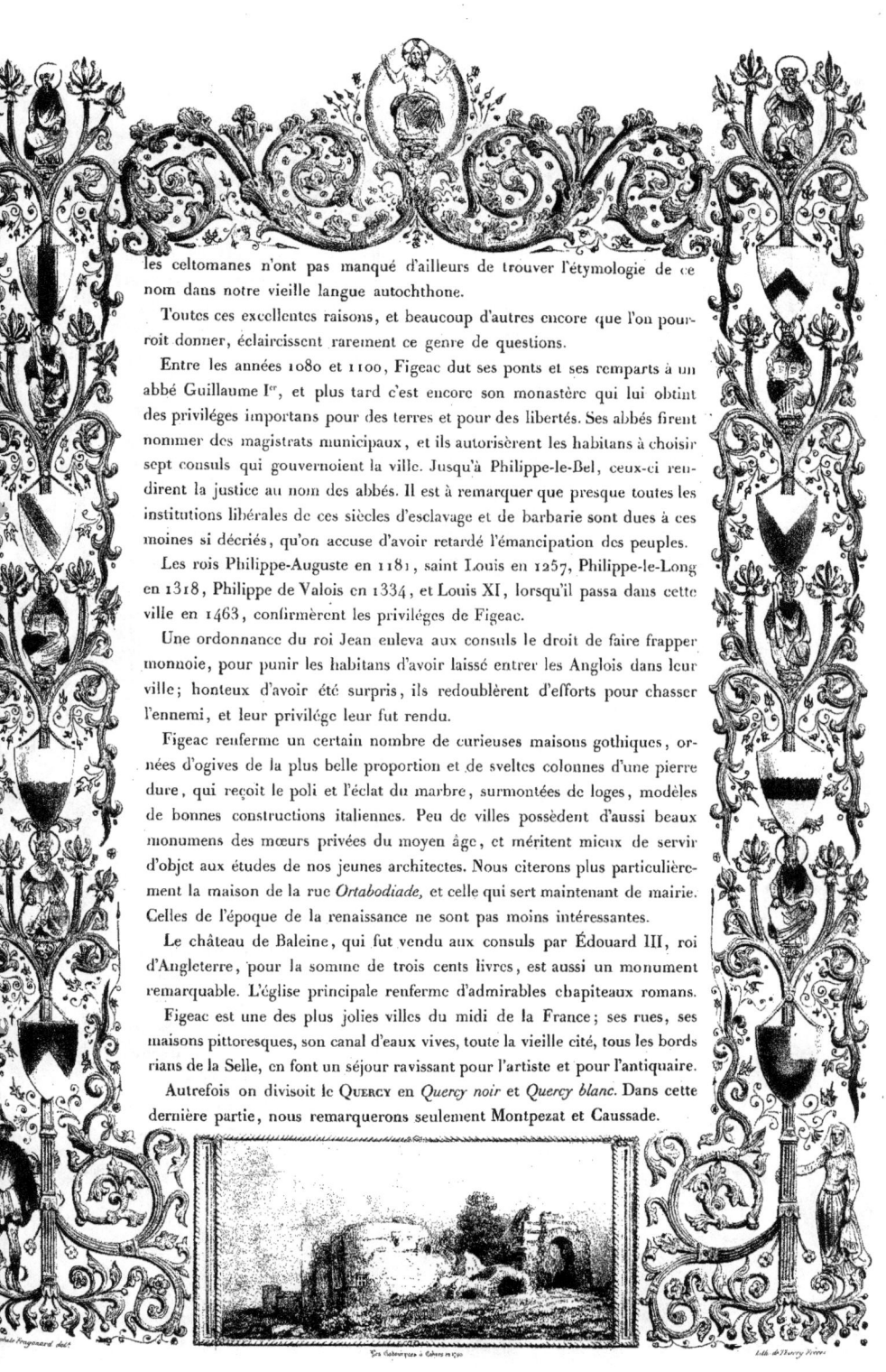

Montpezat occupe le sommet d'une colline. Sur un vaste plateau, où l'on voit à peine maintenant quelques restes de murs, étoit assis le château des seigneurs de ce bourg. Dans peu d'années, il n'en restera point de vestiges. L'église méritoit autrefois une certaine attention; elle possédoit des peintures et des tapisseries qui ont subi le sort de toutes les productions de l'art dans nos provinces. Livrées au marteau ou aux flammes, elles ont été réduites en cendres ou dispersées en débris. Ces tapisseries curieuses représentoient les principales circonstances de la vie de saint Martin. De tous ces monumens, subsistent encore dans le chœur les statues sépulcrales en marbre blanc de deux personnages de la famille des Prez. L'une d'elles est, suivant la tradition, celle de Pierre des Prez, évêque de Riez, archevêque d'Aix, cardinal légat en France, et qu'on croit fondateur du petit chapitre de Montpezat.

A deux lieues de là, on trouve la petite ville de Caussade, dont on ne connoît point l'origine, et qui n'offre d'ancien que la grosse tour de son clocher. Les croisés firent payer une forte rançon aux habitans pendant la guerre des Albigeois; après quoi, les inquisiteurs de la foi, ayant condamné Arnaud de Montpezat à être enfermé, ou, comme on le disoit alors, *bâti* entre quatre murailles, confisquèrent sur lui la baronnie de CAUSSADE.

Cette ville souffrit beaucoup à l'époque des guerres religieuses du XVIe siècle. Duras, chef d'un corps de protestans, la surprit et la détruisit en partie: il massacra ceux qui ne voulurent point embrasser le calvinisme, et les ecclésiastiques furent précipités du haut du clocher dont nous donnons le dessin. Les cruautés contre le clergé catholique étoient alors poussées si loin par les réformateurs, qu'elles donnèrent lieu à ce proverbe vulgaire, adressé aux jeunes gens qui se destinoient aux ordres : *Capelo te fas, penjat te bési;* tu te fais prêtre, je te vois pendu.

Les massacres continuèrent plus de cent ans; le dernier fut exécuté au XVIIIe siècle par les catholiques. Les calvinistes s'étoient retirés dans les campagnes les plus éloignées, dans les lieux les plus solitaires, pour y écouter les ministres envoyés de Genève. Les lois proscrivoient ces sortes de réunions. Le 13 octobre 1761, la garde bourgeoise, placée aux portes de CAUSSADE, arrêta plusieurs individus qui lui paroissoient suspects; un d'entre eux, nommé Rochette, annonça qu'il étoit ministre du saint Évangile, « qu'il « venoit du Désert, alloit au Désert et habitoit le Désert. » C'étoit ainsi que les protestans persécutés désignoient les retraites où ils tenoient leurs assem-

blées religieuses. Il fut emprisonné. Deux cents paysans calvinistes accoururent pour le délivrer, sous la conduite de plusieurs gentilshommes, parmi lesquels on distinguoit les trois frères Grenier. Le nombre des révoltés s'accrut jusqu'à devenir une espèce d'armée; quelques combats furent livrés entre les deux partis, et la victoire alloit se déclarer en faveur des sectaires, lorsqu'ils furent attaqués par les habitans des villes mêmes où ils s'étoient réfugiés. Atteints de tous côtés, ils succombèrent au nombre; le ministre fut pendu, les trois frères Grenier eurent la tête tranchée. Plus tard, mais bien long-temps après, des événemens d'une autre nature permirent aux protestans d'exercer les représailles de la vengeance, et ils n'y manquèrent pas.

Chose étrange! les uns et les autres étoient chrétiens.

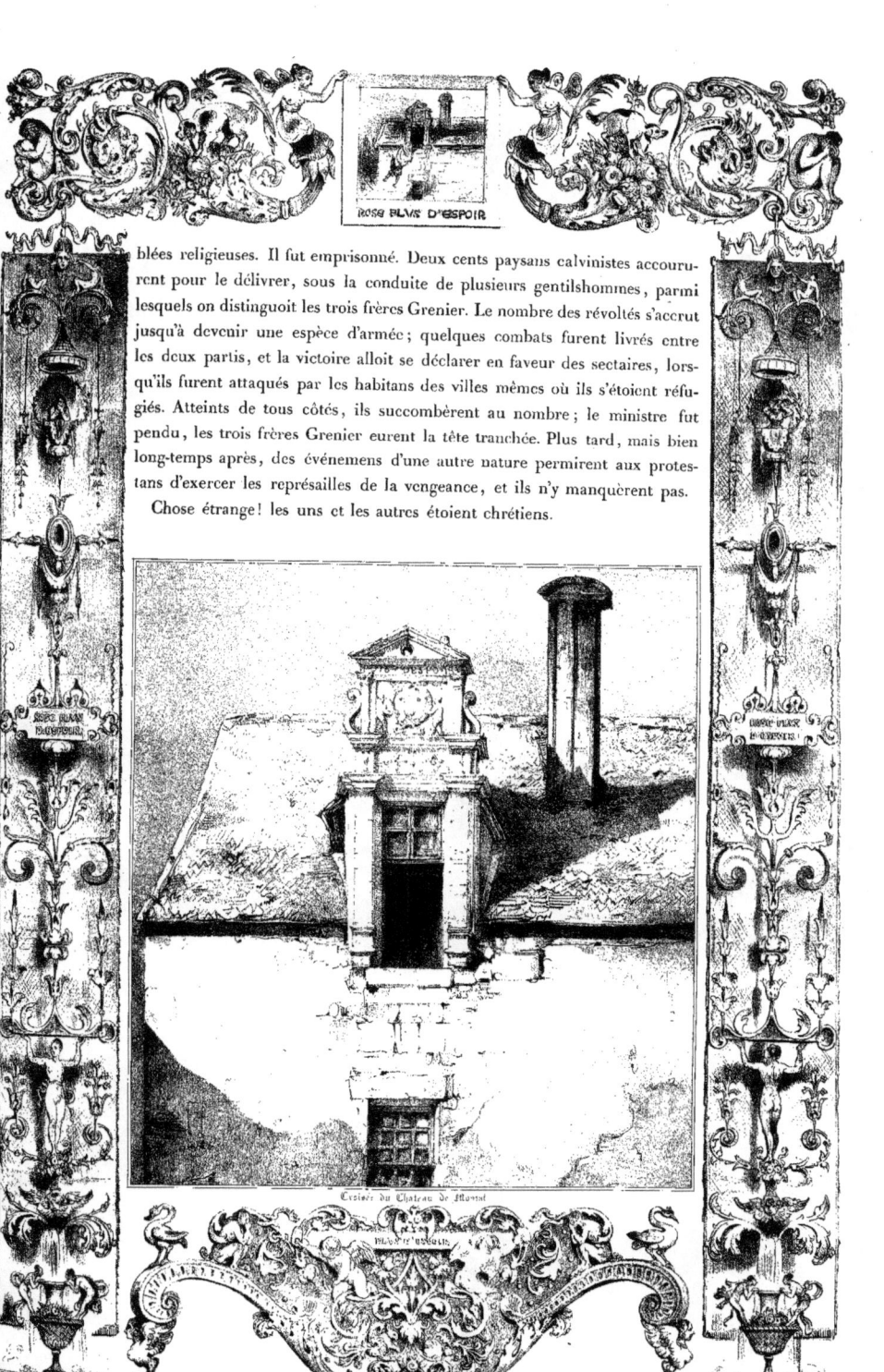

Intérieur de l'église des Franciscains à Bethléem.

Porte intérieure de l'Église de Souillac.

Ruines de l'Église de St Martin à Souliac

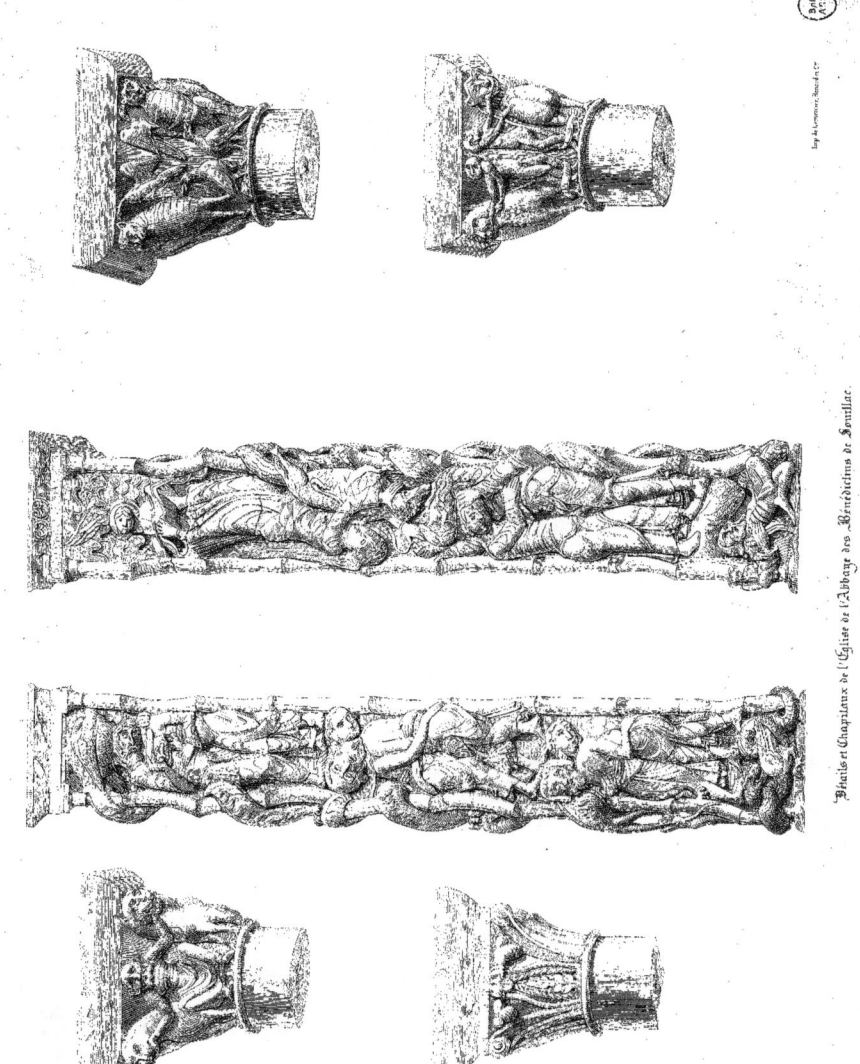

Bases et Chapiteaux de l'Église de l'Abbaye des Bénédictins de Souillac.

Plans et coupes de l'Église de l'Abbaye des Bénédictins de Souillac

Maison de Gaillot de Genouilhac à Figeac.

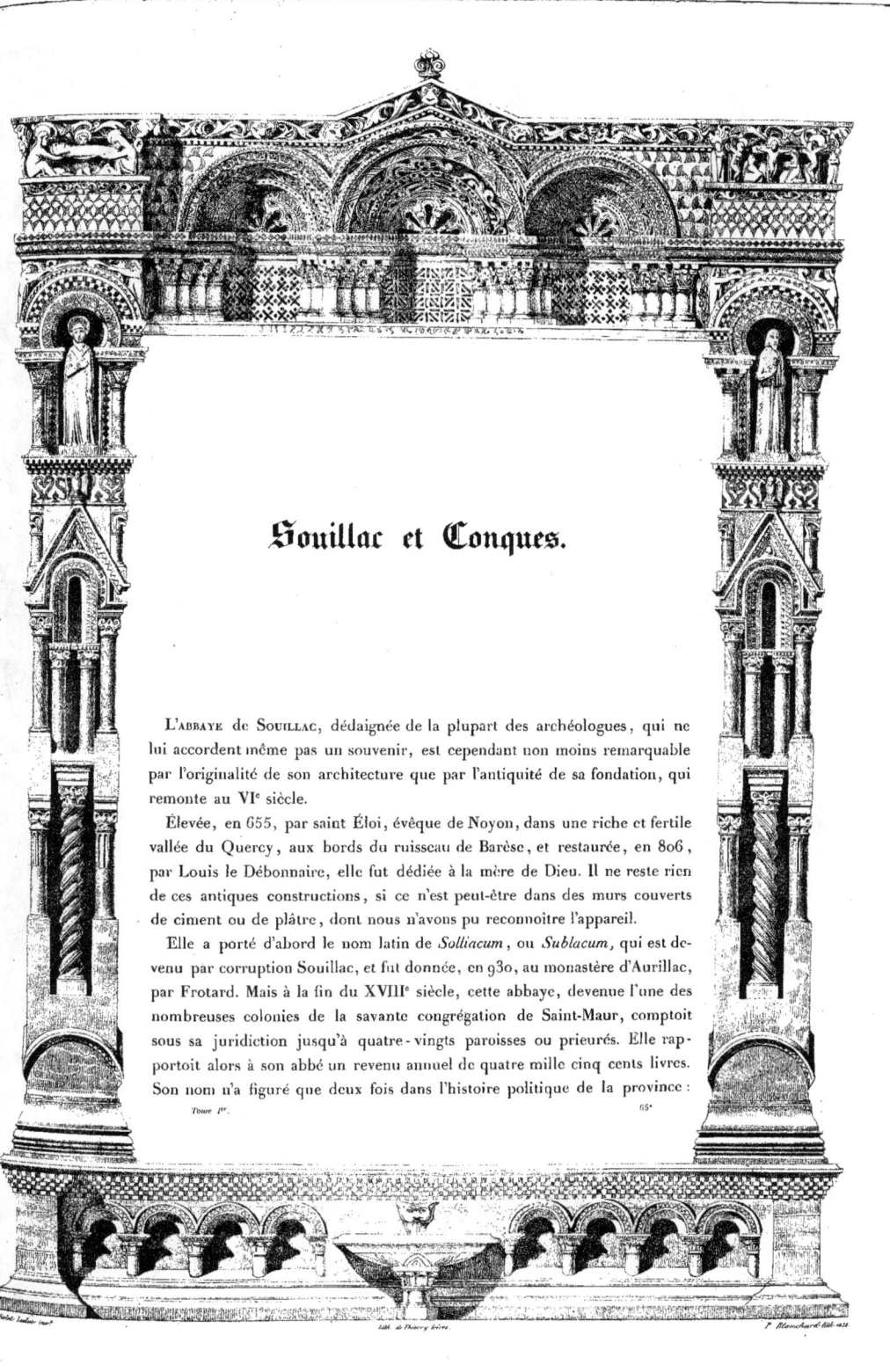

Souillac et Conques.

L'abbaye de Souillac, dédaignée de la plupart des archéologues, qui ne lui accordent même pas un souvenir, est cependant non moins remarquable par l'originalité de son architecture que par l'antiquité de sa fondation, qui remonte au VIe siècle.

Élevée, en 655, par saint Éloi, évêque de Noyon, dans une riche et fertile vallée du Quercy, aux bords du ruisseau de Barèse, et restaurée, en 806, par Louis le Débonnaire, elle fut dédiée à la mère de Dieu. Il ne reste rien de ces antiques constructions, si ce n'est peut-être dans des murs couverts de ciment ou de plâtre, dont nous n'avons pu reconnoître l'appareil.

Elle a porté d'abord le nom latin de *Solliacum*, ou *Sublacum*, qui est devenu par corruption Souillac, et fut donnée, en 930, au monastère d'Aurillac, par Frotard. Mais à la fin du XVIIIe siècle, cette abbaye, devenue l'une des nombreuses colonies de la savante congrégation de Saint-Maur, comptoit sous sa juridiction jusqu'à quatre-vingts paroisses ou prieurés. Elle rapportoit alors à son abbé un revenu annuel de quatre mille cinq cents livres. Son nom n'a figuré que deux fois dans l'histoire politique de la province :

en 960, dans le testament de Raymond, comte de Rouergue, et en 1190, dans le traité conclu en Sicile, entre Philippe-Auguste et Richard Cœur de Lion, au moment où ces deux illustres croisés alloient tenter la conquête du Calvaire.

Raymond lègue, en mourant, un débris de son épargne à l'abbaye de Souillac, et Philippe-Auguste, dans la cession qu'il fait du Quercy à Richard Cœur de Lion, en excepte cette même abbaye, *attendu qu'elle est royale*.

L'histoire de ces religieux a le bonheur de manquer de mouvement et de variété; mais l'église offre à l'archéologue et à l'artiste les motifs de belles méditations et de belles études.

L'opinion de quelques hommes qui ont écrit sur les monuments du moyen âge, est que son style forme un contraste étrange avec le style de tous les édifices de la province, et que son caractère est presque sans analogie en France. Nous ne sommes point de cet avis; il offre des rapports dans quelques sculptures avec celle de l'abbaye de Moissac, et dans sa construction intérieure, pour ses coupoles, avec la cathédrale de Cahors et avec d'autres églises du Quercy; ce qui n'empêche pas cet édifice d'être extrêmement remarquable.

L'église du monastère de SOUILLAC représente, dans son plan, une croix latine, terminée par une abside demi-circulaire, où sont ménagées, à intervalles égaux, des chapelles simulées sans bas côtés. Les grands arcs-boutants qui soutiennent la voûte, reposent sur des pieds-droits saillants de plusieurs pieds sur le nu de la muraille, et des arcades géminées supportent à mi-hauteur le chemin de ronde qui tourne autour de l'édifice. Nous avons surtout admiré ses voûtes en coupole, appuyées sur les pendentifs que portent les grands arcs latéraux et transversaux. Cette disposition, qui appartient au Bas-Empire oriental, et qu'on retrouve dans les églises d'Italie, se rencontre plus particulièrement dans la province de Quercy; elle est assez rare même dans le midi de la France, si ce n'est dans la belle cathédrale du Bas-Empire oriental de Périgueux, surtout à la fin du XIIe siècle, date qu'assignent à ce monument les ogives mélangées et les arcs à plein cintre que nous avons remarqués dans sa construction.

Nous avons déjà fait remarquer que les sculptures qui décorent le portail

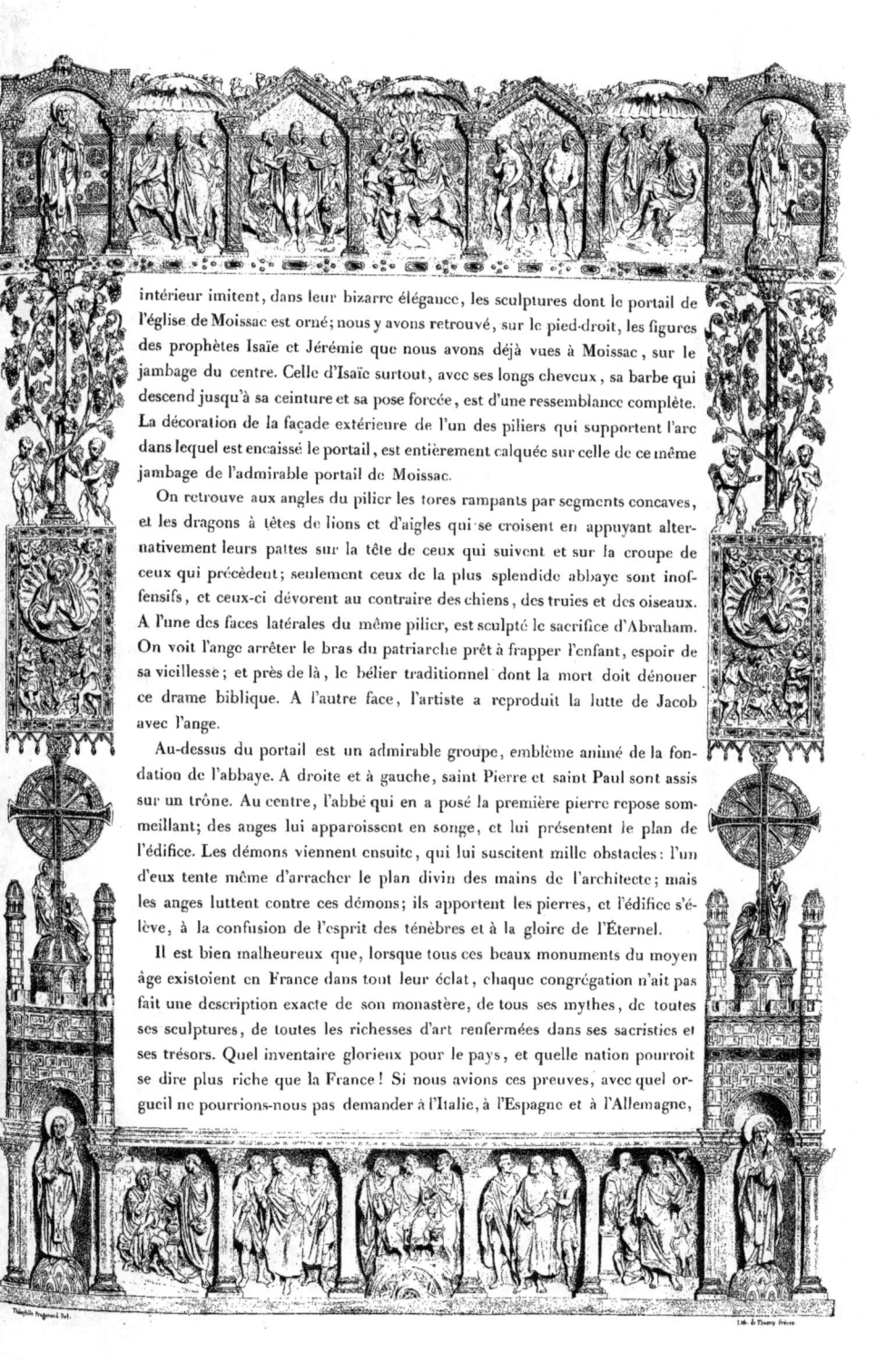

intérieur imitent, dans leur bizarre élégance, les sculptures dont le portail de l'église de Moissac est orné; nous y avons retrouvé, sur le pied-droit, les figures des prophètes Isaïe et Jérémie que nous avons déjà vues à Moissac, sur le jambage du centre. Celle d'Isaïe surtout, avec ses longs cheveux, sa barbe qui descend jusqu'à sa ceinture et sa pose forcée, est d'une ressemblance complète. La décoration de la façade extérieure de l'un des piliers qui supportent l'arc dans lequel est encaissé le portail, est entièrement calquée sur celle de ce même jambage de l'admirable portail de Moissac.

On retrouve aux angles du pilier les tores rampants par segments concaves, et les dragons à têtes de lions et d'aigles qui se croisent en appuyant alternativement leurs pattes sur la tête de ceux qui suivent et sur la croupe de ceux qui précèdent; seulement ceux de la plus splendide abbaye sont inoffensifs, et ceux-ci dévorent au contraire des chiens, des truies et des oiseaux. A l'une des faces latérales du même pilier, est sculpté le sacrifice d'Abraham. On voit l'ange arrêter le bras du patriarche prêt à frapper l'enfant, espoir de sa vieillesse; et près de là, le bélier traditionnel dont la mort doit dénouer ce drame biblique. A l'autre face, l'artiste a reproduit la lutte de Jacob avec l'ange.

Au-dessus du portail est un admirable groupe, emblème animé de la fondation de l'abbaye. A droite et à gauche, saint Pierre et saint Paul sont assis sur un trône. Au centre, l'abbé qui en a posé la première pierre repose sommeillant; des anges lui apparoissent en songe, et lui présentent le plan de l'édifice. Les démons viennent ensuite, qui lui suscitent mille obstacles: l'un d'eux tente même d'arracher le plan divin des mains de l'architecte; mais les anges luttent contre ces démons; ils apportent les pierres, et l'édifice s'élève, à la confusion de l'esprit des ténèbres et à la gloire de l'Éternel.

Il est bien malheureux que, lorsque tous ces beaux monuments du moyen âge existoient en France dans tout leur éclat, chaque congrégation n'ait pas fait une description exacte de son monastère, de tous ses mythes, de toutes ses sculptures, de toutes les richesses d'art renfermées dans ses sacristies et ses trésors. Quel inventaire glorieux pour le pays, et quelle nation pourroit se dire plus riche que la France! Si nous avions ces preuves, avec quel orgueil ne pourrions-nous pas demander à l'Italie, à l'Espagne et à l'Allemagne,

si elles ont jamais possédé plus de merveilles dans les beaux-arts, plus de grands monuments dans tous les siècles, plus de types de tout ce que le génie de l'homme a construit de gracieux, de beau, de sublime depuis quatorze cents ans!

Admirable et sublime Italie, tes beaux-arts dominent le monde chrétien, parce que tu as presque tout conservé, et que nos pères ont presque tout détruit; nous n'avons plus que nos vastes et nobles cathédrales et nos musées à placer aux pieds de ton Saint-Pierre et de ton Vatican : permets-nous d'être encore fiers de ces derniers débris!

D'après la division géographique que nous avons adoptée, nous devrions placer plus loin la description de l'abbaye de Conques, et nous prévenons les voyageurs qu'il vaut mieux s'y rendre de Rodez; mais nos recherches nous avoient conduit près d'un des plus anciens monastères de la France, et les lecteurs qui aiment à nous suivre, comprendront notre impatience à le visiter.

L'église de l'abbaye de Conques est seule restée debout, des riches et curieux bâtiments qui composoient l'ensemble de ce monastère, qui a compté dans ses cloîtres jusqu'à neuf cents serviteurs de Dieu. C'est au milieu d'une vallée profonde de Rouergue, dans un âpre désert nommé *les Tuileries*, que se réunirent d'abord, vers le IVe siècle, quelques hommes dévoués à la prière, aux méditations chrétiennes et à toutes les privations que le courage de la piété peut subir. Là, point d'ombrages, point de feuillages qui réjouissent la vue; à peine quelques rayons de soleil descendent-ils, et rarement encore, au fond de la gorge sauvage où quelques pierres abritèrent d'abord ces courageux cénobites, et où ils ne trouvèrent de la terre à ensemencer et capable de les nourrir, que dans les fentes des rochers; solitude presque impénétrable dont rien ne trouble l'austère silence, si ce n'est le bruit des torrents qui se précipitent du haut des montagnes après l'orage, et les échos qui répètent et prolongent les coups de tonnerre.

Cet isolement du monde n'a cependant point soustrait l'abbaye de Conques à l'épreuve des vicissitudes humaines. Les Ariens ont porté le fer et le feu dans ses murailles. Reconstruite par Clovis, elle fut encore saccagée, en 730, par les Sarrasins; mais Pépin, roi d'Aquitaine, répara, en 817, aux frais de son trésor, ces nouvelles dévastations.

Au nombre des nobles bienfaiteurs de l'abbaye de Conques, figurent aussi Bernard, comte de Rouergue, qui lui donna, en 883, le village de Bautone; Raymond Ier et Raymond II, comtes de Rouergue et marquis de Gothie, qui l'enrichirent, le premier, en 960, d'un legs pieux, le second, en 984, de l'alleu de Palais. Ce Raymond II l'avoit également parée de nombreuses dépouilles enlevées par ses hommes d'armes aux Maures, devant les murs de Barcelone. Ainsi, deux fois relevée de ses ruines par des rois, dotée par les peuples et les seigneurs de la contrée, visitée, en 975 par Arsinde, épouse de Guillaume Taillefer, et en 1029 par le roi Robert, l'abbaye de Conques s'éleva promptement avec une splendeur et un éclat qui l'égalèrent aux plus opulents monastères du midi de la France. Au milieu de ces richesses, le peuple n'étoit pas oublié; d'abord des chaumières se groupèrent autour du couvent; puis son opulence y attira un grand nombre d'ouvriers et laboureurs qui venoient chercher protection et sûreté contre les rapines des gens de guerre, des seigneurs, ou contre les ennemis du pays; ils élevèrent des maisons autour de son enceinte, et ces constructions, à la longue, formèrent une ville. Enfin, dans les années calamiteuses, Conques étoit autrefois presque entièrement nourri par son chapitre. On a bien vendu les terres, la propriété a bien été divisée et subdivisée; mais comme il y a toujours plus de pauvres que de propriétaires, la plupart des habitants, privés de la charité des religieux, sont généralement dans la misère, et les propriétaires même broient continuellement un roc schisteux pour tâcher d'y faire croître un peu de blé ou quelques vignes, dont le produit ne répond presque jamais à leur labeur. Où la terre est ingrate, il faut de grands propriétaires pour encourager et soutenir le fermier.

Le cartulaire des titres de cette abbaye fut brûlé publiquement, dans un feu de joie, au commencement de nos tourmentes politiques, aux acclamations des pauvres paysans, qui se chauffèrent ce jour-là pour plus d'un demi-siècle, car, depuis l'exil des religieux, quelques-uns de ceux qui assistèrent à cet auto-da-fé intellectuel, à défaut de ces méchants moines qui les faisoient travailler, sont morts de froid. Ce cartulaire étoit immense; il renfermoit un traité conclu entre l'abbé et Pierre, fils de Bermond, seigneur d'Agde : ce traité, qui porte la date du 27 juin 1079, régloit un différend

survenu entre ces deux puissances féodales, l'une civile, l'autre ecclésiastique. Bermond avoit usurpé les droits seigneuriaux de Palais, et l'abbé de Conques, gardien fidèle des richesses du monastère, les avoit revendiqués. La querelle fut d'abord portée devant les plaids de Raymond, comte de Rouergue, et d'Ermangarde, vicomtesse de Béziers. Frotard, abbé de Saint-Pont, et Matfied, évêque de Béziers, avoient ensuite été nommés arbitres de ce procès. L'abbé de Conques l'emporta sur le seigneur d'Agde, qui refusa d'exécuter la sentence. Raymond intervint alors dans la querelle par la force des armes : il ravagea les domaines de Bermond, dont la mort imprévue termina cette guerre privée. L'abbaye de Conques acheta, de son fils Pierre, au prix de cinq cents sous de Béziers, la tranquille possession de la seigneurie de Palais. Pierre se réserva également la viguerie de ce domaine à titre héréditaire. Ces agitations de la vie temporelle paroissent bizarres à un grand nombre de gens de notre époque, et même à quelques personnes érudites, qui ne veulent voir dans l'existence des prêtres ou des moines voués à l'abstinence, à la prière et à l'humilité, qu'une classe d'hommes tout spéciaux, qui doivent vivre humbles et pauvres, mais auxquels on doit refuser l'aumône, et dénier le droit de propriétés. Ces querelles et cette guerre étoient très-légitimes; l'abbé défendoit les propriétés du couvent; ses revenus avoient un noble emploi : il nourrissoit les pauvres, et le superflu de ces richesses étoit employé à élever des monuments qui feront éternellement la gloire de la France, qui n'a pas d'autres monuments nationaux, et qui, bien probablement, n'en aura jamais de plus beaux. Les gens d'église et les hommes de foi en avoient couvert le sol du pays; ceux qui les ont renversés, qu'ont-ils élevé? C'est dans le trésor du monastère qu'Odalric a puisé les ressources à l'aide desquelles il a construit, de 1035 à 1060, l'église de l'abbaye de Conques.

Cette église, placée sous l'invocation de sainte Foy, rappelle, dans certaines parties, mais plus particulièrement dans l'intérieur, le style de l'architecture de Saint-Saturnin de Toulouse, le type le plus vaste et le plus complet des édifices romans de l'Aquitaine. Elle a la forme d'une croix latine. Le chœur, la nef et les transsepts sont coupés dans leur longueur par trois grandes arcades géminées que surmontent des galeries, qui, dans les proportions et les détails, sont la copie amoindrie des galeries de Saint-Saturnin. Le chœur

de Sainte-Foy qui, depuis sa construction primitive, a envahi une partie de la nef et intercepté le transsept, offre également, avec celui de Saint-Saturnin, une frappante analogie. Cette ressemblance se retrouve encore dans les décorations intérieures et extérieures des chapelles du chevet et du transsept des deux monuments; seulement les chapelles de la vaste basilique de Toulouse sont plus nombreuses. Dans l'église de l'abbaye de Conques, il n'en existe qu'une à chaque bras du transsept, et trois au chevet qui termine à l'est la croix latine. Toutes ces chapelles ont la forme d'une abside semi-circulaire. Celle qui occupe le centre du chevet décrit seule les deux tiers du cercle.

Un dôme central, de forme octogone, qui se retrouve dans les deux églises, avec ses pans coupés rachetés par des trompes, possédoit le même caractère avant qu'on eût renforcé les piliers de la croisée de Saint-Saturnin. Nous avons reconnu, au-dessus des galeries supérieures, dans la forme des voûtes en arcs-boutants, la date authentique du XIe siècle. Ces sortes de voûtes sont évidemment l'origine des arcs-boutants extérieurs du XIIIe siècle.

Comme dans d'autres monuments de la même époque, on peut voir dans celui-ci un gradin ou banc qui est la ceinture intérieure du chevet : ce banc a une marche pour y monter, et forme un stylobate, car des colonnes engagées s'y appuient. On doit remarquer au-dessus un cordon d'ornements très-richement sculptés, divisés et variés.

Le sol des chapelles, autour du chœur, est plus élevé que celui du chœur.

L'ogive ne se montre nulle part dans l'église de Sainte-Foy; toutes les arcades sont à plein cintre; ses voûtes primitives sont conservées, et son style appartient bien tout entier à l'architecture romane. Le plan originel de cet édifice est un de ceux qui ont éprouvé le moins d'altération; quelques parties de l'élévation ont seulement subi des modifications : on a ajouté à la tour octogone du centre un rang de fenêtres; la coupole et la flèche de cette tour sont probablement du XIVe siècle. On a déplacé les escaliers des galeries, et à une époque que nous croyons récente, on a bouché des fenêtres qui rendent la nef obscure. Les tempêtes des siècles, et les orages fomentés par les passions des hommes, ont passé sur ce monument, et le monument a

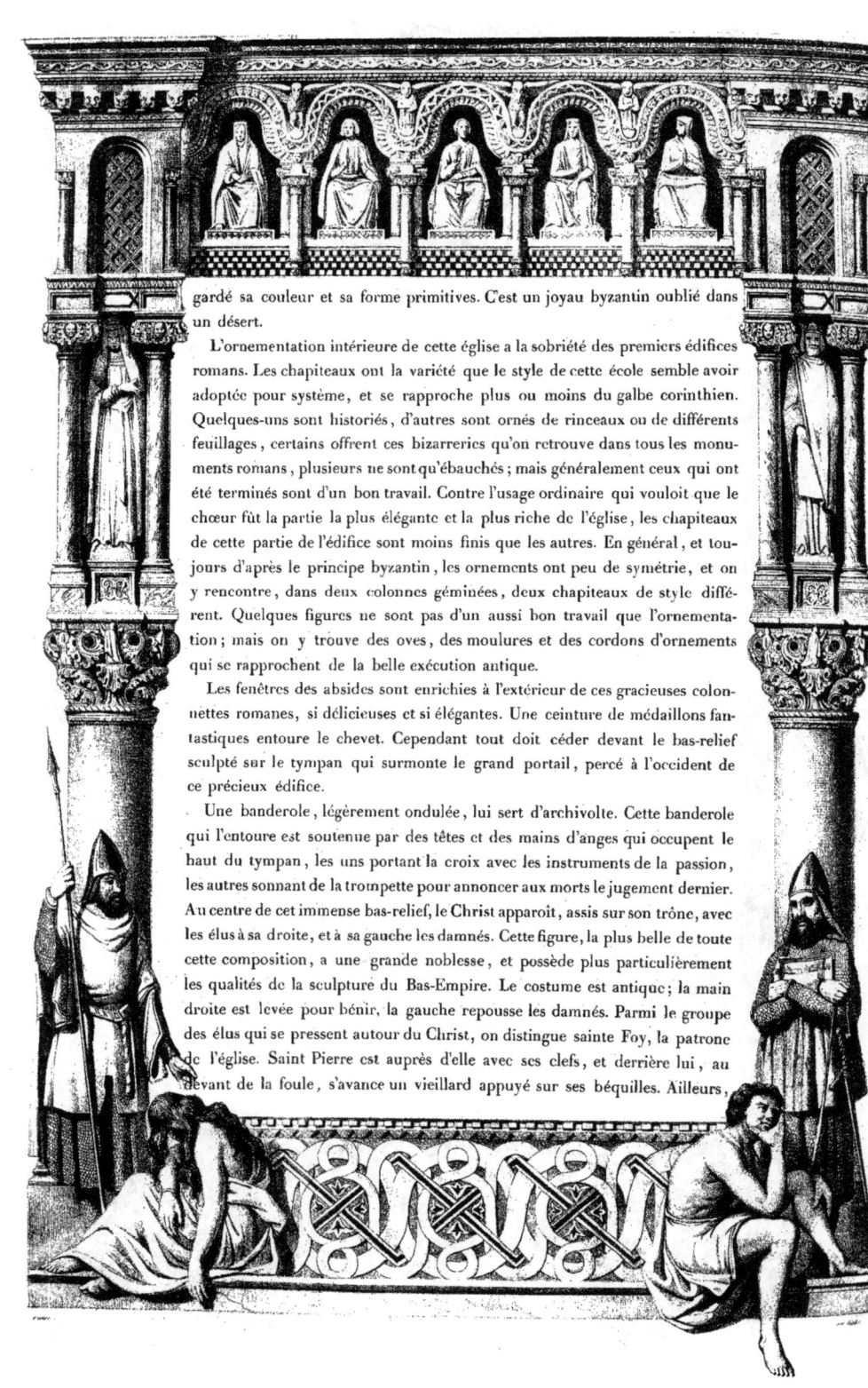

gardé sa couleur et sa forme primitives. C'est un joyau byzantin oublié dans un désert.

L'ornementation intérieure de cette église a la sobriété des premiers édifices romans. Les chapiteaux ont la variété que le style de cette école semble avoir adoptée pour système, et se rapproche plus ou moins du galbe corinthien. Quelques-uns sont historiés, d'autres sont ornés de rinceaux ou de différents feuillages, certains offrent ces bizarreries qu'on retrouve dans tous les monuments romans, plusieurs ne sont qu'ébauchés ; mais généralement ceux qui ont été terminés sont d'un bon travail. Contre l'usage ordinaire qui vouloit que le chœur fût la partie la plus élégante et la plus riche de l'église, les chapiteaux de cette partie de l'édifice sont moins finis que les autres. En général, et toujours d'après le principe byzantin, les ornements ont peu de symétrie, et on y rencontre, dans deux colonnes géminées, deux chapiteaux de style différent. Quelques figures ne sont pas d'un aussi bon travail que l'ornementation ; mais on y trouve des oves, des moulures et des cordons d'ornements qui se rapprochent de la belle exécution antique.

Les fenêtres des absides sont enrichies à l'extérieur de ces gracieuses colonnettes romanes, si délicieuses et si élégantes. Une ceinture de médaillons fantastiques entoure le chevet. Cependant tout doit céder devant le bas-relief sculpté sur le tympan qui surmonte le grand portail, percé à l'occident de ce précieux édifice.

Une banderole, légèrement ondulée, lui sert d'archivolte. Cette banderole qui l'entoure est soutenue par des têtes et des mains d'anges qui occupent le haut du tympan, les uns portant la croix avec les instruments de la passion, les autres sonnant de la trompette pour annoncer aux morts le jugement dernier. Au centre de cet immense bas-relief, le Christ apparoît, assis sur son trône, avec les élus à sa droite, et à sa gauche les damnés. Cette figure, la plus belle de toute cette composition, a une grande noblesse, et possède plus particulièrement les qualités de la sculpture du Bas-Empire. Le costume est antique ; la main droite est levée pour bénir, la gauche repousse les damnés. Parmi le groupe des élus qui se pressent autour du Christ, on distingue sainte Foy, la patrone de l'église. Saint Pierre est auprès d'elle avec ses clefs, et derrière lui, au devant de la foule, s'avance un vieillard appuyé sur ses béquilles. Ailleurs,

un abbé mitré, la crosse à la main, la tête haute, présente à l'assemblée un roi qui courbe la tête et fléchit le genoux comme frappé d'une sainte et pieuse épouvante. L'artiste a-t-il voulu prouver au peuple que la religion, plus grande que les rois, les humilie ou les protége? Dans le groupe des réprouvés figure un autre abbé avec deux moines, et au-dessous, un diable entouré de la légion des ténèbres, pour prouver ici évidemment que la robe religieuse ne sauve pas les hommes lorsqu'ils sont pervers. Au bas de cette vaste sculpture, c'est encore le contraste des joies du paradis et des tourments de l'enfer. Ici est la porte du ciel garnie de serrures et de verroux difficiles à ouvrir; là, un autel et un calice. Ailleurs, les trépassés, réveillés du sommeil de la mort, soulèvent la pierre de leur sépulcre. Plus loin, sainte Foy suit le chemin que trace devant elle une main colossale, celle de la force et de la vertu. Plus bas encore, sous les pieds du Christ, un ange et un démon pèsent les hommes dans la balance de la justice éternelle; la figure de l'ange est noble et douce, il semble le génie de la tolérance; celle du démon est railleuse; il cherche à tromper et à augmenter sa part; il est prêt à employer la force s'il le pouvoit; c'est le génie de l'astuce et de la violence.

En regard de la porte du ciel, une vaste gueule de monstre s'ouvre pour laisser passer les réprouvés que le démon pousse avec sa massue dans cet antre de la demeure infernale : Satan est assis sur un trône de flammes, le cœur dévoré par le dragon de l'orgueil; un mécréant sert de marche-pied au prince des démons. Dans cette région de la troisième zone, on remarque Judas, pendu avec sa bourse, et déchiré par le serpent du remords; deux amants adultères étranglés avec la même corde, et mourant de la même mort, comme Françoise de Rimini et Paul; un chevalier que les démons transpercent de ses propres armes, en le précipitant avec son cheval dans le séjour des réprouvés; un diable qui tient une harpe, et qui entonne un hymne de désespoir dans la bouche d'un réprouvé, qui fut autrefois jongleur ou trouvère; un homme que son ventre énorme désigne comme le symbole de la gourmandise, et qu'on force à avaler un mets du banquet diabolique; un damné à la broche, entouré de démons déguisés en cuisiniers; la paresse personnifiée dans la figure d'un diable porté sur les épaules de ce personnage insouciant, qui ne pense pas qu'un jour, dans une autre vie, il portera

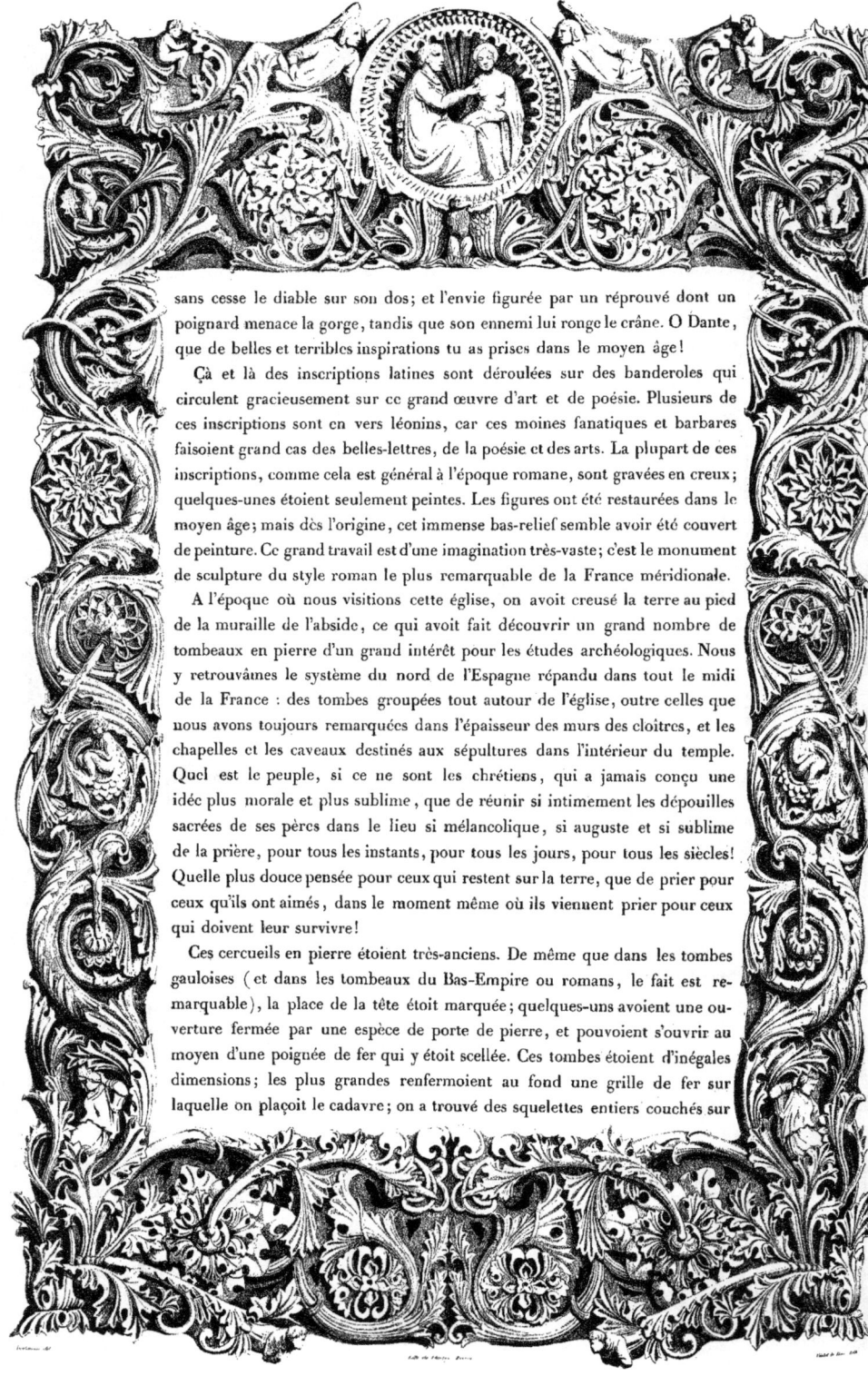

sans cesse le diable sur son dos; et l'envie figurée par un réprouvé dont un poignard menace la gorge, tandis que son ennemi lui ronge le crâne. O Dante, que de belles et terribles inspirations tu as prises dans le moyen âge!

Çà et là des inscriptions latines sont déroulées sur des banderoles qui circulent gracieusement sur ce grand œuvre d'art et de poésie. Plusieurs de ces inscriptions sont en vers léonins, car ces moines fanatiques et barbares faisoient grand cas des belles-lettres, de la poésie et des arts. La plupart de ces inscriptions, comme cela est général à l'époque romane, sont gravées en creux; quelques-unes étoient seulement peintes. Les figures ont été restaurées dans le moyen âge; mais dès l'origine, cet immense bas-relief semble avoir été couvert de peinture. Ce grand travail est d'une imagination très-vaste; c'est le monument de sculpture du style roman le plus remarquable de la France méridionale.

A l'époque où nous visitions cette église, on avoit creusé la terre au pied de la muraille de l'abside, ce qui avoit fait découvrir un grand nombre de tombeaux en pierre d'un grand intérêt pour les études archéologiques. Nous y retrouvâmes le système du nord de l'Espagne répandu dans tout le midi de la France : des tombes groupées tout autour de l'église, outre celles que nous avons toujours remarquées dans l'épaisseur des murs des cloîtres, et les chapelles et les caveaux destinés aux sépultures dans l'intérieur du temple. Quel est le peuple, si ce ne sont les chrétiens, qui a jamais conçu une idée plus morale et plus sublime, que de réunir si intimement les dépouilles sacrées de ses pères dans le lieu si mélancolique, si auguste et si sublime de la prière, pour tous les instants, pour tous les jours, pour tous les siècles! Quelle plus douce pensée pour ceux qui restent sur la terre, que de prier pour ceux qu'ils ont aimés, dans le moment même où ils viennent prier pour ceux qui doivent leur survivre!

Ces cercueils en pierre étoient très-anciens. De même que dans les tombes gauloises (et dans les tombeaux du Bas-Empire ou romans, le fait est remarquable), la place de la tête étoit marquée; quelques-uns avoient une ouverture fermée par une espèce de porte de pierre, et pouvoient s'ouvrir au moyen d'une poignée de fer qui y étoit scellée. Ces tombes étoient d'inégales dimensions; les plus grandes renfermoient au fond une grille de fer sur laquelle on plaçoit le cadavre; on a trouvé des squelettes entiers couchés sur

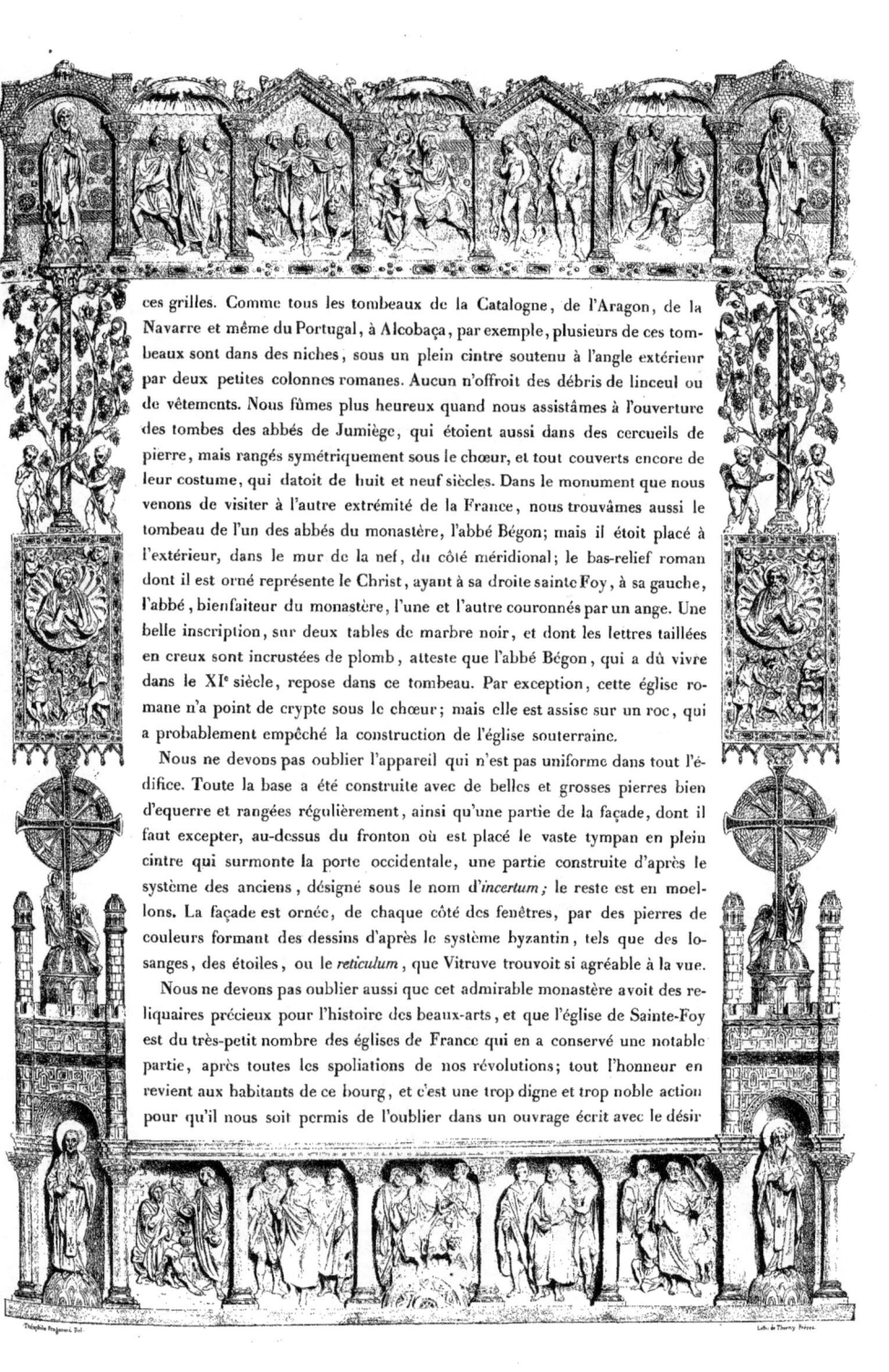

ces grilles. Comme tous les tombeaux de la Catalogne, de l'Aragon, de la Navarre et même du Portugal, à Alcobaça, par exemple, plusieurs de ces tombeaux sont dans des niches, sous un plein cintre soutenu à l'angle extérieur par deux petites colonnes romanes. Aucun n'offroit des débris de linceul ou de vêtements. Nous fûmes plus heureux quand nous assistâmes à l'ouverture des tombes des abbés de Jumiège, qui étoient aussi dans des cercueils de pierre, mais rangés symétriquement sous le chœur, et tout couverts encore de leur costume, qui datoit de huit et neuf siècles. Dans le monument que nous venons de visiter à l'autre extrémité de la France, nous trouvâmes aussi le tombeau de l'un des abbés du monastère, l'abbé Bégon; mais il étoit placé à l'extérieur, dans le mur de la nef, du côté méridional; le bas-relief roman dont il est orné représente le Christ, ayant à sa droite sainte Foy, à sa gauche, l'abbé, bienfaiteur du monastère, l'une et l'autre couronnés par un ange. Une belle inscription, sur deux tables de marbre noir, et dont les lettres taillées en creux sont incrustées de plomb, atteste que l'abbé Bégon, qui a dû vivre dans le XIe siècle, repose dans ce tombeau. Par exception, cette église romane n'a point de crypte sous le chœur; mais elle est assise sur un roc, qui a probablement empêché la construction de l'église souterraine.

Nous ne devons pas oublier l'appareil qui n'est pas uniforme dans tout l'édifice. Toute la base a été construite avec de belles et grosses pierres bien d'équerre et rangées régulièrement, ainsi qu'une partie de la façade, dont il faut excepter, au-dessus du fronton où est placé le vaste tympan en plein cintre qui surmonte la porte occidentale, une partie construite d'après le système des anciens, désigné sous le nom d'*incertum*; le reste est en moellons. La façade est ornée, de chaque côté des fenêtres, par des pierres de couleurs formant des dessins d'après le système byzantin, tels que des losanges, des étoiles, ou le *reticulum*, que Vitruve trouvoit si agréable à la vue.

Nous ne devons pas oublier aussi que cet admirable monastère avoit des reliquaires précieux pour l'histoire des beaux-arts, et que l'église de Sainte-Foy est du très-petit nombre des églises de France qui en a conservé une notable partie, après toutes les spoliations de nos révolutions; tout l'honneur en revient aux habitants de ce bourg, et c'est une trop digne et trop noble action pour qu'il nous soit permis de l'oublier dans un ouvrage écrit avec le désir

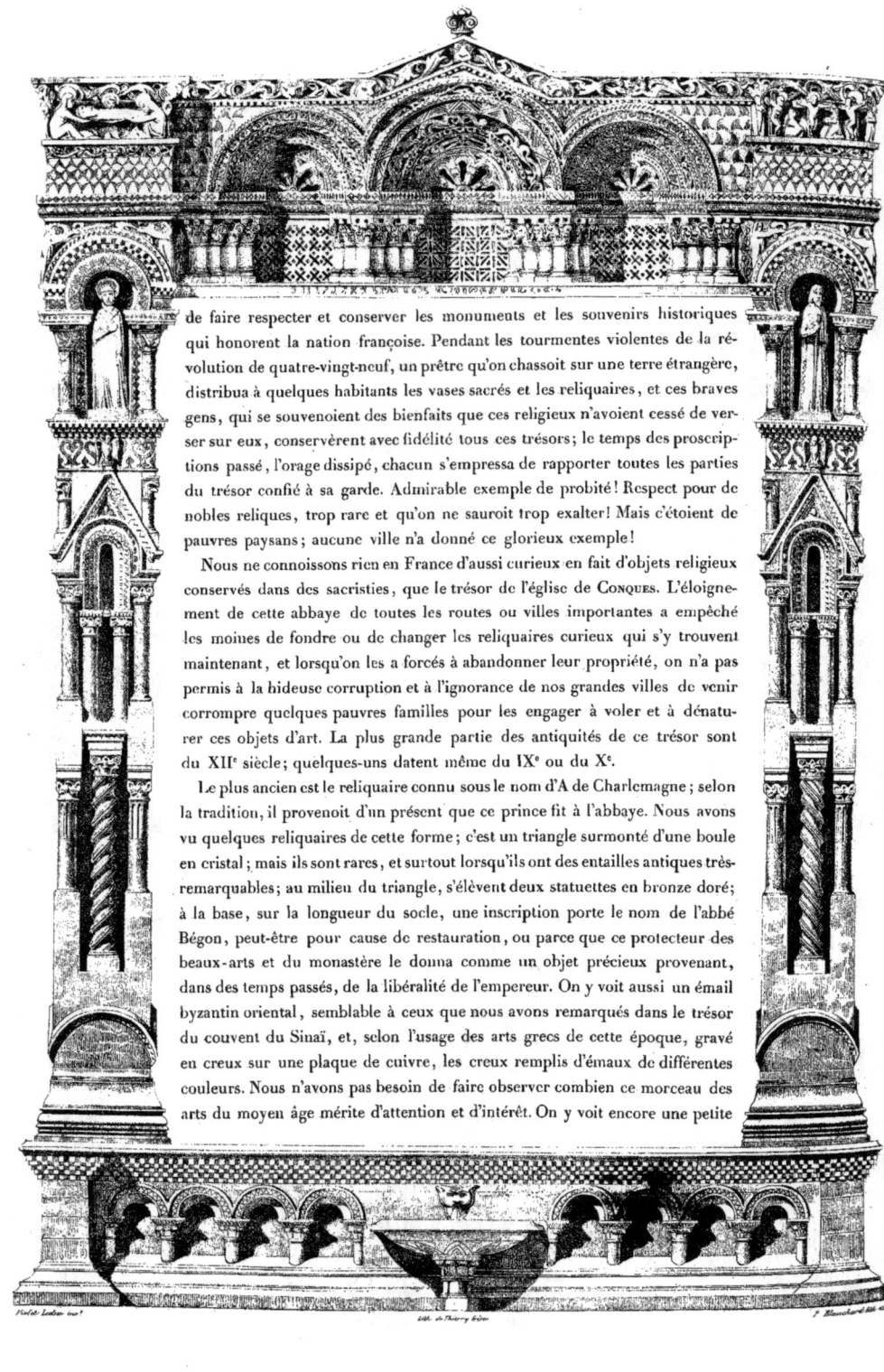

de faire respecter et conserver les monuments et les souvenirs historiques qui honorent la nation françoise. Pendant les tourmentes violentes de la révolution de quatre-vingt-neuf, un prêtre qu'on chassoit sur une terre étrangère, distribua à quelques habitants les vases sacrés et les reliquaires, et ces braves gens, qui se souvenoient des bienfaits que ces religieux n'avoient cessé de verser sur eux, conservèrent avec fidélité tous ces trésors; le temps des proscriptions passé, l'orage dissipé, chacun s'empressa de rapporter toutes les parties du trésor confié à sa garde. Admirable exemple de probité! Respect pour de nobles reliques, trop rare et qu'on ne sauroit trop exalter! Mais c'étoient de pauvres paysans; aucune ville n'a donné ce glorieux exemple!

Nous ne connoissons rien en France d'aussi curieux en fait d'objets religieux conservés dans des sacristies, que le trésor de l'église de Conques. L'éloignement de cette abbaye de toutes les routes ou villes importantes a empêché les moines de fondre ou de changer les reliquaires curieux qui s'y trouvent maintenant, et lorsqu'on les a forcés à abandonner leur propriété, on n'a pas permis à la hideuse corruption et à l'ignorance de nos grandes villes de venir corrompre quelques pauvres familles pour les engager à voler et à dénaturer ces objets d'art. La plus grande partie des antiquités de ce trésor sont du XIIe siècle; quelques-uns datent même du IXe ou du Xe.

Le plus ancien est le reliquaire connu sous le nom d'A de Charlemagne; selon la tradition, il provenoit d'un présent que ce prince fit à l'abbaye. Nous avons vu quelques reliquaires de cette forme; c'est un triangle surmonté d'une boule en cristal; mais ils sont rares, et surtout lorsqu'ils ont des entailles antiques très-remarquables; au milieu du triangle, s'élèvent deux statuettes en bronze doré; à la base, sur la longueur du socle, une inscription porte le nom de l'abbé Bégon, peut-être pour cause de restauration, ou parce que ce protecteur des beaux-arts et du monastère le donna comme un objet précieux provenant, dans des temps passés, de la libéralité de l'empereur. On y voit aussi un émail byzantin oriental, semblable à ceux que nous avons remarqués dans le trésor du couvent du Sinaï, et, selon l'usage des arts grecs de cette époque, gravé en creux sur une plaque de cuivre, les creux remplis d'émaux de différentes couleurs. Nous n'avons pas besoin de faire observer combien ce morceau des arts du moyen âge mérite d'attention et d'intérêt. On y voit encore une petite

statue, figurine assise, semblable à celle de Notre-Dame du Puy, mais en vermeil, de dix-huit à vingt pouces de haut, probablement du Xe siècle, représentant sainte Foy couverte d'entailles, de camées antiques et de pierres précieuses; une plaque de porphyre rouge, entourée d'argent niellé, et qui porte la date du XIIe siècle, sur les côtés de laquelle sont gravés dix-huit bustes représentant le Christ, la Vierge, sainte Foy, les douze apôtres, sainte Cécile, saint Vincent et saint Capraise, un émail byzantin, une châsse; et enfin une belle croix en argent ciselé, d'un temps très-reculé, qui est un chef-d'œuvre d'orfévrerie. Tous ces ouvrages, précieux par leur antiquité et leur caractère, seroient un bel ornement, même dans un musée royal. A part les trésors d'Aix-la-Chapelle, de Saragosse, de Tolède et de Séville, et ceux d'une ou deux églises de la Suisse, nous ne connoissons rien de plus intéressant pour l'étude des beaux-arts du moyen âge. Comme à Reims, à Beauvais, à la Chaise-Dieu et à Aix, l'église de Conques conserve des tapisseries; celles-ci sont du XVIe siècle, et représentent la légende de sainte Foy et de saint Capraise.

Monument de Piacine

Cours de la Maison des Bains à Bagnoles.
Languedoc.

Chateau du Tournel.

Ruines du Château de Randon
Languedoc.

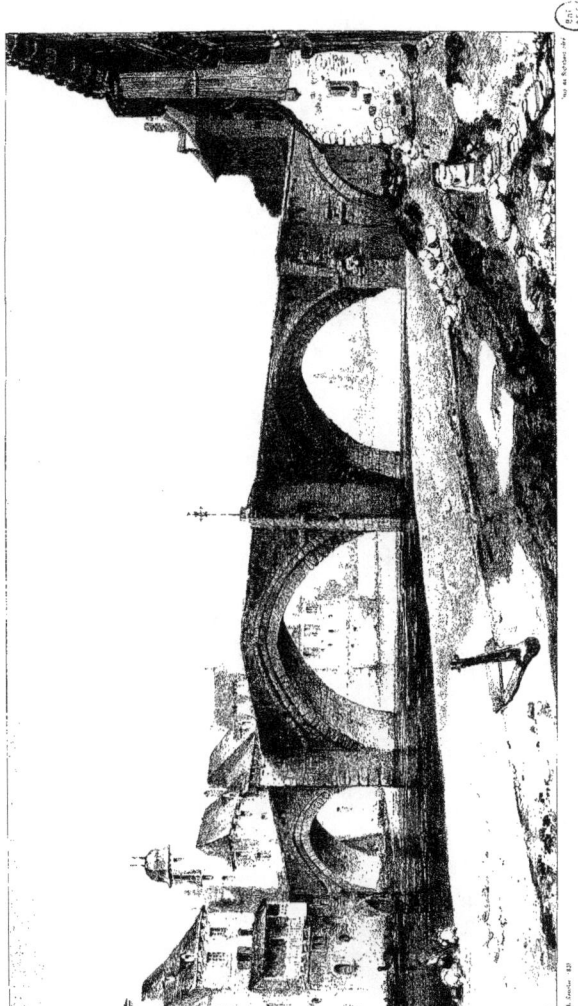

Pont gothique d'Esgulhor.
Fragments

Château et Tribunal d'Espalion.
Languedoc.

Puy et Château de Caumont audessous des Colonnes basaltiques.
Languedoc.

Puy et Château de Carlucent
(Spécimen Longitudina?)

Château de Caumont
(Ensemble)

Maison du Comte Raymond à Corbes.

Ruines de L'Abbaye d'Aubrac, debris des Piliers de l'œuvre.
Languedoc.

Ruines de l'Abbaye d'Aubrac.

Abbaye d'Aubrac, côté latéral
Languedoc

Cascade du Sailant près d'Aubrac.

Tour de Rodez.

Cathédrale de Thorsberg.

Tour de Notre-Dame de Rodez. Jardin de la Préfecture.

Jubé de la Cathédrale de Rodez

Siège de l'Évêque dans l'église de Notre Dame de Rodez.

Stalles de l'Église Notre Dame de Rodez.

Entrée de la Sacristie. Notre-Dame de Rodez.

Vue générale des forges de Concises
(Vosges)

Pl. 6 ter.

Croisillon de l'Église de Conques.
(Romanesque)

Abbaye de Conques

Ancienne Abbaye de Jonques.
Remarque

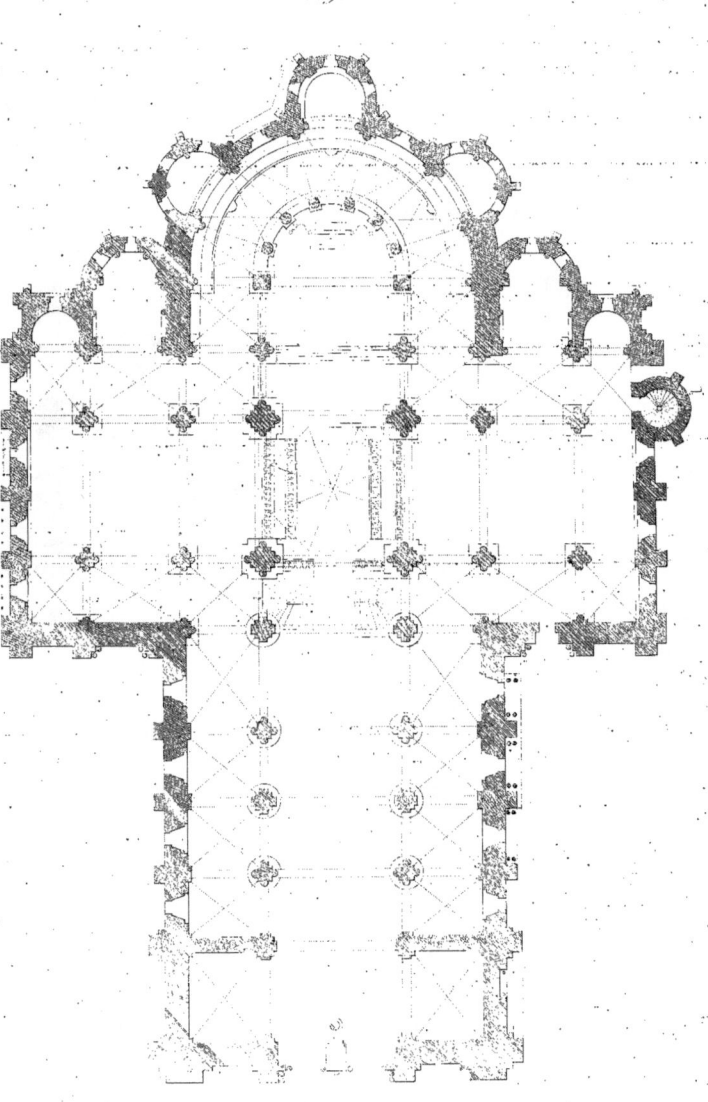

Plan de l'Église de Conques.
Rouergue

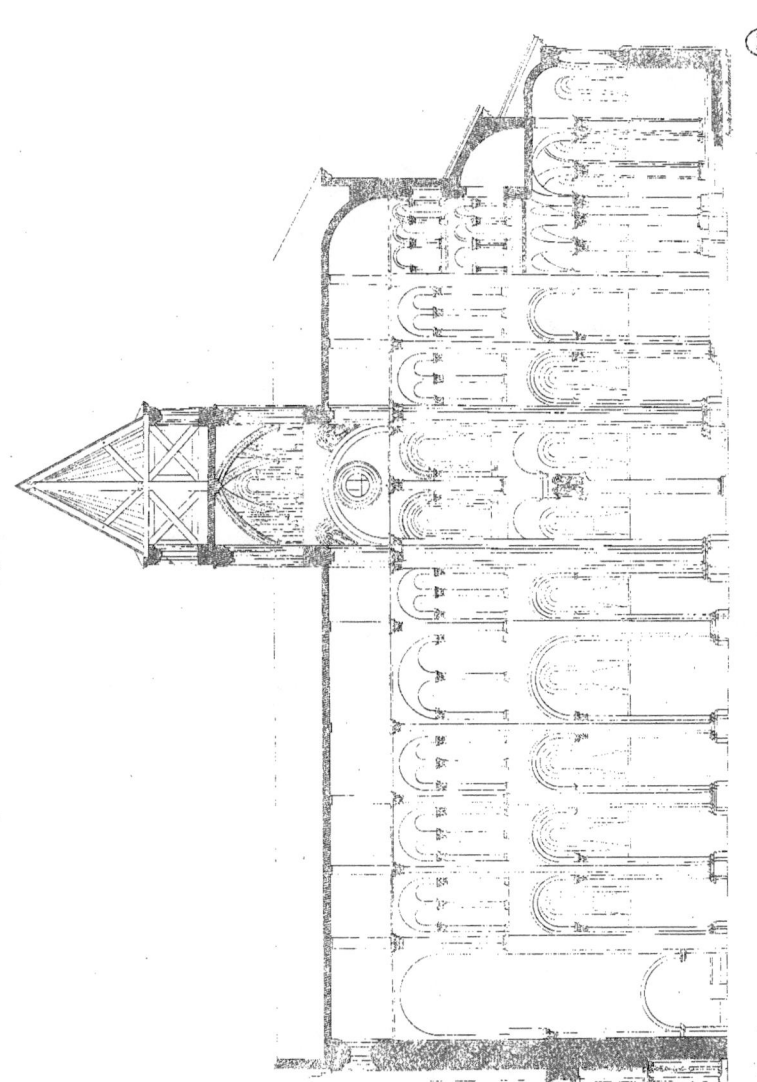

Coupe de l'Église de Conques.

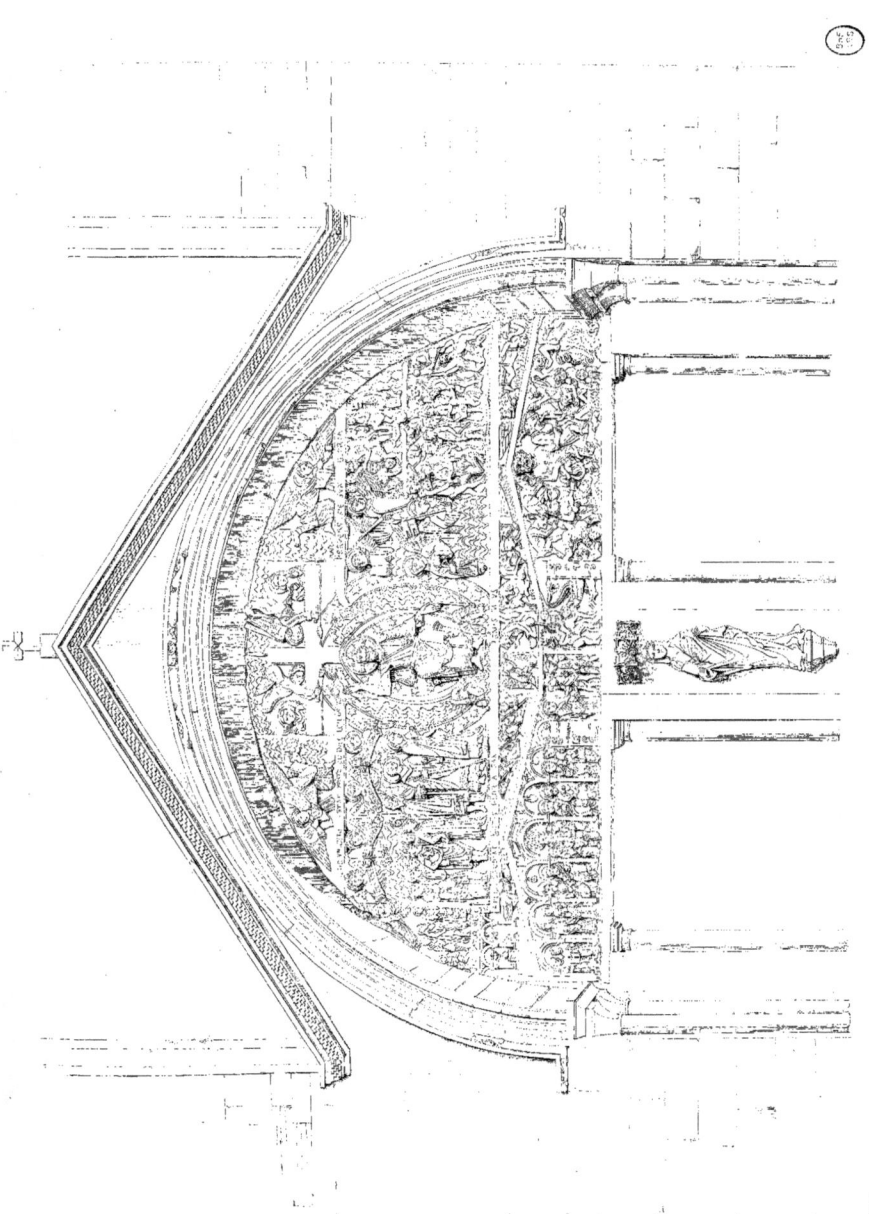

Bas-relief du portail de l'Église de l'ancienne abbaye de Conques.
(Rouergue)

Vallon de Salles

Grotte et Cascade de Salles

Pl. 100.

Pont et petite Croix de Salles
Languedoc

Moulin de Salles.
Languedoc.

Vue du Menna.

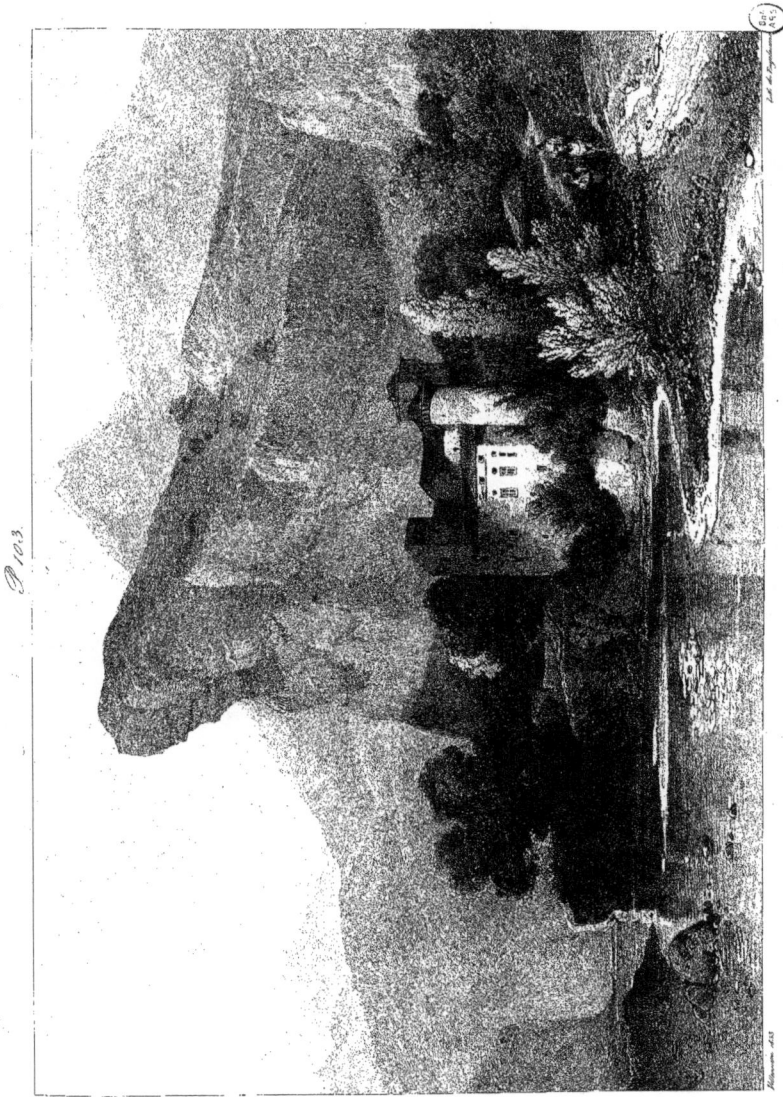

Château de la Caze, coté du Nord.

Chateau de la Cluse.
(Languedoc)

Pas du Soussis.
Languedoc.

Abbaye de Sainte Enimie.

Gorge du Tarn
Languedoc

Les Beaumes
ou les ruines du Château Rouge
(vue générale)

Château de Brissac.
Languedoc.

Chateau de Clamouse

Ville et port de Civita-Vecchia.

Tête du Pont de Montauban.

Rue de Caplus.
Carignoles

Château de Caplus
Languedoc

Pierre de Tinron
Languedoc

Grotte et Chapelle de Saint Pierre de Limeon.

Meuble d'une maison de St Pierre de Livron.

Maison des Templiers, à Mourioux
Limousin

Église de Burlats.
Languedoc.

Maison à Burlats.

Pont de Toulouse. — *Longueuil*.

Place St Étienne à Toulouse
Languedoc

Rue des Gantiers à Toulouse

Rodez.

Mende, Aubrac, Espalion, Villefranche, Milhau, Montricoux, Bruniquel, Montauban.

Avant d'entrer dans le Rouergue, pour revenir ensuite reprendre à Montauban le chemin de Toulouse et parcourir le midi du Languedoc et le Roussillon, nous passerons par Souillac, pour voir son ancienne église abbatiale, qui, comme la cathédrale de Cahors, possède des coupoles de forme demi sphérique. On prétend que celles de Cahors datent, les deux premières, de l'année 614, époque du testament de saint Didier, et que l'évêque saint Géry fit ajouter celle qui se voit au-dessus du chœur. Les coupoles de Souillac seroient de la même époque, et construites sous le règne de Dagobert. Tel est l'avis des savans MM. Chaudruc de Crazannes et Lacoste. Nous partageons tout à fait cette opinion, d'autant que plus d'une fois dans la Saintonge, le Périgord et l'Auvergne, nous avons rencontré des exemples semblables; toutefois rarement d'une date aussi reculée. Elles sont donc très-probablement byzantines, mais ne ressemblent pas à celles de Sainte-Sophie de Constantinople. Les coupoles de ces premiers âges de l'architecture chrétienne en France, et souvent même en Italie, étoient cou-

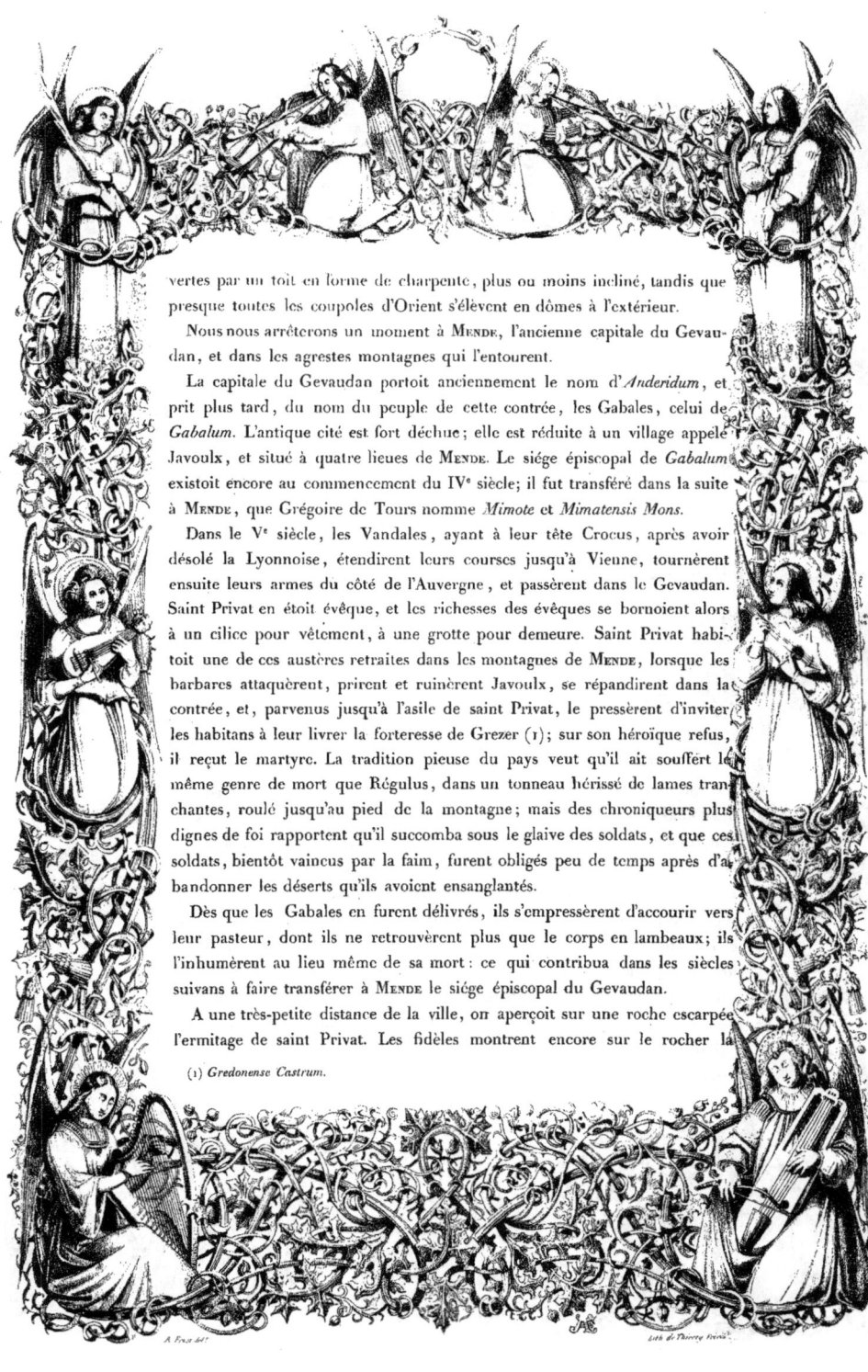

vertes par un toit en forme de charpente, plus ou moins incliné, tandis que presque toutes les coupoles d'Orient s'élèvent en dômes à l'extérieur.

Nous nous arrêterons un moment à MENDE, l'ancienne capitale du Gevaudan, et dans les agrestes montagnes qui l'entourent.

La capitale du Gevaudan portoit anciennement le nom d'*Anderidum*, et prit plus tard, du nom du peuple de cette contrée, les Gabales, celui de *Gabalum*. L'antique cité est fort déchue; elle est réduite à un village appelé Javoulx, et situé à quatre lieues de MENDE. Le siége épiscopal de *Gabalum* existoit encore au commencement du IVe siècle; il fut transféré dans la suite à MENDE, que Grégoire de Tours nomme *Mimote* et *Mimatensis Mons*.

Dans le Ve siècle, les Vandales, ayant à leur tête Crocus, après avoir désolé la Lyonnoise, étendirent leurs courses jusqu'à Vienne, tournèrent ensuite leurs armes du côté de l'Auvergne, et passèrent dans le Gevaudan. Saint Privat en étoit évêque, et les richesses des évêques se bornoient alors à un cilice pour vêtement, à une grotte pour demeure. Saint Privat habitoit une de ces austères retraites dans les montagnes de MENDE, lorsque les barbares attaquèrent, prirent et ruinèrent Javoulx, se répandirent dans la contrée, et, parvenus jusqu'à l'asile de saint Privat, le pressèrent d'inviter les habitans à leur livrer la forteresse de Grezer (1); sur son héroïque refus, il reçut le martyre. La tradition pieuse du pays veut qu'il ait souffert le même genre de mort que Régulus, dans un tonneau hérissé de lames tranchantes, roulé jusqu'au pied de la montagne; mais des chroniqueurs plus dignes de foi rapportent qu'il succomba sous le glaive des soldats, et que ces soldats, bientôt vaincus par la faim, furent obligés peu de temps après d'abandonner les déserts qu'ils avoient ensanglantés.

Dès que les Gabales en furent délivrés, ils s'empressèrent d'accourir vers leur pasteur, dont ils ne retrouvèrent plus que le corps en lambeaux; ils l'inhumèrent au lieu même de sa mort : ce qui contribua dans les siècles suivans à faire transférer à MENDE le siége épiscopal du Gevaudan.

A une très-petite distance de la ville, on aperçoit sur une roche escarpée l'ermitage de saint Privat. Les fidèles montrent encore sur le rocher la

(1) *Gredonense Castrum.*

trace qu'imprimoient ses pas, lorsqu'il gagnoit chaque jour le sommet de la montagne où il alloit prier Dieu pour le peuple; le peuple en a gardé le souvenir. Que les voyageurs incrédules ne lui ôtent pas cette innocente crédulité, car il y a moins de danger à lui laisser ces croyances, qu'à l'endoctriner d'un scepticisme brutal.

Les François enlevèrent le Gevaudan aux Visigoths; il fut repris par Théodoric, roi d'Italie. Repris par les François sur les Goths, il avoit été démembré de la Celtique pour être uni à l'Aquitaine; il fit partie au VIe siècle du royaume d'Austrasie. A la suite des conquêtes d'Eudes, il revint à l'Aquitaine : les Sarrasins le ravagèrent. Pepin-le-Bref s'en rendit maître, et il passa aux enfans de ce prince, puis au domaine des évêques de Mende, et enfin, dans le XIII siècle, à la couronne de France, le roi saint Louis ayant acquis entièrement sur le Gevaudan, les droits qui venoient au roi d'Aragon, de la succession du vicomte Béranger.

Les maisons de Mende ne sont ni pittoresques ni bien bâties; mais les clochers de sa cathédrale sont fort beaux, et du dehors on les voit s'élever gracieusement au milieu des montagnes et de la verdure qui les environnent. Cette ville a beaucoup souffert de la fureur des calvinistes.

Au XIIe siècle, les communications entre Mende et les autres parties de la

Mende.

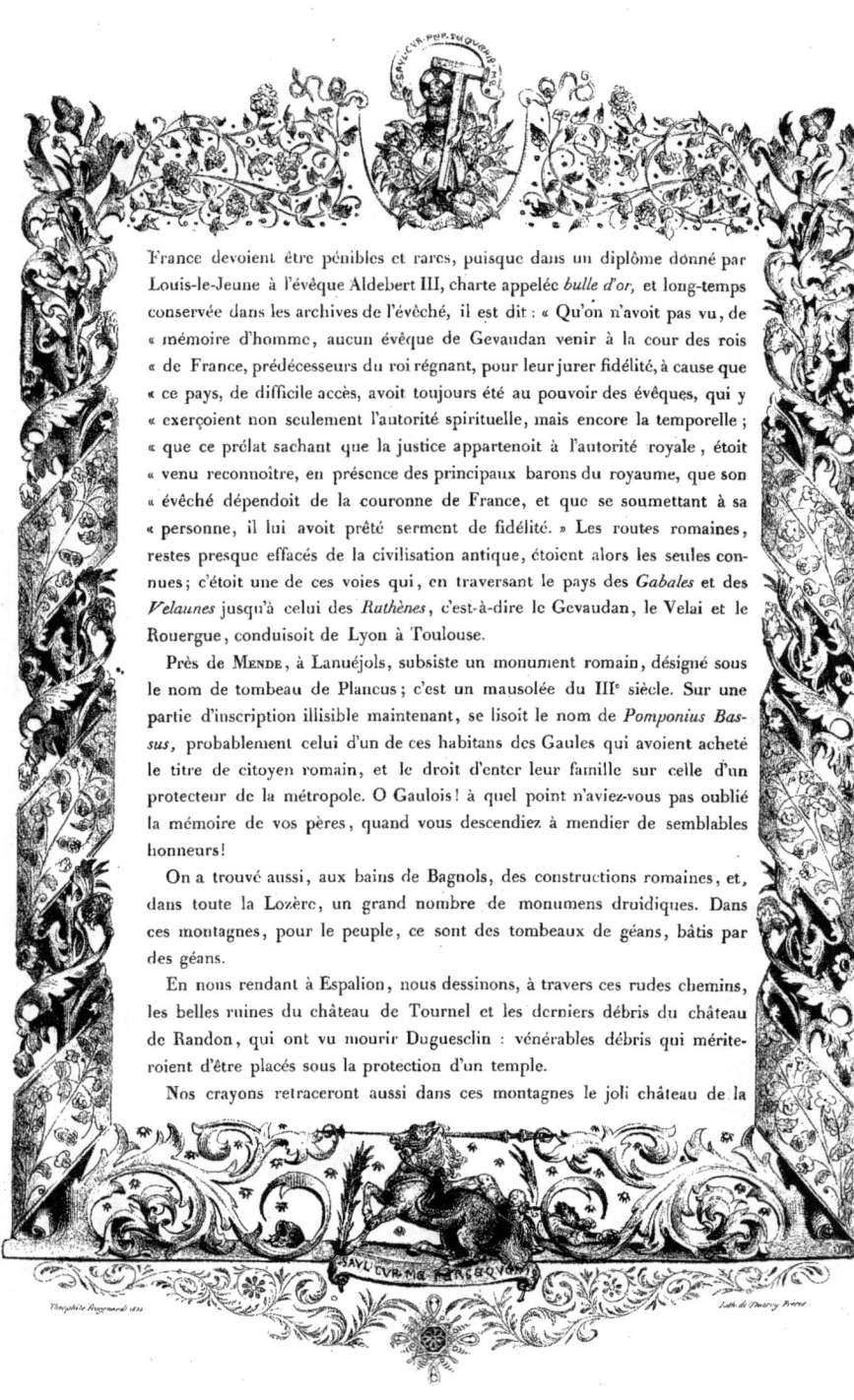

France devoient être pénibles et rares, puisque dans un diplôme donné par Louis-le-Jeune à l'évêque Aldebert III, charte appelée *bulle d'or,* et long-temps conservée dans les archives de l'évêché, il est dit : « Qu'on n'avoit pas vu, de « mémoire d'homme, aucun évêque de Gevaudan venir à la cour des rois « de France, prédécesseurs du roi régnant, pour leur jurer fidélité, à cause que « ce pays, de difficile accès, avoit toujours été au pouvoir des évêques, qui y « exerçoient non seulement l'autorité spirituelle, mais encore la temporelle ; « que ce prélat sachant que la justice appartenoit à l'autorité royale, étoit « venu reconnoître, en présence des principaux barons du royaume, que son « évêché dépendoit de la couronne de France, et que se soumettant à sa « personne, il lui avoit prêté serment de fidélité. » Les routes romaines, restes presque effacés de la civilisation antique, étoient alors les seules connues; c'étoit une de ces voies qui, en traversant le pays des *Gabales* et des *Velaunes* jusqu'à celui des *Ruthènes*, c'est-à-dire le Gevaudan, le Velai et le Rouergue, conduisoit de Lyon à Toulouse.

Près de MENDE, à Lanuéjols, subsiste un monument romain, désigné sous le nom de tombeau de Plancus ; c'est un mausolée du IIIe siècle. Sur une partie d'inscription illisible maintenant, se lisoit le nom de *Pomponius Bassus,* probablement celui d'un de ces habitans des Gaules qui avoient acheté le titre de citoyen romain, et le droit d'enter leur famille sur celle d'un protecteur de la métropole. O Gaulois! à quel point n'aviez-vous pas oublié la mémoire de vos pères, quand vous descendiez à mendier de semblables honneurs!

On a trouvé aussi, aux bains de Bagnols, des constructions romaines, et, dans toute la Lozère, un grand nombre de monumens druidiques. Dans ces montagnes, pour le peuple, ce sont des tombeaux de géans, bâtis par des géans.

En nous rendant à Espalion, nous dessinons, à travers ces rudes chemins, les belles ruines du château de Tournel et les derniers débris du château de Randon, qui ont vu mourir Duguesclin : vénérables débris qui mériteroient d'être placés sous la protection d'un temple.

Nos crayons retraceront aussi dans ces montagnes le joli château de la

Caze, et les restes de l'abbaye de Sainte-Énimie, sœur de Clovis II, qui cacha sa retraite chrétienne vers les sources de la rivière du Tarn, et vécut saintement dans ces murs bénits par saint Ilère, évêque de Tavoux; les gorges du Tarn si admirablement pittoresques, les baumes de ses rochers, le manoir de Roquelaure, qui fut la demeure d'une famille puissante, le château Rouge et le Pas du Souci. La mémoire des hommes a conservé sur ce dernier lieu, qui, selon le poëte, fut nommé autrefois *le Pas des Amours*, une ballade touchante. Ce n'est pas sans défiance de nous-mêmes que nous osons la reproduire dans la langue du dix-neuvième siècle :

Ce pas est le *Pas du Soucy*;
Sachez cela, jeunes fillettes!
A la Vierge dites merci,
Et n'y passez jamais seulettes.

Un jour le comte de Calmon
Dit à la jeune Adélais :
« En trois jours viendrai d'Espalion.
« Gardes-en bien la souvenance.
« Tu seras au *Pas des amours*.
« Là te ferai mille baisers,
« Un collier d'or mettrai sur ta coll'rette.
« Rappelle-t'en, amoureusette!

Elle fut au *Pas des amours*,
Cette tant jeune Adélais ;
Mais rien n'arriva d'Espalion,
Sinon la vieille messagère
Qui disoit : « Monsieur de Calmon
« N'est maintenant plus de ce monde;
« Tu peux t'en retourner seulette !... »
Et mourut notre amoureusette.

Ce pas est le *Pas du Soucy*;
Sachez cela, jeunes fillettes!
A la Vierge dites merci,
Et n'y passez jamais seulettes (1).

En approchant d'Espalion, on aperçoit les restes du château de ce seigneur de Calmont; les eaux limpides du Lot reflètent les basaltes aux longs

---

(1) Cette traduction littéraire, jusqu'au néologisme et à l'incorrection, est bien loin de donner une idée de l'agrément du texte, qui n'est toutefois pas antérieur au XVIIᵉ, et peut-être au XVIIIᵉ siècle. Le voici :

Aquel pas es lou pas dal soucy,
Sapias o jouinos filhetos ;
A la Biergès diguès mercy,
Et jamay n' y passats souletos.

Un jour lou comte de Calmoun
Diguec à la jouin' Adalisso :
« En très jours vendray d'Espalioun ;
« Garda t'en bien la souveninsso.
« S'iras al *pas de las amous* ;
« Lay te faray mila poutous
« Un carcan d'or mettray sur ta couleto :
« Rappello-t'en, amouroseto. »

Fouguet al *pas de las amous*,
Aquela tan jouin' Adalisso ;
Mes res non venguet d'Espalioun,
Si noun que la bieillo courredisso,
Que disec : « Lou mons de Calmoun
« Ara n'es pas plus d'aquest mon ;
« T'en poudes plo tornar souleto, »
Et mouris nostr' amouroseto !

Aquel pas es lou pas dal soucy,
Sapias o, jouinos filhetos ;
A la Biergès diguès mercy,
Et jamay n'i passats souletos.

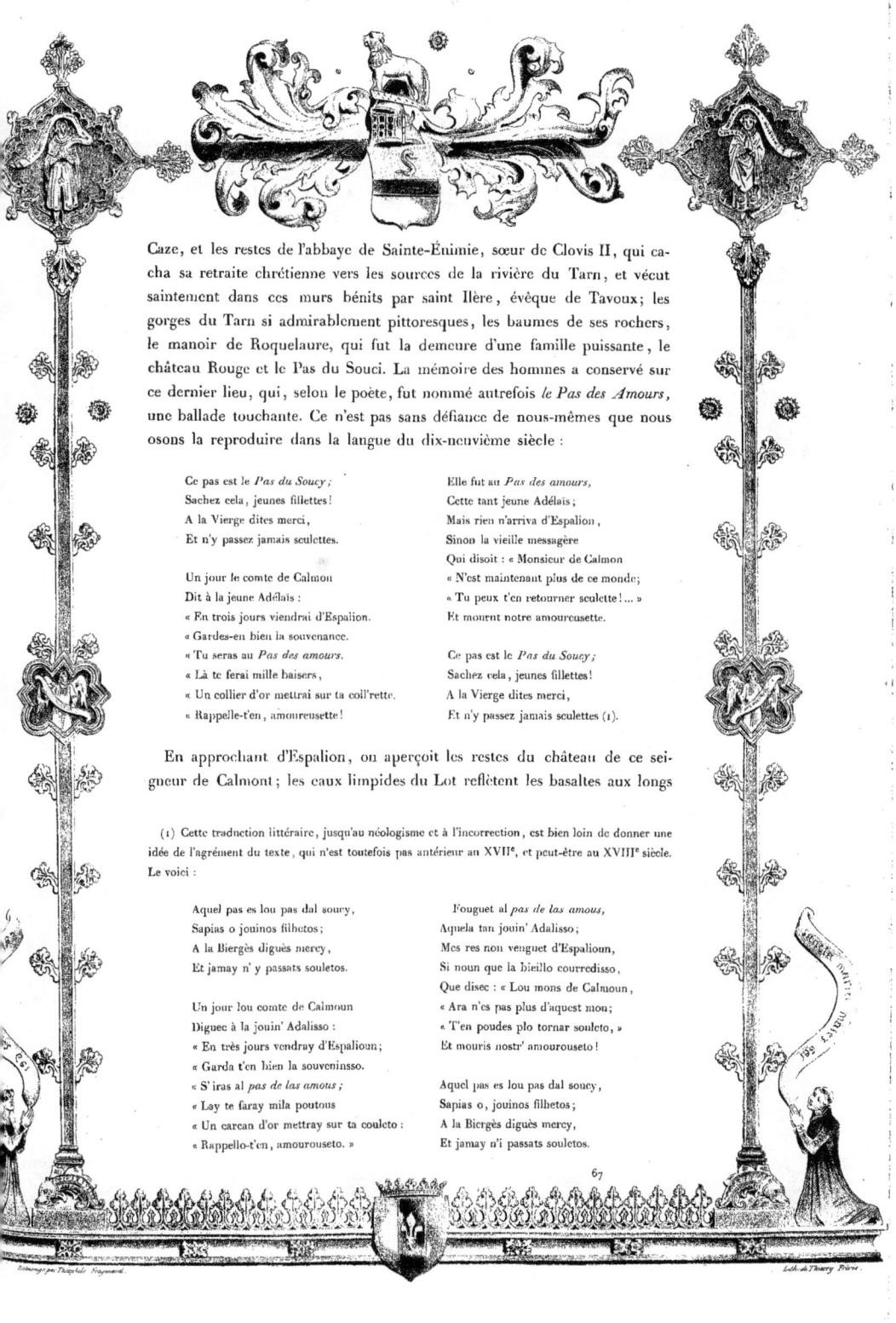

prismes qui le supportent, et ses tours, et son donjon ruiné. Le château de Calmont ou de Caumont a été fondé par une famille puissante qui en prit le nom, et qui fut une des plus renommées du Rouergue.

Les Caumont furent aussi désignés sous le nom de *Calmont d'Olt*. On trouve un Hugues de Calmont sous le règne de Henri Ier. En 1162, Bernard et Berald de Calmont figurent parmi les bienfaiteurs de l'abbaye de Bonne Cambe; Guillaume de Calmont, évêque de Cahors, étoit né dans le château de Caumont.

Les seigneurs d'Arpajon succédèrent aux Calmont dans la possession du château de ce nom. Ceux-ci s'attachèrent aux Anglois. En 1364, le prince de Galles logea dans le château, et c'est là qu'il ordonna le supplice du juge mage de Villefranche, qui refusa, en digne François, le serment de fidélité à ce prince. Le 14 juillet 1535, Henri d'Albret et Marguerite d'Alençon, roi et reine de Navarre, allant à Rodez pour être couronnés comme comte et comtesse de Rouergue, s'arrêtèrent une journée et couchèrent au château de Caumont.

Espalion est une ville ancienne. On fait remonter sa fondation jusque vers le milieu du VIIe siècle. C'est, dit-on, Charles-Martel qui en fit bâtir le pont, dont les arches doivent avoir été reconstruites vers la fin du XIVe siècle, et qui a fait poser les premières pierres de l'église de Perse : il est certain que cette église est mentionnée dans plusieurs chartes de l'abbaye de Conques, antérieures à l'an 900. C'étoit d'abord un monastère de l'ordre de Saint-Benoît ; il fut dans la suite réuni à l'abbaye que nous venons de nommer. Selon une tradition assez obscure, Espalion auroit été fondé par des Espagnols de Séville, et c'est d'*Hispalis*, nom latin de Séville, que viendroit celui d'*Hispalion*, corrompu en Espalion, étymologie qui n'a pour elle que l'autorité des consonnances, mais qui seroit bien préférable, s'il falloit choisir, à celle qui attribue cette dénomination à Charlemagne, frappé d'une prétendue ressemblance entre la situation d'Espalion et celle de Séville, où il n'étoit jamais allé. Il n'y a aucun rapport entre Espalion et Séville, et le voyage de Charlemagne à Espalion n'est pas mieux prouvé que son voyage à Toulouse, où il est presque certain qu'il n'est point entré. C'est un de ces héros épiques à la merci des romanciers du moyen âge, qui leur faisoient des itinéraires à leur gré, et qui ont conduit Charlemagne en particulier jusqu'à Constantinople. Il faut pardonner à la tradition ce petit voyage d'Espalion qui étoit beaucoup moins difficile.

L'histoire d'Espalion ne vaut pas la peine d'être rapportée. Le riche paysage qui l'entoure, son pont gothique en pierres rougeâtres, la maison où siége le tribunal, et la belle vallée où coule le Lot, suffisent à sa modeste

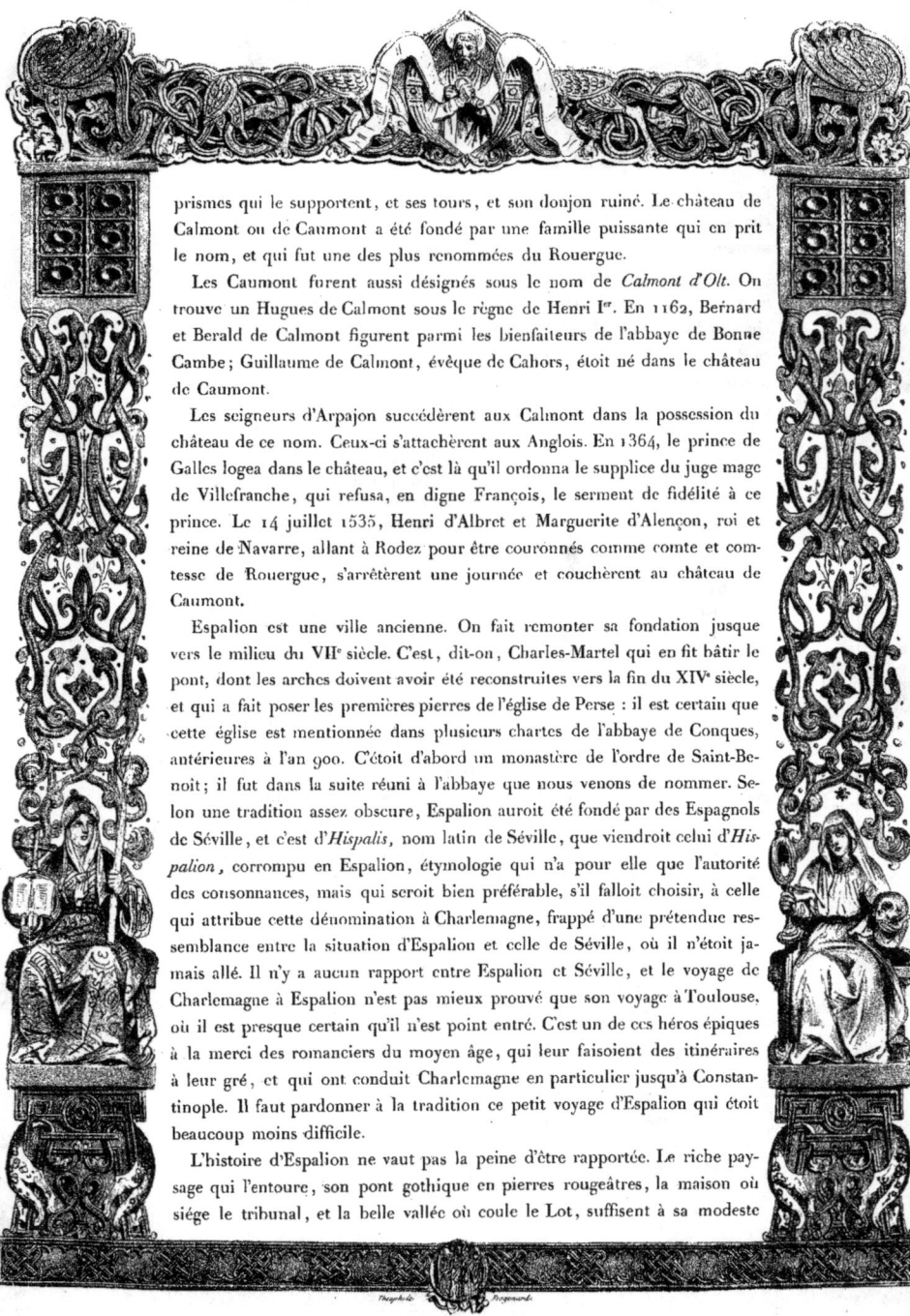

célébrité. A un quart de lieue de là se trouve, au pied du Puy de Vernes, sur un tertre qu'environnent de beaux arbres, un édifice qui mérite quelque attention ; c'est la petite église de Saint-Éloi, déja existante vers l'an 1000 ; elle est citée expressément dans une charte de l'an 1082. Pons Etienne, connu par ses libéralités envers les monastères et son affection pour la célèbre abbaye de Saint-Victor de Marseille, étoit alors évêque de Rodez.

Les ruines de l'abbaye d'Aubrac méritent plus particulièrement notre intérêt. On y arrive à travers des chemins dont la direction est indiquée par des picux, ou par des prismes basaltiques, vulgairement nommés *guides*, comme dans toutes les montagnes où la neige fait disparoître, pendant une grande partie de l'année, les traces des routes publiques. Cette abbaye étoit

Église de St Éloi près d'Capelien.

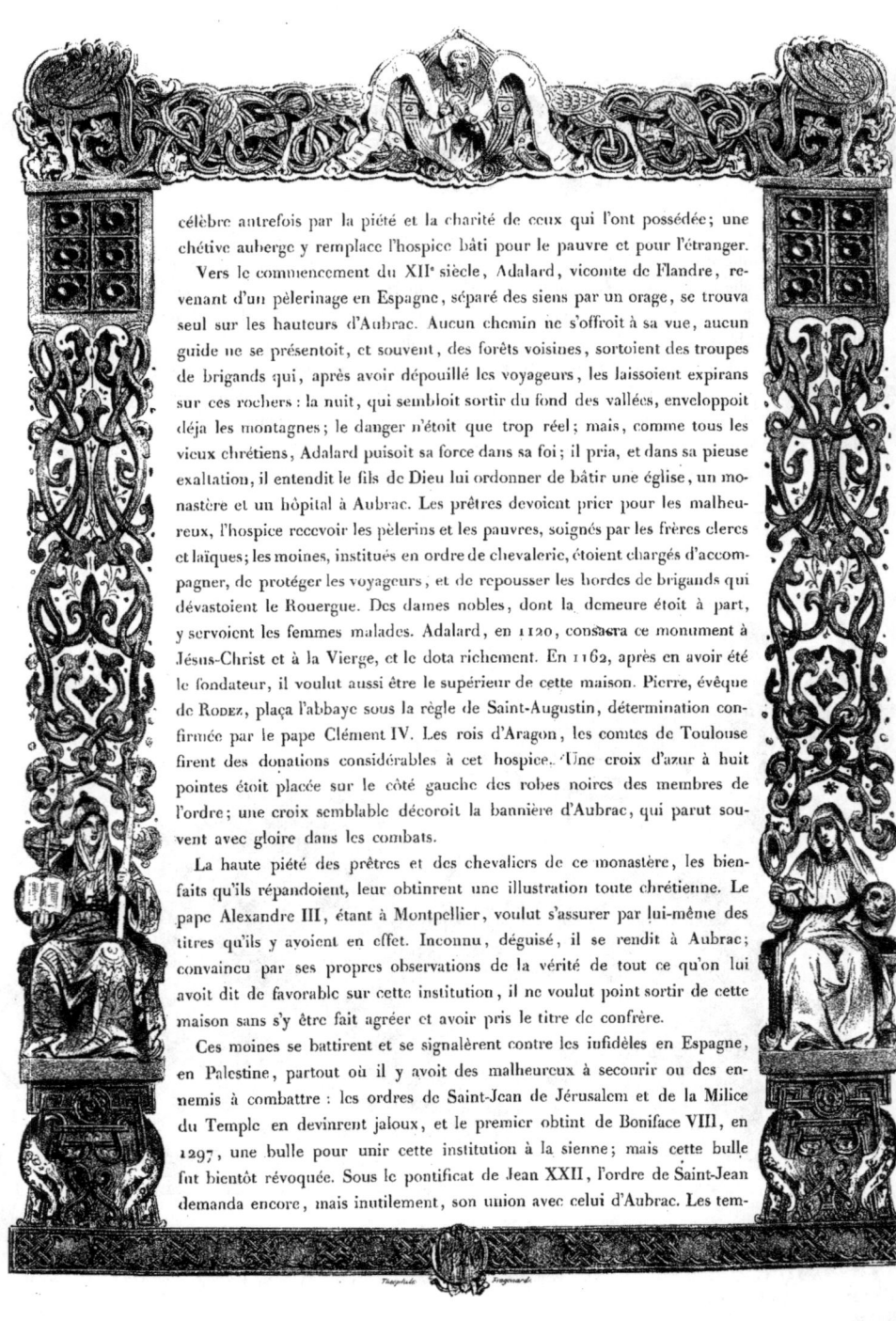

célèbre autrefois par la piété et la charité de ceux qui l'ont possédée; une chétive auberge y remplace l'hospice bâti pour le pauvre et pour l'étranger.

Vers le commencement du XII° siècle, Adalard, vicomte de Flandre, revenant d'un pèlerinage en Espagne, séparé des siens par un orage, se trouva seul sur les hauteurs d'Aubrac. Aucun chemin ne s'offroit à sa vue, aucun guide ne se présentoit, et souvent, des forêts voisines, sortoient des troupes de brigands qui, après avoir dépouillé les voyageurs, les laissoient expirans sur ces rochers : la nuit, qui sembloit sortir du fond des vallées, enveloppoit déjà les montagnes; le danger n'étoit que trop réel; mais, comme tous les vieux chrétiens, Adalard puisoit sa force dans sa foi; il pria, et dans sa pieuse exaltation, il entendit le fils de Dieu lui ordonner de bâtir une église, un monastère et un hôpital à Aubrac. Les prêtres devoient prier pour les malheureux, l'hospice recevoir les pèlerins et les pauvres, soignés par les frères clercs et laïques; les moines, institués en ordre de chevalerie, étoient chargés d'accompagner, de protéger les voyageurs, et de repousser les hordes de brigands qui dévastoient le Rouergue. Des dames nobles, dont la demeure étoit à part, y servoient les femmes malades. Adalard, en 1120, consacra ce monument à Jésus-Christ et à la Vierge, et le dota richement. En 1162, après en avoir été le fondateur, il voulut aussi être le supérieur de cette maison. Pierre, évêque de RODEZ, plaça l'abbaye sous la règle de Saint-Augustin, détermination confirmée par le pape Clément IV. Les rois d'Aragon, les comtes de Toulouse firent des donations considérables à cet hospice. Une croix d'azur à huit pointes étoit placée sur le côté gauche des robes noires des membres de l'ordre; une croix semblable décoroit la bannière d'Aubrac, qui parut souvent avec gloire dans les combats.

La haute piété des prêtres et des chevaliers de ce monastère, les bienfaits qu'ils répandoient, leur obtinrent une illustration toute chrétienne. Le pape Alexandre III, étant à Montpellier, voulut s'assurer par lui-même des titres qu'ils y avoient en effet. Inconnu, déguisé, il se rendit à Aubrac; convaincu par ses propres observations de la vérité de tout ce qu'on lui avoit dit de favorable sur cette institution, il ne voulut point sortir de cette maison sans s'y être fait agréer et avoir pris le titre de confrère.

Ces moines se battirent et se signalèrent contre les infidèles en Espagne, en Palestine, partout où il y avoit des malheureux à secourir ou des ennemis à combattre : les ordres de Saint-Jean de Jérusalem et de la Milice du Temple en devinrent jaloux, et le premier obtint de Boniface VIII, en 1297, une bulle pour unir cette institution à la sienne; mais cette bulle fut bientôt révoquée. Sous le pontificat de Jean XXII, l'ordre de Saint-Jean demanda encore, mais inutilement, son union avec celui d'Aubrac. Les tem-

pliers, en des temps bien voisins de leur anéantissement, convoitèrent aussi les richesses de la maison fondée par Adalard; ce fut encore en vain; Clément V repoussa la demande qu'ils lui avoient adressée, et les chevaliers d'Aubrac subsistèrent jusqu'en 1697. A cette époque, ayant voulu se soustraire à la discipline et aux statuts prescrits par leur fondateur, ainsi qu'à la règle monastique à laquelle ils étoient soumis, comme cela eut lieu dans beaucoup d'autres cloîtres, ils furent supprimés par Louis XIV, qui changea leur *Dômerie* en un couvent de chanoines réguliers, réduit à des chevaliers qui n'en avoient plus que le titre : les chanoines perpétuèrent cependant l'institution primitive en secourant les pauvres et en exerçant avec zèle tous les devoirs de l'hospitalité.

Les ruines d'Aubrac sont à la fois solennelles et pittoresques : ces vieux murs, construits en laves noirâtres et en granit, forment un fond coloré sur lequel se détachent quelques ornemens en pierres blanches; l'ensemble en est sévère et d'une admirable couleur. La masse des constructions est du XIIe siècle; quelques parties sont postérieures à cette époque; les débris des piliers de l'œuvre sont de la renaissance. On aime à marcher sous ces voûtes aujourd'hui à demi renversées, sous les longues galeries où s'abritoient la noble dame, le voyageur guerrier de ces temps de poésie. L'artiste y recueille les motifs de charmans tableaux; l'homme religieux peut y évoquer les grands et puissans souvenirs du culte catholique et de la chevalerie, et ce n'est pas sans émotion qu'il y retrouve les traces de cette pieuse charité qui jalonnoit par des forteresses et des hospices, les routes incertaines que parcouroit jadis le pèlerin.

Avec quel attendrissement n'avons-nous pas visité ces ruines, qui nous rappeloient l'hospitalité si douce que nous avons reçue au Saint-Bernard et dans les montagnes de l'Asie!

Les lions d'Armagnac, la croix de Toulouse et les armes de l'Aragon, figurées sur les clefs des voûtes de quelques chapelles, indiquoient, il y a peu de temps encore, les bienfaits des princes qui possédèrent ces souverainetés. Maintenant des amas de pierres, des tombeaux entr'ouverts, des murs trem-

pés par les brouillards, ébranlés par les orages, et qu'un premier coup de tonnerre renversera; un pauvre aubergiste qui vous rançonne et qui bientôt même ne pourra plus s'abriter lui-même de ces débris, voilà ce qui en reste et ce qui a remplacé la somptueuse abbaye et les moines hospitaliers.

Nous nous reposerons un moment devant la cascade du Saillant qui jaillit en nappe d'argent sur des rochers de basalte qu'elle vernit et auxquels elle prête l'éclat du jais, pour ensuite reprendre notre voyage vers la sombre capitale du Rouergue.

Cette vieille province fut comprise dans la Celtique propre, et ensuite dans l'Aquitaine. Les anciens désignoient toutes ces montagnes, et celles des pays limitrophes, comme abondantes en mines d'argent. Ces peuples, appelés *Rutheni*, étoient guerriers; ils se joignirent aux Auvergnats pour combattre les Romains, qui les nommèrent sous la première occupation : *Rutheni Provinciales*, et *Eleutheri*, ou libres; cette dernière tribu sut long-temps conserver son indépendance; ils finirent cependant tous par être soumis par César, et ils marchèrent en Espagne à son secours contre Pompée. Pour récompense, plus tard, le despotisme des vainqueurs pesa plus rudement sur eux que sur aucune autre partie de la Gaule.

Les Visigoths font la conquête du Rouergue, et, pendant long-temps, ce pays éprouve les mêmes chances que les contrées voisines, jusqu'au milieu du IXe siècle où les comtes de Toulouse en prennent possession.

Comme le reste de la Gaule, le Rouergue eut ses martyrs : l'an 475, l'évêque Eustachius fut tué par les Visigoths. Saint Quintianus lui succéda : il étoit né en Afrique; il fuyoit les Vandales; il trouva en Europe d'autres barbares qui le forcèrent d'abandonner son siège épiscopal.

Brunehaut, pour récompenser un assassin dévoué à ses projets, lui donna l'évêché de Rodez.

Pendant les excursions des Sarrasins, ce siége resta long-temps vacant, et, long-temps après, l'histoire de ces évêques offre encore de l'incertitude, jusqu'au moment où ils commencent à avoir des démêlés violens avec les comtes de Rodez.

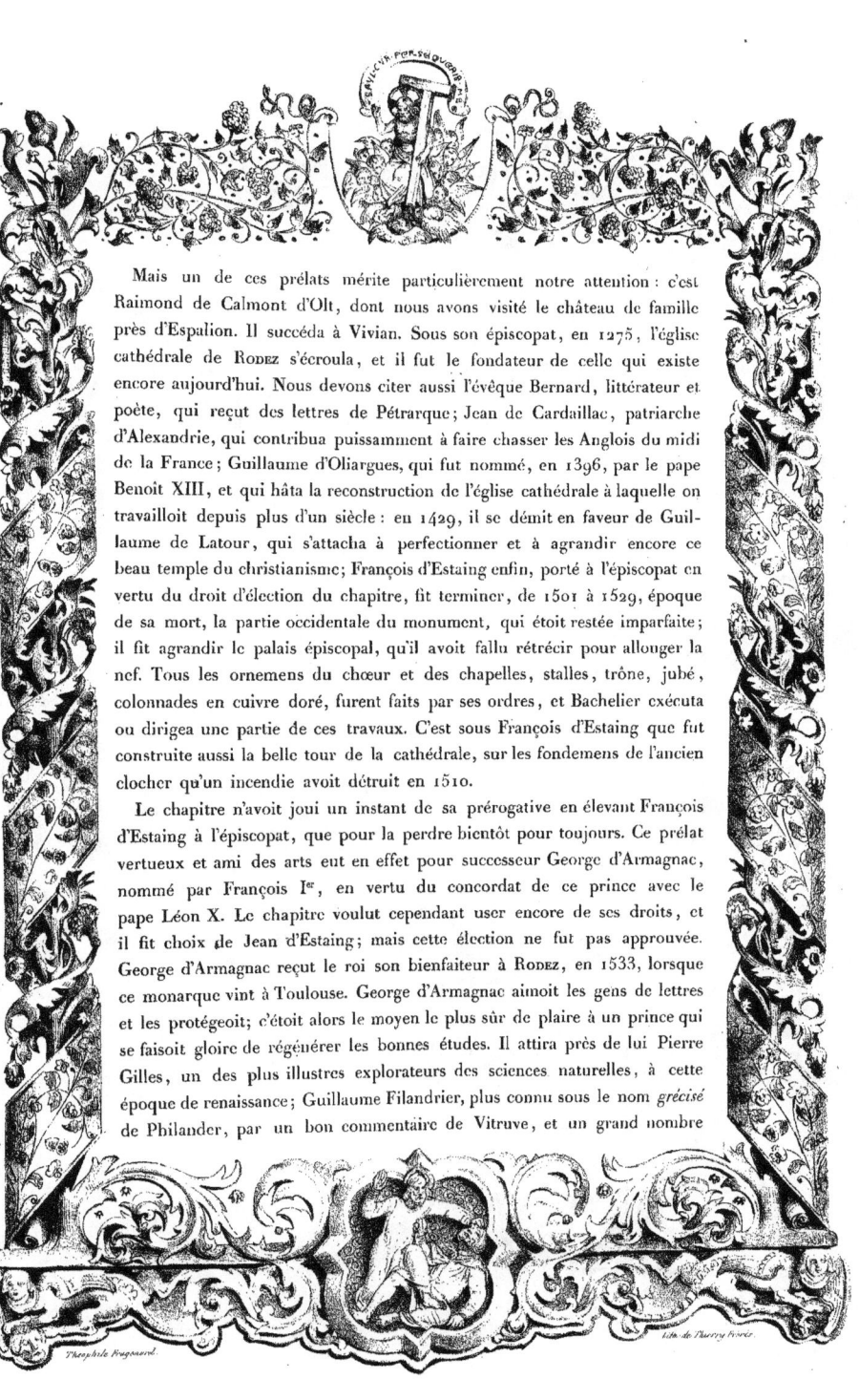

Mais un de ces prélats mérite particulièrement notre attention : c'est Raimond de Calmont d'Olt, dont nous avons visité le château de famille près d'Espalion. Il succéda à Vivian. Sous son épiscopat, en 1275, l'église cathédrale de Rodez s'écroula, et il fut le fondateur de celle qui existe encore aujourd'hui. Nous devons citer aussi l'évêque Bernard, littérateur et poète, qui reçut des lettres de Pétrarque; Jean de Cardaillac, patriarche d'Alexandrie, qui contribua puissamment à faire chasser les Anglois du midi de la France; Guillaume d'Oliargues, qui fut nommé, en 1396, par le pape Benoît XIII, et qui hâta la reconstruction de l'église cathédrale à laquelle on travailloit depuis plus d'un siècle : en 1429, il se démit en faveur de Guillaume de Latour, qui s'attacha à perfectionner et à agrandir encore ce beau temple du christianisme; François d'Estaing enfin, porté à l'épiscopat en vertu du droit d'élection du chapitre, fit terminer, de 1501 à 1529, époque de sa mort, la partie occidentale du monument, qui étoit restée imparfaite; il fit agrandir le palais épiscopal, qu'il avoit fallu rétrécir pour allonger la nef. Tous les ornemens du chœur et des chapelles, stalles, trône, jubé, colonnades en cuivre doré, furent faits par ses ordres, et Bachelier exécuta ou dirigea une partie de ces travaux. C'est sous François d'Estaing que fut construite aussi la belle tour de la cathédrale, sur les fondemens de l'ancien clocher qu'un incendie avoit détruit en 1510.

Le chapitre n'avoit joui un instant de sa prérogative en élevant François d'Estaing à l'épiscopat, que pour la perdre bientôt pour toujours. Ce prélat vertueux et ami des arts eut en effet pour successeur George d'Armagnac, nommé par François Ier, en vertu du concordat de ce prince avec le pape Léon X. Le chapitre voulut cependant user encore de ses droits, et il fit choix de Jean d'Estaing; mais cette élection ne fut pas approuvée. George d'Armagnac reçut le roi son bienfaiteur à Rodez, en 1533, lorsque ce monarque vint à Toulouse. George d'Armagnac aimoit les gens de lettres et les protégeoit; c'étoit alors le moyen le plus sûr de plaire à un prince qui se faisoit gloire de régénérer les bonnes études. Il attira près de lui Pierre Gilles, un des plus illustres explorateurs des sciences naturelles, à cette époque de renaissance; Guillaume Filandrier, plus connu sous le nom *grécisé* de Philander, par un bon commentaire de Vitruve, et un grand nombre

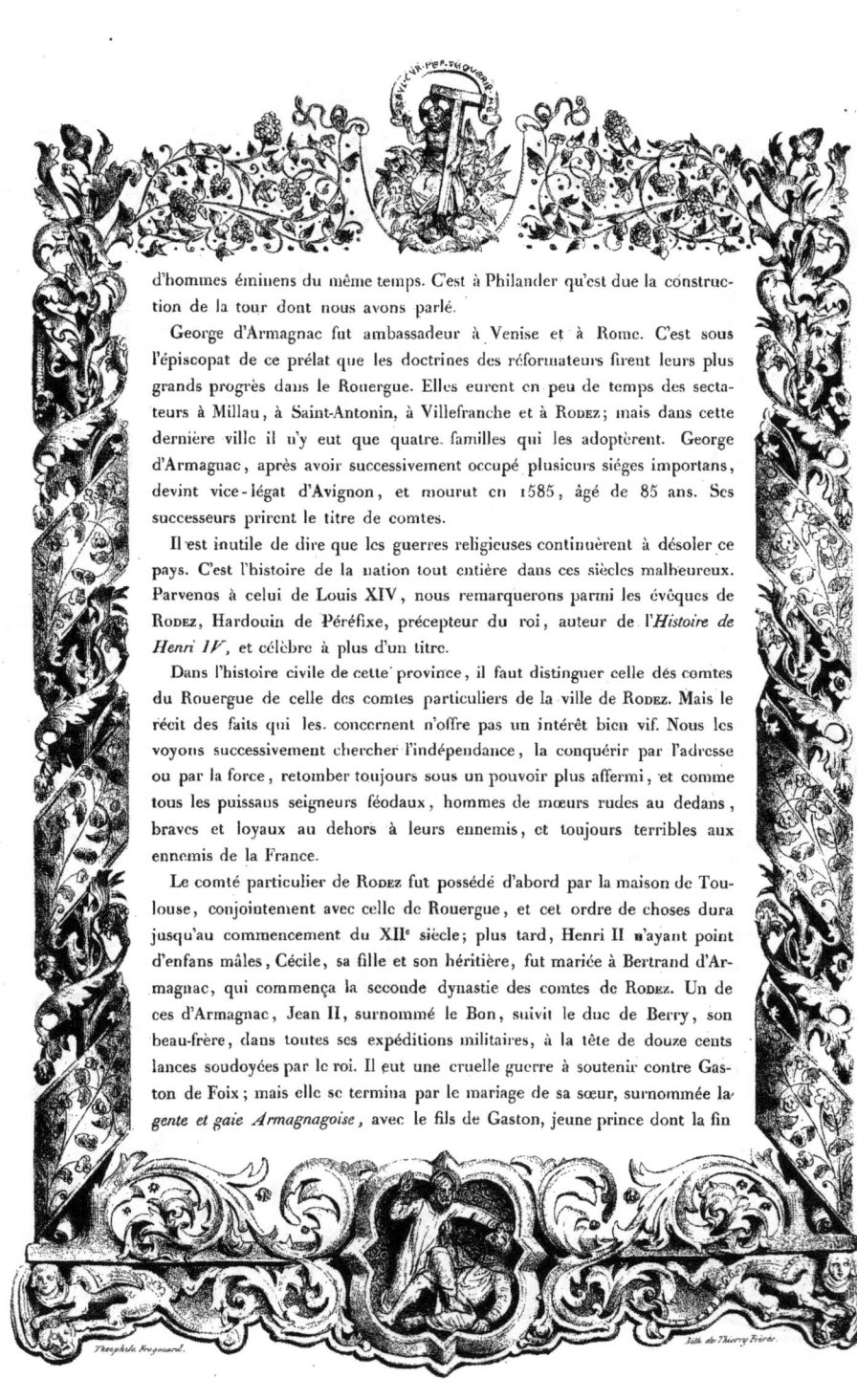

d'hommes éminens du même temps. C'est à Philander qu'est due la construction de la tour dont nous avons parlé.

George d'Armagnac fut ambassadeur à Venise et à Rome. C'est sous l'épiscopat de ce prélat que les doctrines des réformateurs firent leurs plus grands progrès dans le Rouergue. Elles eurent en peu de temps des sectateurs à Millau, à Saint-Antonin, à Villefranche et à Rodez; mais dans cette dernière ville il n'y eut que quatre familles qui les adoptèrent. George d'Armagnac, après avoir successivement occupé plusieurs siéges importans, devint vice-légat d'Avignon, et mourut en 1585, âgé de 85 ans. Ses successeurs prirent le titre de comtes.

Il est inutile de dire que les guerres religieuses continuèrent à désoler ce pays. C'est l'histoire de la nation tout entière dans ces siècles malheureux. Parvenus à celui de Louis XIV, nous remarquerons parmi les évêques de Rodez, Hardouin de Péréfixe, précepteur du roi, auteur de l'*Histoire de Henri IV*, et célèbre à plus d'un titre.

Dans l'histoire civile de cette province, il faut distinguer celle des comtes du Rouergue de celle des comtes particuliers de la ville de Rodez. Mais le récit des faits qui les concernent n'offre pas un intérêt bien vif. Nous les voyons successivement chercher l'indépendance, la conquérir par l'adresse ou par la force, retomber toujours sous un pouvoir plus affermi, et comme tous les puissans seigneurs féodaux, hommes de mœurs rudes au dedans, braves et loyaux au dehors à leurs ennemis, et toujours terribles aux ennemis de la France.

Le comté particulier de Rodez fut possédé d'abord par la maison de Toulouse, conjointement avec celle de Rouergue, et cet ordre de choses dura jusqu'au commencement du XIIe siècle; plus tard, Henri II n'ayant point d'enfans mâles, Cécile, sa fille et son héritière, fut mariée à Bertrand d'Armagnac, qui commença la seconde dynastie des comtes de Rodez. Un de ces d'Armagnac, Jean II, surnommé le Bon, suivit le duc de Berry, son beau-frère, dans toutes ses expéditions militaires, à la tête de douze cents lances soudoyées par le roi. Il eut une cruelle guerre à soutenir contre Gaston de Foix; mais elle se termina par le mariage de sa sœur, surnommée la *gente et gaie Armagnacoise*, avec le fils de Gaston, jeune prince dont la fin

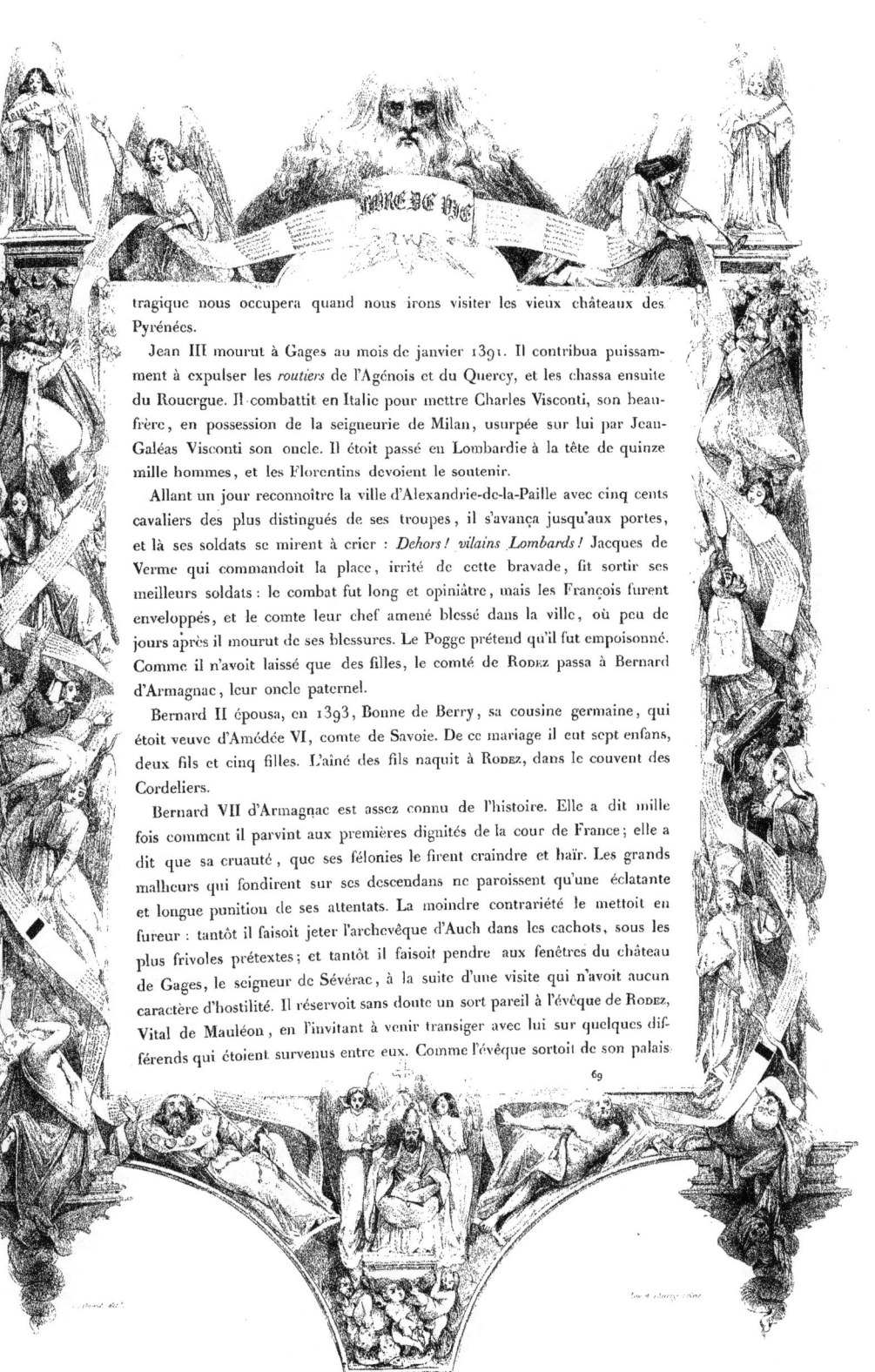

tragique nous occupera quand nous irons visiter les vieux châteaux des Pyrénées.

Jean III mourut à Gages au mois de janvier 1391. Il contribua puissamment à expulser les *routiers* de l'Agénois et du Quercy, et les chassa ensuite du Rouergue. Il combattit en Italie pour mettre Charles Visconti, son beau-frère, en possession de la seigneurie de Milan, usurpée sur lui par Jean-Galéas Visconti son oncle. Il étoit passé en Lombardie à la tête de quinze mille hommes, et les Florentins devoient le soutenir.

Allant un jour reconnoître la ville d'Alexandrie-de-la-Paille avec cinq cents cavaliers des plus distingués de ses troupes, il s'avança jusqu'aux portes, et là ses soldats se mirent à crier : *Dehors! vilains Lombards!* Jacques de Verme qui commandoit la place, irrité de cette bravade, fit sortir ses meilleurs soldats : le combat fut long et opiniâtre, mais les François furent enveloppés, et le comte leur chef amené blessé dans la ville, où peu de jours après il mourut de ses blessures. Le Pogge prétend qu'il fut empoisonné. Comme il n'avoit laissé que des filles, le comté de Rodez passa à Bernard d'Armagnac, leur oncle paternel.

Bernard II épousa, en 1393, Bonne de Berry, sa cousine germaine, qui étoit veuve d'Amédée VI, comte de Savoie. De ce mariage il eut sept enfans, deux fils et cinq filles. L'aîné des fils naquit à Rodez, dans le couvent des Cordeliers.

Bernard VII d'Armagnac est assez connu de l'histoire. Elle a dit mille fois comment il parvint aux premières dignités de la cour de France; elle a dit que sa cruauté, que ses félonies le firent craindre et haïr. Les grands malheurs qui fondirent sur ses descendans ne paroissent qu'une éclatante et longue punition de ses attentats. La moindre contrariété le mettoit en fureur : tantôt il faisoit jeter l'archevêque d'Auch dans les cachots, sous les plus frivoles prétextes; et tantôt il faisoit pendre aux fenêtres du château de Gages, le seigneur de Sévérac, à la suite d'une visite qui n'avoit aucun caractère d'hostilité. Il réservoit sans doute un sort pareil à l'évêque de Rodez, Vital de Mauléon, en l'invitant à venir transiger avec lui sur quelques différends qui étoient survenus entre eux. Comme l'évêque sortoit de son palais

pour se rendre près du comte, un mendiant qui couroit les rues de Rodez en contrefaisant le fou, cria sur son passage dans la langue du pays : *Sé mons de Roudez sapia, jamaï à Gages n'araïa* (Si monseigneur de Rodez savoit, il n'iroit jamais à Gages).

Bernard VII fut l'exterminateur de la seconde branche de sa famille. En 1403, il fit mettre Géraud, chef de cette branche cadette, dans un cachot en Gascogne, puis il le fit conduire à Rodelle, en Rouergue, et renfermer dans une citerne où il mourut dix ou douze jours après. Arnaud Guillaume, fils aîné de Géraud, fut aussi conduit à Rodelle, et, à la vue du lieu où son père avoit fini ses jours, il tomba mort. Jean, le plus jeune des fils de Géraud, périt dans le château de Brousse, où il avoit été emprisonné, après que sa femme, excitée par le comte de Rodez, l'eût privé de la vue, au moyen d'un bassin ardent qui lui brûla les yeux.

La fin du tyran d'Armagnac fut sans doute terrible ; mais elle paroît presque providentielle, quand on pense aux longues guerres civiles qu'il sema dans son pays, et qui faillirent étouffer la tige robuste de la monarchie. Grand, il est vrai, par son énergie et par son courage, il se rendit exécrable par ses forfaits.

Jean IV, son fils, et l'héritier des domaines de cette maison, fit ses efforts pour se concilier par des bienfaits l'affection de ses vassaux, aliénée par l'inflexible barbarie de son père. Ce fut en vain. Il ne détourna point les malheurs obstinés à poursuivre sa race ; ils retombèrent de tout leur poids sur Jean V, son fils, chambellan de Louis XI, si connu par ses amours incestueuses pour sa sœur Isabelle, ses intelligences criminelles avec l'Angleterre, ses débauches et ses trahisons. Il avoit inutilement espéré de déjouer la colère et les vengeances de son rusé souverain, en introduisant cinq cents hommes d'armes dans Rodez ; les habitants aimèrent mieux se soumettre à leur roi qu'au petit-fils de d'Armagnac, massacré sur *la pierre de marbre*, et le comte paya de sa vie à Lectour, pour ses propres excès et pour ceux de ses aïeux.

Le temps arrivoit où les grands vassaux devoient courber la tête ou la perdre. Quatorze cents lances et dix mille francs-archers, commandés par un cardinal, vinrent à bout de sa résistance désespérée. Sa femme elle-même, dont nous avons raconté la mort déplorable, fut associée à sa proscription, et ses biens payèrent ses bourreaux.

Charles, frère de Jean V, injustement enveloppé dans la même proscription, fut enfermé quatorze ans à la Bastille; il en sortit seulement sous le règne de Charles VIII. On lui rendit alors le comté de Rodez; mais il n'en jouit qu'en qualité d'usufruitier, et à sa mort finit la seconde dynastie des comtes de Rodez.

Après la mort de Charles, plusieurs seigneurs qui descendoient des Armagnac par les femmes, se pourvurent devant le roi pour obtenir les biens de cette famille. Leurs prétentions ne se terminèrent que sous François Ier, qui donna sa sœur en mariage au duc d'Alençon, et lui céda à perpétuité tous ses droits sur les Armagnac. Le duc d'Alençon étant mort sans postérité, sa veuve épousa Henri d'Albret, roi de Navarre, et par ce mariage elle apporta tous les biens des Armagnac à cette maison.

Henri et sa femme vinrent se faire couronner à Rodez. « L'évêque plaça « d'abord sur la tête du roi, comme comte, une couronne d'acier, ornée « d'aigles et de lions d'or; il l'ôta ensuite et la posa sur la tête de la reine, « d'où il la retira, et incontinent présenta auxdits Sire et Dame, dans un « bassin d'argent, les clefs de la maison épiscopale, tour de Corbières, et « château de Caldegouse, et cependant furent mis sur ladite tour et château, « et sur la porte dudit évêché, des pennonceaux de taffetas, où estoient les « armoiries de la comté. »

Henri IV, à qui ce comté arriva, le réunit, avec ses autres domaines, à la couronne de France.

Nous avons parlé tout à l'heure du couvent des Cordeliers, à l'occasion de la naissance d'un des fils de Bernard VII. Ce monument avoit quelque intérêt dans les souvenirs de Rodez, et il méritoit l'attention de ses magistrats. Bâti en partie aux dépens des comtes, son église étoit en quelque sorte la chapelle de leur château, le lieu ordinaire des baptêmes, des mariages, des sépultures de leur famille. On y voyoit autrefois leurs tombeaux. C'est là

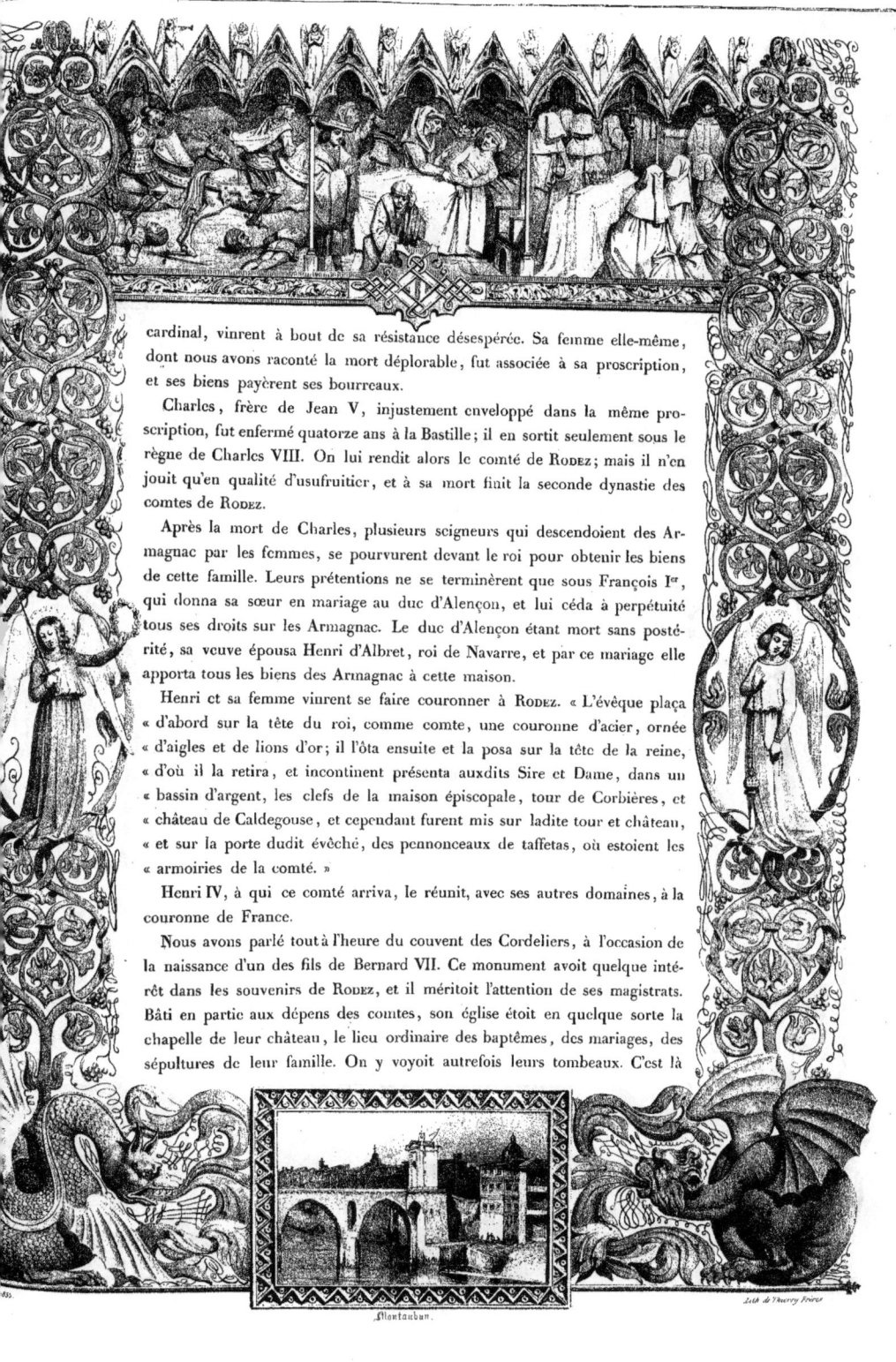

Montauban.

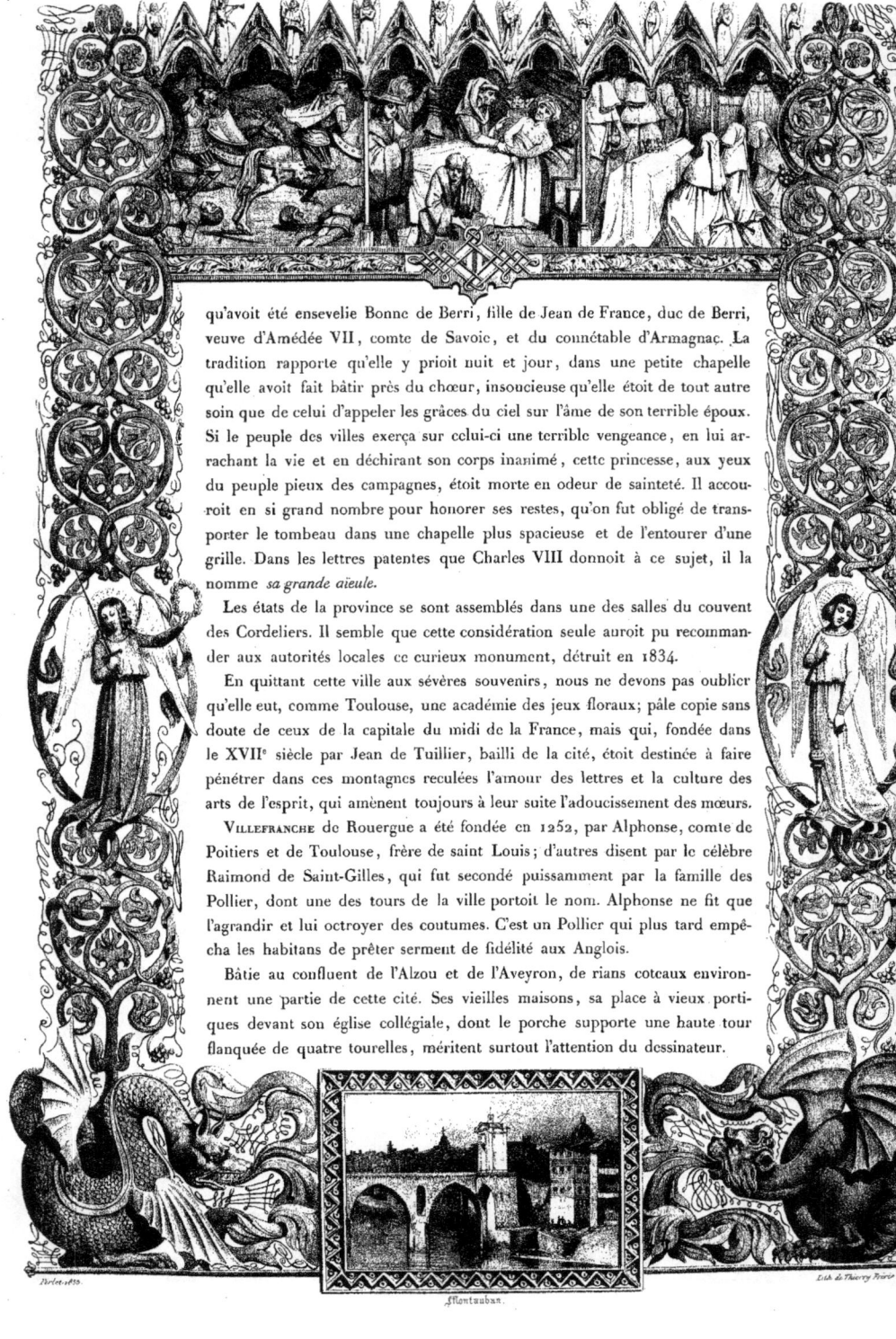

qu'avoit été ensevelie Bonne de Berri, fille de Jean de France, duc de Berri, veuve d'Amédée VII, comte de Savoie, et du connétable d'Armagnac. La tradition rapporte qu'elle y prioit nuit et jour, dans une petite chapelle qu'elle avoit fait bâtir près du chœur, insoucieuse qu'elle étoit de tout autre soin que de celui d'appeler les grâces du ciel sur l'âme de son terrible époux. Si le peuple des villes exerça sur celui-ci une terrible vengeance, en lui arrachant la vie et en déchirant son corps inanimé, cette princesse, aux yeux du peuple pieux des campagnes, étoit morte en odeur de sainteté. Il accouroit en si grand nombre pour honorer ses restes, qu'on fut obligé de transporter le tombeau dans une chapelle plus spacieuse et de l'entourer d'une grille. Dans les lettres patentes que Charles VIII donnoit à ce sujet, il la nomme *sa grande aïeule*.

Les états de la province se sont assemblés dans une des salles du couvent des Cordeliers. Il semble que cette considération seule auroit pu recommander aux autorités locales ce curieux monument, détruit en 1834.

En quittant cette ville aux sévères souvenirs, nous ne devons pas oublier qu'elle eut, comme Toulouse, une académie des jeux floraux; pâle copie sans doute de ceux de la capitale du midi de la France, mais qui, fondée dans le XVIIe siècle par Jean de Tuillier, bailli de la cité, étoit destinée à faire pénétrer dans ces montagnes reculées l'amour des lettres et la culture des arts de l'esprit, qui amènent toujours à leur suite l'adoucissement des mœurs.

VILLEFRANCHE de Rouergue a été fondée en 1252, par Alphonse, comte de Poitiers et de Toulouse, frère de saint Louis; d'autres disent par le célèbre Raimond de Saint-Gilles, qui fut secondé puissamment par la famille des Pollier, dont une des tours de la ville portoit le nom. Alphonse ne fit que l'agrandir et lui octroyer des coutumes. C'est un Pollier qui plus tard empêcha les habitans de prêter serment de fidélité aux Anglois.

Bâtie au confluent de l'Alzou et de l'Aveyron, de rians coteaux environnent une partie de cette cité. Ses vieilles maisons, sa place à vieux portiques devant son église collégiale, dont le porche supporte une haute tour flanquée de quatre tourelles, méritent surtout l'attention du dessinateur.

VILLEFRANCHE eut un grand nombre de monastères : les augustins et les chartreux y furent établis vers la fin du XVe siècle. François de la Rovère, évêque de Mende, contribua à doter les chartreux, qui eurent pour bienfaiteur un marchand nommé Valette. Les capucins y vinrent en 1608, et cette ville avoit encore des couvens de religieuses de Sainte-Claire, d'ursulines et de visitandines.

Le collége fut fondé en 1622.

VILLEFRANCHE a produit des hommes célèbres.

Un Claude Pollier, à la tête d'un corps de cavalerie, dégagea du milieu des escadrons ennemis, le prince Louis, fils de Philippe-le-Hardi, qui, pour le récompenser, lui permit de porter un coq sur son écu, par allusion au nom de Pollier qui se prononçoit Poullier, du roman *poul* ou du latin *pullus*. Il faut ajouter à celui-là un nombre assez considérable d'autres noms de guerre.

Pechméja, l'auteur de *Télèphe*, et, ce qui est d'une tout autre importance, l'auteur présumé de la meilleure partie du fameux livre de Raynal, étoit né à VILLEFRANCHE. Son nom est à jamais inséparable de celui de son ami, le médecin Dubreuil, et la postérité citera encore en eux le Castor et le Pollux de la littérature. Cela est d'autant plus à présumer, du moins, que le beau sentiment qui les unissoit n'a été en aucun temps fort commun dans les lettres, et qu'il y devient plus rare de jour en jour.

Elle donna le jour au maréchal de Belle-Isle.

Comme toutes les villes du midi de la France, VILLEFRANCHE éprouva de grands malheurs au temps des guerres de religion ; les réformateurs y entrèrent, ayant à leur tête le redoutable Montluc. D'autres combats et d'autres massacres la désolèrent : un champ contigu à la cour du château de Grâves porte encore le nom de *Clos des huguenots*.

C'est dans cette ville que se forma, en 1643, la faction des *Croquans*, produite par l'augmentation des taxes. Elle menaça d'incendier tout le midi, et ne fut éteinte que dans le sang des rebelles.

En 1779, l'administration provinciale de la Haute-Guienne, qui comprenoit le Quercy et le Rouergue, fut placée à VILLEFRANCHE, et cette ville devint alors le chef-lieu de ces deux provinces.

MILHAU ou Millau, assis dans un vallon que forme le Tarn, fut ainsi nommé,

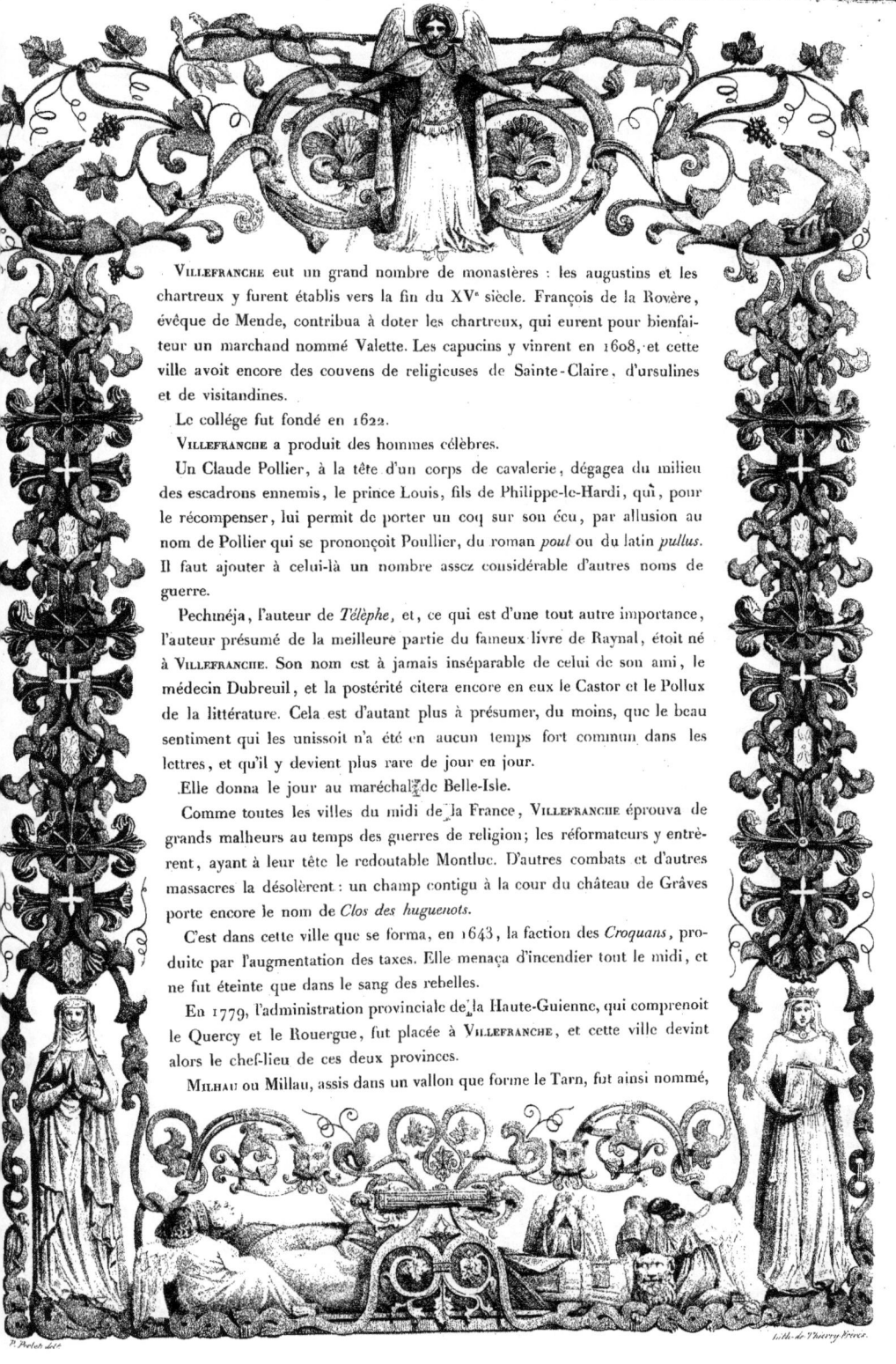

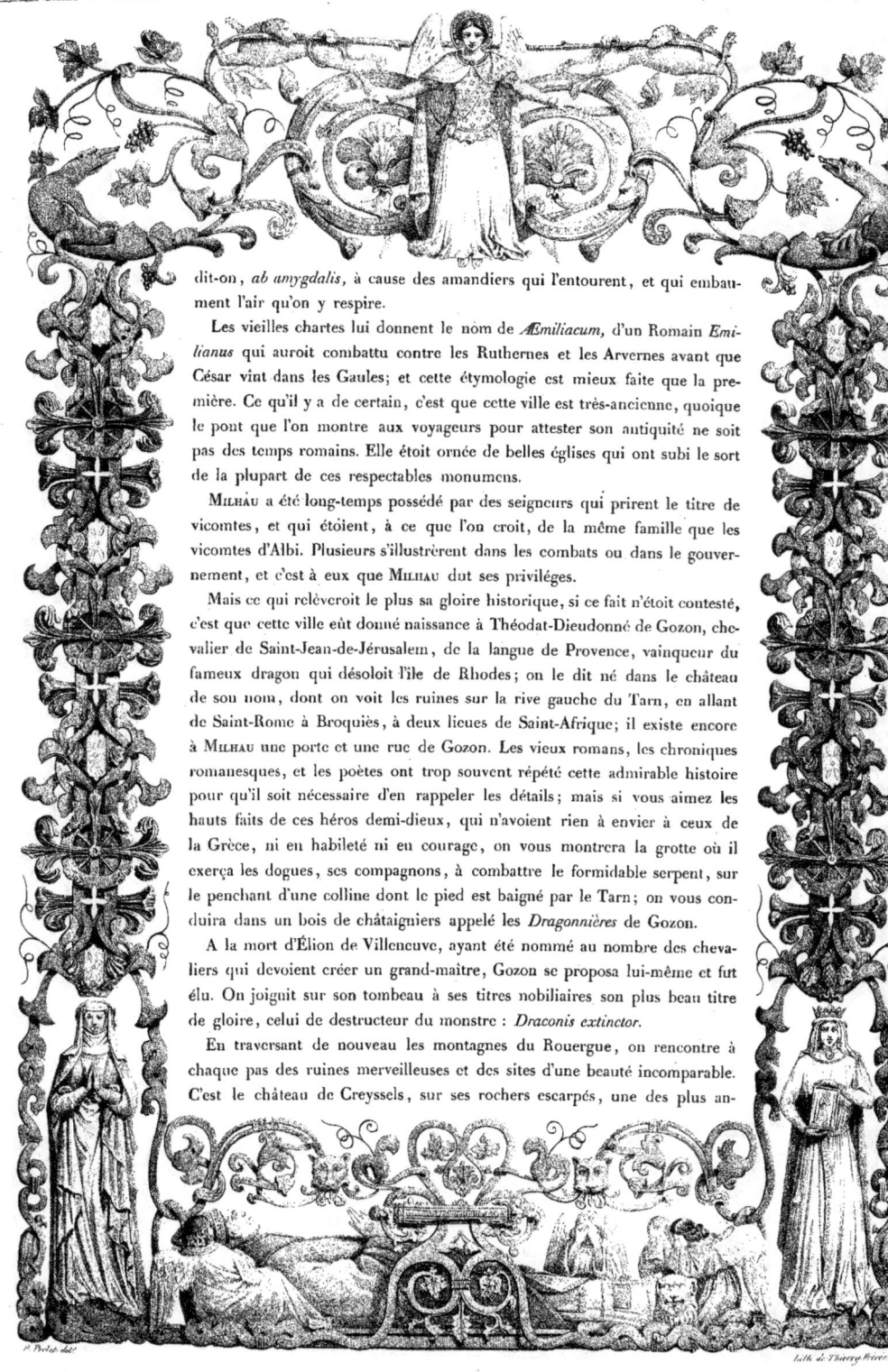

dit-on, *ab amygdalis*, à cause des amandiers qui l'entourent, et qui embaument l'air qu'on y respire.

Les vieilles chartes lui donnent le nom de *Æmiliacum*, d'un Romain *Emilianus* qui auroit combattu contre les Ruthernes et les Arvernes avant que César vînt dans les Gaules; et cette étymologie est mieux faite que la première. Ce qu'il y a de certain, c'est que cette ville est très-ancienne, quoique le pont que l'on montre aux voyageurs pour attester son antiquité ne soit pas des temps romains. Elle étoit ornée de belles églises qui ont subi le sort de la plupart de ces respectables monumens.

Milhau a été long-temps possédé par des seigneurs qui prirent le titre de vicomtes, et qui étoient, à ce que l'on croit, de la même famille que les vicomtes d'Albi. Plusieurs s'illustrèrent dans les combats ou dans le gouvernement, et c'est à eux que Milhau dut ses priviléges.

Mais ce qui relèveroit le plus sa gloire historique, si ce fait n'étoit contesté, c'est que cette ville eût donné naissance à Théodat-Dieudonné de Gozon, chevalier de Saint-Jean-de-Jérusalem, de la langue de Provence, vainqueur du fameux dragon qui désoloit l'île de Rhodes; on le dit né dans le château de son nom, dont on voit les ruines sur la rive gauche du Tarn, en allant de Saint-Rome à Broquiès, à deux lieues de Saint-Afrique; il existe encore à Milhau une porte et une rue de Gozon. Les vieux romans, les chroniques romanesques, et les poètes ont trop souvent répété cette admirable histoire pour qu'il soit nécessaire d'en rappeler les détails; mais si vous aimez les hauts faits de ces héros demi-dieux, qui n'avoient rien à envier à ceux de la Grèce, ni en habileté ni en courage, on vous montrera la grotte où il exerça les dogues, ses compagnons, à combattre le formidable serpent, sur le penchant d'une colline dont le pied est baigné par le Tarn; on vous conduira dans un bois de châtaigniers appelé les *Dragonnières* de Gozon.

A la mort d'Élion de Villeneuve, ayant été nommé au nombre des chevaliers qui devoient créer un grand-maître, Gozon se proposa lui-même et fut élu. On joignit sur son tombeau à ses titres nobiliaires son plus beau titre de gloire, celui de destructeur du monstre : *Draconis extinctor*.

En traversant de nouveau les montagnes du Rouergue, on rencontre à chaque pas des ruines merveilleuses et des sites d'une beauté incomparable. C'est le château de Creyssels, sur ses rochers escarpés, une des plus anciennes vicomtés de cette province; ce sont les ruines d'Ouet aux énormes tours chenues; c'est le château d'Estoing, le château d'Algue, et vingt autres qui tantôt se reflètent dans les eaux rouges du Tarn ou dans les clairs miroirs du Lot, tantôt cachent leurs murs édentés dans les nuages, arrêtant les orages et bravant incessamment la foudre qui les retrouve toujours debout. Ce sont les rochers de la Planès de Lablocquière, qui ressemblent à une nécropole dans un désert tempétueux et désolé. Ce sont les grottes remarquables de Thubières, de Saint-Antonin, de Sollac, de Saint-Laurent, de Roquefort, de l'Estang, de Navesson. C'est le délicieux vallon de Salles, ses fabriques pittoresques, et ses cascades, et ses cryptes, et ses ornemens de scolopendres, de polypodes et de lierres, et sa couronne de chênes, de frênes, de figuiers et de cerisiers sauvages. C'est l'abime de *Tindoul*; c'est la caverne de Solsac ombragée de tilleuls, la *Bouche-Roland* qui servoit de retraite à un aventurier de ce nom, chef d'une des grandes compagnies qui dévastèrent le

Grotte de Navesson.

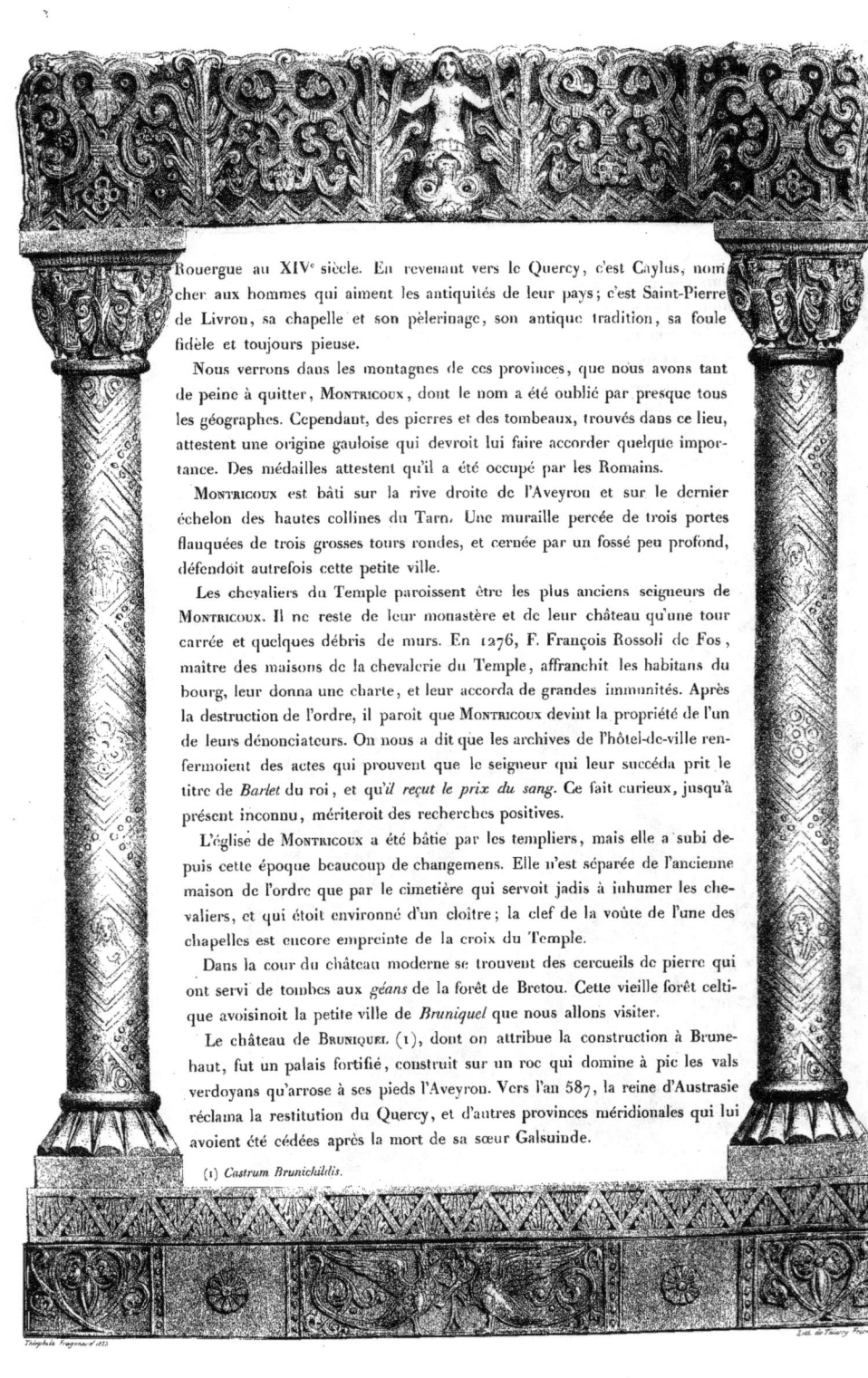

Rouergue au XIVe siècle. En revenant vers le Quercy, c'est Caylus, nom cher aux hommes qui aiment les antiquités de leur pays; c'est Saint-Pierre de Livron, sa chapelle et son pèlerinage, son antique tradition, sa foule fidèle et toujours pieuse.

Nous verrons dans les montagnes de ces provinces, que nous avons tant de peine à quitter, Montricoux, dont le nom a été oublié par presque tous les géographes. Cependant, des pierres et des tombeaux, trouvés dans ce lieu, attestent une origine gauloise qui devroit lui faire accorder quelque importance. Des médailles attestent qu'il a été occupé par les Romains.

Montricoux est bâti sur la rive droite de l'Aveyron et sur le dernier échelon des hautes collines du Tarn. Une muraille percée de trois portes flanquées de trois grosses tours rondes, et cernée par un fossé peu profond, défendoit autrefois cette petite ville.

Les chevaliers du Temple paroissent être les plus anciens seigneurs de Montricoux. Il ne reste de leur monastère et de leur château qu'une tour carrée et quelques débris de murs. En 1276, F. François Rossoli de Fos, maître des maisons de la chevalerie du Temple, affranchit les habitants du bourg, leur donna une charte, et leur accorda de grandes immunités. Après la destruction de l'ordre, il paroit que Montricoux devint la propriété de l'un de leurs dénonciateurs. On nous a dit que les archives de l'hôtel-de-ville renfermoient des actes qui prouvent que le seigneur qui leur succéda prit le titre de *Barlet* du roi, et qu'*il reçut le prix du sang*. Ce fait curieux, jusqu'à présent inconnu, mériteroit des recherches positives.

L'église de Montricoux a été bâtie par les templiers, mais elle a subi depuis cette époque beaucoup de changemens. Elle n'est séparée de l'ancienne maison de l'ordre que par le cimetière qui servoit jadis à inhumer les chevaliers, et qui étoit environné d'un cloître; la clef de la voûte de l'une des chapelles est encore empreinte de la croix du Temple.

Dans la cour du château moderne se trouvent des cercueils de pierre qui ont servi de tombes aux *géans* de la forêt de Bretou. Cette vieille forêt celtique avoisinoit la petite ville de *Bruniquel* que nous allons visiter.

Le château de Bruniquel (1), dont on attribue la construction à Brunehaut, fut un palais fortifié, construit sur un roc qui domine à pic les vals verdoyans qu'arrose à ses pieds l'Aveyron. Vers l'an 587, la reine d'Austrasie réclama la restitution du Quercy, et d'autres provinces méridionales qui lui avoient été cédées après la mort de sa sœur Galsuinde.

(1) *Castrum Brunichildis.*

On conçoit très-bien qu'elle ait pu choisir ce site sauvage pour y faire construire une demeure; il est parfaitement en harmonie avec son caractère historique. Il ne reste point de constructions apparentes de son temps, mais la petite ville de Bruniquel renferme beaucoup de maisons du moyen âge, toutefois non antérieures au XIVe siècle, et on peut voir avec intérêt ses vieilles portes et ses vieux murs.

Bruniquel étoit un apanage des cadets de la maison de Toulouse; il fut un moment possédé par Baudouin, qui combattoit contre son frère Raymond, et qui perdit ce domaine avec la vie. Les comtes de Toulouse le donnèrent en dot à un de leurs fils naturels, et les vicomtes de Bruniquel possédoient encore ce château après la réunion du comté de Toulouse à la couronne.

GRANDE PLACE DE MONTAUBAN

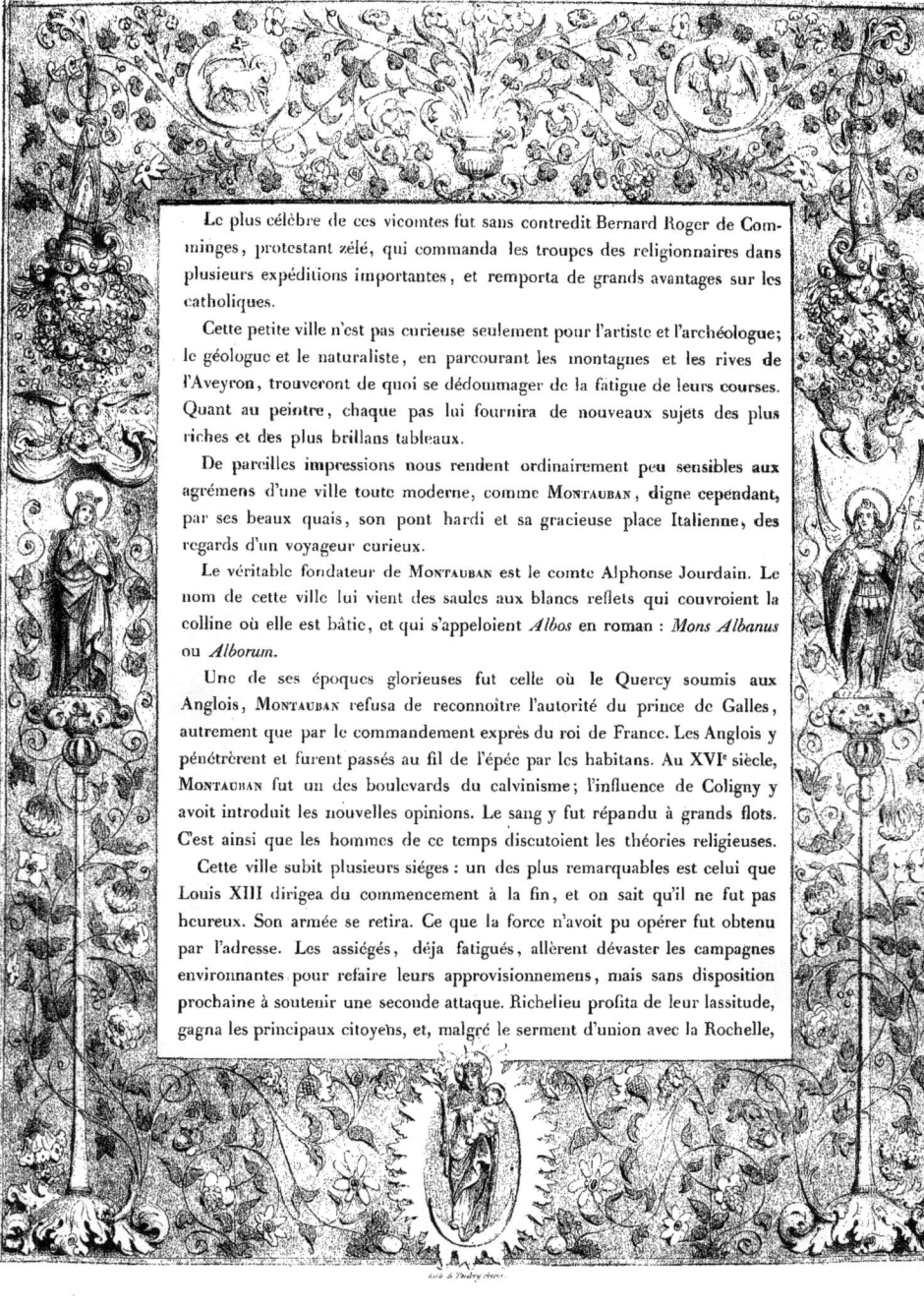

Le plus célèbre de ces vicomtes fut sans contredit Bernard Roger de Comminges, protestant zélé, qui commanda les troupes des religionnaires dans plusieurs expéditions importantes, et remporta de grands avantages sur les catholiques.

Cette petite ville n'est pas curieuse seulement pour l'artiste et l'archéologue; le géologue et le naturaliste, en parcourant les montagnes et les rives de l'Aveyron, trouveront de quoi se dédommager de la fatigue de leurs courses. Quant au peintre, chaque pas lui fournira de nouveaux sujets des plus riches et des plus brillans tableaux.

De pareilles impressions nous rendent ordinairement peu sensibles aux agrémens d'une ville toute moderne, comme Montauban, digne cependant, par ses beaux quais, son pont hardi et sa gracieuse place Italienne, des regards d'un voyageur curieux.

Le véritable fondateur de Montauban est le comte Alphonse Jourdain. Le nom de cette ville lui vient des saules aux blancs reflets qui couvroient la colline où elle est bâtie, et qui s'appeloient *Albos* en roman : *Mons Albanus* ou *Alborum*.

Une de ses époques glorieuses fut celle où le Quercy soumis aux Anglois, Montauban refusa de reconnoître l'autorité du prince de Galles, autrement que par le commandement exprès du roi de France. Les Anglois y pénétrèrent et furent passés au fil de l'épée par les habitans. Au XVIe siècle, Montauban fut un des boulevards du calvinisme; l'influence de Coligny y avoit introduit les nouvelles opinions. Le sang y fut répandu à grands flots. C'est ainsi que les hommes de ce temps discutoient les théories religieuses.

Cette ville subit plusieurs siéges : un des plus remarquables est celui que Louis XIII dirigea du commencement à la fin, et on sait qu'il ne fut pas heureux. Son armée se retira. Ce que la force n'avoit pu opérer fut obtenu par l'adresse. Les assiégés, déja fatigués, allèrent dévaster les campagnes environnantes pour refaire leurs approvisionnemens, mais sans disposition prochaine à soutenir une seconde attaque. Richelieu profita de leur lassitude, gagna les principaux citoyens, et, malgré le serment d'union avec la Rochelle,

Montauban ouvrit ses portes. Ses fortifications furent démolies, et la ville guerrière devint une ville industrielle que le repos et la paix ont rendue riche et prospère.

Nous ne parlerons pas de son église cathédrale; mais le souvenir romantique de Renaud de Montauban mérite d'être rappelé aux amateurs de nos vieilles épopées chevaleresques.

Nous nous arrêterons un moment à Toulouse, pour nous diriger de là vers les Cévennes, visiter le beau golfe qui les sépare du Roussillon, et pénétrer dans les merveilleuses Pyrénées.

Porte de Bruniquel.

FIN DU TOME I.

TABLE DES ARTISTES.

DEUXIÈME PARTIE DU PREMIER VOLUME.

Faux Titre.
Titre.
Planche 61. Ancien mur de Moissac, Quercy, M. le baron J. Taylor del. M. D. Fowler sculpt.
Ancien plan de la ville de Moissac, lorsqu'elle étoit dépendante de l'abbaye.
Ce plan est beaucoup plus régulier que le plan actuel, et tient encore un peu de l'ancienne manière des Romains, qui construisoient leurs villes en carrés longs.
La tradition veut que les moines tenoient tout le premier carré, et qu'ils donnoient seulement passage au travers, de la porte Saint-Pierre à celle Saint-Paul, d'autant qu'ils en tiroient un péage.
Ses anciennes fondations étoient de pierres et non de briques, comme celles d'à présent; il y avoit cité et ville; la cité étoit occupée par les moines et leurs serfs, et la ville par les personnes libres; cette ville avoit douze portes, dont six extérieures et six intérieures : toutes ces portes étoient des forts.
Pl. 62. Vestibule. Église de l'abbaye de Moissac, Quercy M. Chapuy del. M. Léger sculpt.
Pl. 63. Galerie du cloître de Moissac, Quercy, M. Chapuy del. M. Léger sculpt.
Pl. 64. Cloître de Moissac, Quercy, par M. Chapuy.

Pl. 65. Vue générale du cloître de Moissac, Quercy, par M. A Dauzats.
Coupe, profil, élévation et perspective des anciens cloîtres des moines, avec le gros mur, la balustrade et les tours, galeries, dortoirs, etc.
Tous ces cloîtres n'étoient point uniformes; et chaque division de cloître étoit différemment fabriquée, soit dans les hauteurs et largeurs des arceaux, soit dans les ouvertures et distributions des fenêtres, ornements, chapiteaux et frises.
Ce bâtiment avoit trois étages de cellules et de grandes voûtes au-dessous; partie de tout cela subsiste encore; la face du cloître au-dessous avoit douze arceaux de cinq pieds d'ouverture; tout l'édifice depuis le pied jusqu'à la balustrade étoit de soixante-dix pieds de haut.
Pl. 66. Porche de l'église de l'abbaye de Moissac, Quercy, par M. A. Dauzats.
Pl. 67. Détails du grand porche, couronnement de la porte de Moissac, Quercy, par M. A. Dauzats.
Pl. 67 bis. Tombeau de saint Raymond de Monpezat, abbé de Moissac, tel qu'il étoit en 1780, Quercy, M. Albert Lenoir, del. M. Monthelier, sculpt.
Tombeau antique de marbre blanc, tant l'urne que le couvercle, les chapiteaux et les

TABLE DES ARTISTES,

fûts des colonnes qui le supportent, le tout de pierres séparées, et qui certainement n'ont pas été faites dans le principe pour être employées ensemble, savoir, les chapiteaux et les fûts qui sont de grosseur bien disproportionnée pour le sarcophage qu'ils supportent.

L'opinion populaire et dans laquelle on entretient le peuple, est que ce tombeau est celui de saint Raymond de Monpezat, le cinquantième abbé de Moissac, qui vivoit à l'entrée du treizième siècle. Mais quelle apparence que cette sépulture ait été faite pour ce prélat avec le signe qui y est au milieu? signe mis par Constantin en son Labarum et ôté par Julien; signe que les proches successeurs de Constantin rétablissent, et y mettent quelquefois, l'A et l'Ω ou ɯ, Ω, et que souvent ils ne mettent pas; signe dont on n'a fait usage que jusqu'au sixième siècle tout au plus tard.

Si l'on pouvoit se prêter à croire que ce sarcophage ait été édifié pour renfermer les cendres d'un Raymond, abbé de Moissac, on pourroit tout au plus hasarder que ce seroit un abbé de Moissac du nom de Raymond, du nombre des vingt-neuf qui manquent au catalogue, dans la lacune depuis 627 jusqu'en 1047, et il faudroit que ce fût le sixième ou le septième de ces abbés inconnus. On remarque au-dessus du tombeau, dans le fond, sur le mur, une mosaïque à la fresque, qui règne dans toute l'église, depuis le bas jusqu'en haut ; les champs de chaque compartiment ont dix pouces de haut sur seize pouces de large; les champs sont jaune d'or, les fleurs d'un très-beau rouge, le centre blanc et les baguettes gris cendré, bordées de noir.

Cette peinture est aussi ancienne que la construction de l'église : c'étoit la coutume d'alors; on sait que Childebert avoit fait peindre et dorer tout l'intérieur de l'église Saint-Vincent, aujourd'hui Saint-Germain des Prés, à Paris.

Pl. 68. Détails du porche de l'abbaye de Moissac, Quercy, par M. A. Dauzats.

Pl. 69. Statue du porche de Moissac, Quercy, par MM. A. Dauzats et Guiaud.

Pl. 69 *bis*. Détails du cloître de Moissac et tombeau de saint Raymond, tel qu'il étoit en 1835, Quercy, M. Dumouza, sculpt. M. Chapuy direx.

Pl. 69 *ter*. Chapiteau du cloître de Moissac, Quercy, M. Chapuy del. M. Dumouza sculpt.

Les deux faces d'un chapiteau entier en marbre blanc, porté sur deux des colonnes gothiques du cloître. Ce monument est assez bien conservé; c'est une antiquité des premiers siècles des empereurs chrétiens, portant croix grecque, signes et colombes de paix; sur l'autre face est une croix latine et une main de bénédiction, le tout accompagné d'anges qui ont des auréoles. Chacune de ces faces est répétée. Ce chapiteau a dix-huit pouces de haut sur dix-huit pouces et demi de large à la sommité, et quatorze pouces par le bas.

Pl. 69 *quater*. Chapiteaux et divers détails du cloître de Moissac, Quercy, M. Dumouza sculpt. M. Chapuy direx.

Pl. 69 *quinquiès*. Fragments du grand cloître de Moissac, tel qu'il étoit en 1780. Deux chapiteaux en marbre du cloître de Moissac. Pierre tumulaire de saint Duranus, abbé de Moissac, Quercy, M. A. Lenoir del. M. Challamel sculpt.

Face d'un pilier du petit cloître représentant saint Duranus, évêque de Toulouse et abbé de Moissac.

DEUXIÈME PARTIE.

Pl. 69 *sexiès*. Saint André, Saint Philippe. Détails des piliers du cloître. Abbaye de Moissac, Quercy, M. Al. Lenoir del. M. Challamel sculpt.

Saint André, apôtre, sculpté sur la première face du pilier le plus voisin de la fontaine dite du Griffon, et vis-à-vis la porte du réfectoire dans le cloître de Moissac.

Saint Philippe, apôtre, sculpté sur la seconde face du même pilier.

Croix et crosse pastorales sculptées sur un pilier en marbre gris, situé au milieu d'une des galeries du cloître; ces deux sculptures accompagnoient la grande inscription de dédicace du cloître, publiée sur la planche.

La tradition fait remonter la construction de l'église et de l'abbaye de Moissac au premier siècle de l'ère chrétienne; la ville et l'abbaye furent détruites à plusieurs reprises; on reconnoît qu'en reconstruisant l'église telle qu'elle est aujourd'hui, on a employé des matériaux des premiers édifices chrétiens, et même des fragments païens provenant de quelques localités voisines; ces fragments antiques dont un grand nombre subsistoit encore dans le siècle dernier, étoient couverts de représentations obscènes, dont les dessins existent, mais que nous ne pouvons reproduire ici.

Il est à remarquer que lorsque les constructeurs du onzième siècle ont refait l'église telle qu'elle est aujourd'hui, ils ont représenté sous le porche plusieurs vices, tels que l'avarice, l'envie, la luxure, et que, dans cette dernière représentation particulièrement, ils se sont inspirés des sculptures païennes dont nous signalons tout à l'heure l'obscénité.

Les dessins qui forment les planches 67 *bis*, 69 *quinquiès* et 70 *a*, représentent des monuments qui n'existent plus; ils ont été exécutés d'après une collection de dessins faits au milieu du siècle dernier par Beauménil, qui avoit été chargé par l'Académie des inscriptions et belles-lettres de recueillir les antiquités de la France.

Pl. 69 *septiès*. Détails de deux arcades du cloître.

Inscription sur la grosse cloche. Inscription placée dans le chœur de l'église de Moissac, Quercy, M. Ch. Questel. del. M. de Laplante sculpt.

Pl. 70. Inscriptions et détails du cloître de Moissac, Quercy, par M. A. Dauzats.

Pl. 70 *a*. Plan général de l'ancienne ville et de l'abbaye de Moissac, Quercy, M. Al. Lenoir del. M. de Laplante sculpt.

Plan de l'ancienne église et abbaye de Moissac, sous le nom de Saint-Pierre, fondée par Clovis premier.

Voici, selon la tradition, l'histoire de cette fondation.

Clovis n'ayant pas bonne opinion de la guerre qu'il se voyoit sur le point d'avoir en Bas-Quercy, en témoigna son chagrin à la reine sa femme (connue sous le nom de sainte Clotilde), qui lui rappela la victoire qu'il avoit obtenue du ciel après le vœu qu'il avoit fait d'embrasser le christianisme; il lui promit, s'il triomphoit en Quercy, de fonder un monastère pour mille moines, et se trouvant alors sur le haut de la côte Saint-Laurent qui est près du Tarn, à un bon quart de lieue de son embouchure dans la Garonne, il lança un javelot pour marquer que le monastère seroit fondé dans l'endroit où le javelot tomberoit, et il tomba dans un cloaque ou bourbier, de sorte qu'il fallut bâtir une bonne partie du tout sur pilotis et particulièrement l'église; il mit mille moines dans cette abbaye, où il en résidoit cinq cents,

TABLE DES ARTISTES.

et les autres cinq cents étoient répandus aux environs en divers prieurés; par la suite, il se forma une ville au-dessous de ladite abbaye.
Texte. Chapitre de l'abbaye de Moissac. Ce chapitre est composé de quatre feuilles, 48, 49, 50 et 51.
Tous les encadrements de ce chapitre sont de M. Célestin NANTEUIL, ainsi que la vignette qui le termine.
Pl. 70 bis. Grand escalier de Roc-Amadour, Quercy, par MM. BICHEBOIS et SABATIER.
Pl. 70 ter. Grand escalier de l'église de Roc-Amadour, Quercy, par M. A. DAUZATS.
Pl. 70 quater. (Cette planche porte par erreur le n° 71.) L'épée de Roland et le tombeau de saint Amadour, Quercy, par M. BICHEBOIS.
Pl. 70 quinquiès. Croix et calice de l'ancien trésor de Roc-Amadour, Quercy, par M. FRAGONARD.
Texte. Chapitre de Roc-Amadour, composé de cinq feuilles, 52, 53, 54, 55, 56.
L'encadrement des première et deuxième pages de la première feuille est de M. Théophile FRAGONARD; celui des troisième et quatrième pages est de M. FRIES. On remarque au premier de ces encadrements, à la deuxième page, une vignette représentant l'entrée de la grande église, par M. A. DAUZATS.
L'encadrement des première et deuxième pages de la deuxième feuille, est de M. E. MASSÉ; celui des troisième et quatrième pages est de M. Théophile FRAGONARD. On remarque au premier de ces encadrements, à la deuxième page, une vignette représentant l'entrée de la chapelle miraculeuse et le tombeau de saint Amadour par M. A. DAUZATS.
L'encadrement des première et deuxième pages de la troisième feuille est de M. FRIES; celui des troisième et quatrième pages est de M. Théophile FRAGONARD. On remarque au premier de ces encadrements, à la première page, une vignette représentant une vue latérale de la chapelle miraculeuse, et à la deuxième page une vignette représentant les archives, chapelle Saint-Michel, par M. A. DAUZATS.
L'encadrement des première et deuxième pages de la quatrième feuille est de M. FRIES; celui des troisième et quatrième pages est de M. Théophile FRAGONARD. On remarque au second de ces encadrements, à la troisième page, une vignette représentant les reliques de saint Amadour, et à la quatrième page une vignette représentant l'intérieur de la chapelle miraculeuse, par M. A. DAUZATS.
L'encadrement des première et deuxième pages de la cinquième feuille est de M. Théophile FRAGONARD; celui de la troisième page est de M. A. DAUZATS, ainsi que la vignette représentant Notre-Dame de Roc-Amadour, qui termine ce chapitre. On remarque au premier de ces encadrements, à la première et à la deuxième page, une vignette représentant une vue générale de Roc-Amadour, par M. A. DAUZATS.
Pl. 71. Tour de Caussade, Quercy, M. CHAPUY del. M. MONTHELIER sculpt.
Pl. 71 bis. Pont de Valendre, à Cahors, Quercy, par M. SABATIER.
Pl. 71 ter. Entrée du pont de Valendre, à Cahors, Quercy, par M. A. DAUZATS.
Pl. 71 quater. Pont de Valendre, vue prise en amont, à Cahors, Quercy, par M. BICHEBOIS.
Pl. 71 quinquiès. Ruines du temple de Diane, à Cahors, Quercy, par M. T. BOYS.
Pl. 71 sexiès. (Cette planche porte par erreur quinquiès.) Les Cadourques. Ruines du théâtre

DEUXIÈME PARTIE.

antique, à Cahors, Quercy, par M. T. Boys.

Pl. 72. Tour du pape Jean XXII, à Cahors, Quercy, par M. L. Haghe.

Pl. 72 *bis*. Saint-Étienne, cathédrale de Cahors, Quercy, par M. A. Dauzats.

Pl. 72 *ter*. (Le mot *ter* a été omis par erreur sur cette planche.) Cloître de la cathédrale de Cahors, Quercy, lithographié sur zinc par M. L. Haghe.

Texte. Chapitre de Cahors, composé de quatre feuilles, 57, 58, 59, 60.

L'encadrement des première et deuxième pages de la première feuille est de M. Théophile Fragonard; celui des troisième et quatrième pages est composé par M. Foussereau et lithographié par M. E. Massé.

L'encadrement des première et deuxième pages de la deuxième feuille est de M. P. Perlet; celui des troisième et quatrième pages est de M. Théophile Fragonard.

L'encadrement des première et deuxième pages de la troisième feuille est de M. E. Massé; celui des troisième et quatrième pages est de M. A. Fries.

L'encadrement des première et deuxième pages, quatrième feuille, est de M. Théophile Fragonard; celui de la troisième page est de M. A. Dauzats, ainsi que la vignette représentant une maison de la Renaissance, qui termine ce chapitre.

Pl. 72 *quater*. Meubles du château d'Assier, Quercy, par M. Danjoie.

Pl. 72 *quinquiès*. Extérieur du château d'Assier, Quercy, par M. A. Dauzats.

Pl. 72 *sexiès*. Côté de la cour, château d'Assier, Quercy, par M. A. Dauzats.

Pl. 72 *septiès*. Château d'Assier en 1680, Quercy, par M. A. Villeneuve.

Pl. 72 *octiès*. Tombeau de Galliot de Genouilhac dans l'église du village d'Assier, Quercy, par M. Justin Ouvrié.

Pl. 72 *noniès*. Détails. Château d'Assier, Quercy, par M. Justin Ouvrié.

Pl. 72 *deciès* (cette lithographie porte par erreur *septiès*). Pierre Martine, près de Livron, Quercy, M. Justin Ouvrié del. M. Villeneuve sculpt.

Pl. 72 *undeciès*. La Roche Pouillac dans les environs de Figeac. Ruines du château de Pouillac, Quercy, par M. Lassalle.

Pl. 72 *duodeciès* (cette lithographie porte par erreur *octiès*). Ancienne église dite la Chapelle, à Figeac, Quercy, par M. Chapuy.

Pl. 73. La maison gothique, rue Ortabadiale, à Figeac, Quercy, par M. L. Haghe.

Pl. 73 *bis*. Chapiteau de la cathédrale de Figeac, Quercy, par M. A. Dauzats.

Pl. 73 *ter*. Les tours de Saint-Laurent à Saint-Céré, Quercy, M. Justin Ouvrié del. M. Tirpenne, sculpt.

Pl. 74. La cheminée de la grande salle du château de Montal, près de Saint-Céré, Quercy, par M. T. Boys.

Pl. 74 *bis*. Cour du château de Montal, Quercy, par M. Mayer.

Pl. 74 *bis idem*. Castelnau de Bretnoux, Quercy, M. Grille de Beuzelin del. M. Villeneuve sculpt.

Pl. 74 *ter*. Château de Castelnau de Bretnoux, Quercy, M. Grille de Beuzelin del. M. Dumouza sculpt.

A. Détails de peinture à la voûte intérieure de la chapelle.

B. Armoiries sculptées en bois dans l'intérieur de la chapelle.

Volume I. Partie II.

TABLE DES ARTISTES.

C. Vitrage de la chapelle.
D. Stalles dans la chapelle.
E. Plan général à 0,001 : A, chapelle intérieure; B, plan de la chapelle.

Pl. 74 *quater* (cette lithographie porte par erreur 74 *bis*). Vue de Mende, prise de la route de Rhodez, Gévaudan, par M. Villeneuve.

Texte. Chapitre des environs de Cahors. Les châteaux d'Assier et du Montal. Figeac. Caussade. Ce chapitre est composé de cinq feuilles, 61, 62, 63, 64, 65.

Encadrement des première et deuxième pages, première feuille, M. Jorand del. M. Fragonard sculpt. L'encadrement des troisième et quatrième pages est de M. Théophile Fragonard.

Encadrement des première et deuxième pages, deuxième feuille, M. Jorand del. M. Fragonard sculpt. L'encadrement des troisième et quatrième pages est de M. Théophile Fragonard.

L'encadrement des première et deuxième pages de la troisième feuille est de M. Théophile Fragonard; celui des troisième et quatrième pages est de M. A. Fries. On y remarque une vignette représentant Cahours, ancien château de Cahors.

Les encadrements de la quatrième feuille sont de M. Théophile Fragonard. On y remarque à la première et à la deuxième page, une vignette représentant une tour sur les bords du Lot (elle est désignée comme antique par le peuple; il est probable qu'elle est romane); à la troisième page, une vignette représentant le château de Bousserolles, et à la quatrième, une autre, représentant des ruines romaines à Cahors.

Les encadrements de la cinquième feuille sont de M. Théophile Fragonard. On y remarque à la première et à la deuxième page, une vignette qui représente les Cadourques à Cahors, en 1790. A la troisième page est une vignette représentant une croisée du château de Montal, par M. Guiaud.

Pl. 74 *quinquiès*. (Cette lithographie porte par erreur 74 *quater*.) Vue générale de l'abbaye des Bénédictins à Souillac, Quercy, par M. T. Boys.

Pl. 74 *sexiès*. (Cette lithographie porte par erreur *quinquiès*.) Intérieur de l'église des Bénédictins à Souillac, Quercy, par M. L. Haghe.

Pl. 74 *septiès*. (Cette lithographie porte par erreur *sexiès*.) Porte intérieure de l'église de Souillac, Quercy, par M. Chapuy.

Pl. 74 *octiès*. (Cette planche porte par erreur *septiès*.) Ruines de l'église de Saint-Martin à Souillac, Quercy, par M. T. Boys.

Pl. 74 *noniès*. (Cette lithographie porte par erreur *octiès*.) Détails et chapiteaux de l'église de l'abbaye des Bénédictins à Souillac, Quercy, par M. Bulton.

Pl. 74 *deciès*. (Cette lithographie porte par erreur *noniès*.) Plan et coupe de l'église de l'abbaye des Bénédictins de Souillac, Quercy, M. Chapuy del. M. de Laplante jeune sculpt. Ce plan n'ayant pas toute l'exactitude désirable, on a joint celui-ci qui est parfaitement exact.

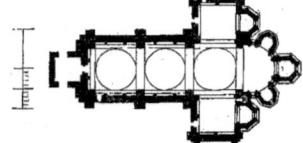

DEUXIÈME PARTIE.

Pl. 75. Maison de Gaillot de Genouilhac, à Figeac, Quercy, par MM. Bachelier et Chapuy.

Texte. Chapitre de Souillac et Conques. Ce chapitre est composé de trois feuilles et demie, 65*, 65**, 65***, 65****.
Encadrements des première et deuxième pages, première feuille, M. Viollet Leduc del. M. Blanchard sculpt. Encadrement de la troisième page, par M. Théophile Fragonard; de la quatrième page, M. Viollet Leduc del. M. Asselineau sculpt.
Encadrements de la deuxième feuille, première page, M. Viollet Leduc del. M. Blanchard sculpt.; deuxième, troisième et quatrième pages, M. Viollet Leduc del. M. Asselineau sculpt.
Encadrements de la troisième feuille, première et deuxième pages, M. Viollet Leduc del. M. Asselineau sculpt.; troisième page, M. Théophile Fragonard; quatrième page, M. Viollet Leduc del. M. Blanchard sculpt.
Encadrement de la demi-feuille, M. Viollet Leduc del. M. Asselineau sculpt.

Pl. 75 bis. Monument de Plancus, Gévaudan, M. Jorand del. M. Alaux sculpt.

Pl. 76. Cour de la maison des bains à Bagnoles, Gévaudan, MM. A. Jorand del. M. A. Dauzats sculpt.

Pl. 76 bis. Château du Tournel, Gévaudan, par M. Sabatier.

Pl. 76 ter. Ruines du château de Randon, Gévaudan. M. Jorand del. M. Alaux sculpt.

Pl. 77. Pont gothique d'Espalion, Rouergue, par M. Sabatier.

Pl. 78. Bords du Lot à Espalion, Rouergue, par M. L. R. Gale.

Pl. 79. Château et tribunal d'Espalion, Rouergue, M. Chapuy del. M. Sabatier sculpt.

Pl. 80. Puy et château de Caumont ou de Calmont, au-dessus des colonnes basaltiques, près d'Espalion, Rouergue, M. Chapuy del. M. Sabatier sculpt.

Pl. 81. Puy et château de Calmont, Espalion, Rouergue, par M. Monthelier.

Pl. 82. (Cette planche porte par erreur le n° 83.) Château de Caumont. Vue des ruines, prise dans l'intérieur, Rouergue, par M. Bichebois, fig. par M. Victor Adam.

Pl. 83. (Cette planche porte par erreur le n° 82.) Maison du comte Raymond à Cordes, Languedoc, par M. A. Dauzats.

Pl. 84. Ruines de l'abbaye d'Aubrac. Débris des piliers de l'œuvre, Rouergue, par M. Chapuy.

Pl. 85. Ruines de l'abbaye d'Aubrac, Rouergue, par M. Sabatier.

Pl. 86. Côté latéral de l'abbaye d'Aubrac, Rouergue, par M. Bichebois.

Pl. 87. La cascade du Saillant près d'Aubrac, Rouergue, M. Chapuy del. M. Sabatier sculpt.

Pl. 88. Tour de Rhodez, Rouergue, par MM. T. Boys et Courtin.

Pl. 89. Cathédrale de Rhodez, Rouergue, M. Chapuy del. M. Villeneuve sculpt.

Pl. 90. Tour de Notre-Dame. Jardin de la préfecture, Rhodez, Rouergue, par M. L. Haghe.

Pl. 91. (Cette planche porte par erreur le n° 90.) Jubé de la cathédrale de Rhodez, Rouergue, par M. Chapuy.

Pl. 92. Siége de l'évêque dans l'église de Notre-Dame de Rhodez, Rouergue, par M. Chapuy.

Pl. 93. Stalles de l'église de Notre-Dame de Rhodez, Rouergue, par M. A. Dauzats.

TABLE DES ARTISTES,

Pl. 94. Chapelle latérale de Notre-Dame de Rhodez, Rouergue, par M. MAYER.

Pl. 95. Entrée de la sacristie de Notre-Dame de Rhodez, Rouergue, par M. FRAGONARD.

Pl. 96. Cloître des Célestins à Rhodez, Rouergue, par M. le comte TURPIN DE CRISSÉ.

Pl. 96 bis. Vue générale du bourg de Conques, Rouergue, par M. WALTON.

Pl. 96 ter. Croisillon de l'église de Conques, Rouergue, par M. MONTHELIER.

Pl. 96 quater. Vue de l'abside prise du cimetière, abbaye de Conques, Rouergue, par M. CHAPUY.

Pl. 96 quinquiès. Ancienne abbaye de Conques, Rouergue, M. CHAPUY del. M. BICHEBOIS sculpt.

Pl. 96 sexiès. Plan de l'église de Conques, Rouergue, M. CHAPUY del. M. BULTON sculpt.

Pl. 96 septiès. Coupe de l'église de Conques, Rouergue, M. CHAPUY del. M. BULTON sculpt.

Pl. 96 octiès. Bas-reliefs du portail de l'église de l'ancienne abbaye de Conques, Rouergue, M. CHAPUY del. M. DUMOUZA sculpt.

Pl. 97. Église de Villefranche, Rouergue, par M. George BARNARD.

Pl. 98. Vallon de Salles, Rouergue, par M. VILLENEUVE.

Pl. 99. Grotte et cascade de Salles, Rouergue, par M. LEBLANC.

Pl. 100. Pont et petite croix de Salles, Rouergue, par M. BICHEBOIS, fig. par M. Victor ADAM.

Pl. 101. Moulin de Salles, Rouergue, M. CHAPUY del. M. SABATIER sculpt.

Pl. 102. Vue de Mona, Rouergue, M. BRASCASSAT del. M. VILLENEUVE sculpt.

Pl. 103. Lacazes, Gévaudan, par M. VILLENEUVE.

Pl. 104. Côté du nord, château de Lacazes, Gévaudan, M. BRASCASSAT del. M. VILLENEUVE sculpt.

Pl. 104 bis. Château de Lacazes, Gévaudan, M. HUBERT del. M. VILLENEUVE sculpt.

Pl. 105. Pas du Soucy, Rouergue, M. BRASCASSAT del. M. VILLENEUVE sculpt.

Pl. 105 bis. Abbaye de Sainte-Énimie, Rouergue, M. HUBERT del. M. VILLENEUVE sculpt.

Pl. 106. Gorge du Tarn, Gévaudan, M. BRASCASSAT del. M. VILLENEUVE sculpt.

Pl. 107. Les Beaumes ou les ruines du château rouge, Gévaudan, M. BRASCASSAT del. M. VILLENEUVE sculpt.

Pl. 108. Milhau, Rouergue, par M. HARDING.

Pl. 108 bis. (Cette planche porte par erreur le n° 119.) Château de Bruniquel, Quercy, par M. VILLENEUVE.

Pl. 109. Château de Clamouze, Languedoc, par M. BICHEBOIS.

Pl. 110. Ville et pont de Montauban, Languedoc, par M. J. BARNARD.

Pl. 111. Tête du pont de Montauban, Languedoc, par M. VILLENEUVE.

Pl. 112. Rue de Caylus, Quercy, par M. J. BARNARD.

Pl. 113. Château de Caylus, Quercy, par M. JOLY.

Pl. 114. Pierre de Livron, Quercy, M. JOLY del. M. MONTHELIER sculpt.

Pl. 115. Grotte et chapelle de Saint-Pierre de Livron, Quercy, par M. JOLY.

Pl. 116. Meubles d'une maison de Saint-Pierre de Livron, transportés à Nimes, faisant partie de la collection de M. Perrier, Quercy, M. ALAUX del. M. BULTON sculpt.

DEUXIÈME PARTIE.

Pl. 117. Maison des Templiers à Montricoux, Quercy, par M. L. HAGHE.

Pl. 118. Église de Burlats, Languedoc, par M. A. DAUZATS.

Pl. 119. Ruines d'une maison romaine à Burlats, Languedoc, par M. A. DAUZATS.

Pl. 119 *bis*. Pont de Toulouse, Languedoc, par M. VILLENEUVE.

Pl. 119 *ter*. Place de Saint-Étienne à Toulouse, Languedoc, par M. A. DAUZATS.

Pl. 119 *quater*. (Cette planche porte par erreur *ter*.) Rue des Couteliers à Toulouse, Languedoc, par M. A. DAUZATS.

Texte. Chapitre de Rhodez. Mende, Aubrac, Espalion, Villefranche, Milhau, Montricoux, Bruniquel, Montauban. Ce chapitre est composé de six feuilles, 66, 67, 68, 69, 70, 71.

Encadrements de la première feuille, première et deuxième pages par M. FRIES, troisième et quatrième pages par M. Théophile FRAGONARD. On remarque à la troisième page une vignette représentant la ville de Mende, par M. VILLENEUVE.

Encadrements de la deuxième feuille, les quatre pages par M. Théophile FRAGONARD. On remarque à la troisième page une vignette représentant l'église de Saint-Éloi près d'Espalion, par M. BICHEBOIS.

Encadrements de la troisième feuille, première et deuxième pages par M. WEBER, troisième et quatrième pages par M. Théophile FRAGONARD.

Encadrements de la quatrième feuille, première et deuxième pages par M. J. DAVID, troisième et quatrième pages par M. PERLET. On remarque dans l'encadrement de ces deux dernières pages une vignette qui représente Montauban.

Encadrements de la cinquième feuille, première et deuxième pages par M. PERLET, troisième et quatrième pages par M. Théophile FRAGONARD. On remarque à la troisième page une vignette, planche 116, représentant la grotte de Navesson, par M. VILLENEUVE.

Encadrements de la sixième feuille, première et deuxième pages par M. FRAGONARD; troisième page composée par M. BOYS, lithographiée par M. Théophile FRAGONARD. On remarque à la première page une vignette représentant la grande place de Montauban, par M. Oscar GUÉ, et à la troisième page une vignette représentant la porte de Bruniquel, par M. BOYS.

FIN DE LA DEUXIÈME PARTIE DU PREMIER VOLUME.

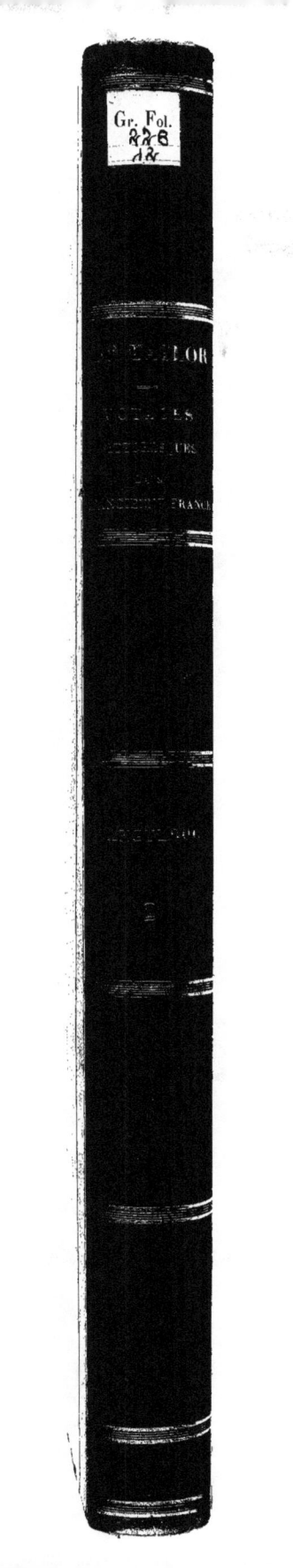

www.ingramcontent.com/pod-product-compliance
Lightning Source LLC
Chambersburg PA
CBHW070904170426
43202CB00012B/2194